www.ingramcontent.com/pod-product-compliance
Lightning Source LLC
LaVergne TN
LVHW090218180726
843492LV00012B/1323

حياة النساء
في الحروب والنزاعات

ماريا هاغبرغ

MARIA HAGBERG

حياة النساء في الحروب والنزاعات

Kvinnors liv i krig och konflikt

حقوق النشر

SAMEH
Publishing دار سامح للنشر
البريد الإلكتروني: info@sameh.se
الموقع الإلكتروني: www.sameh.se

تصميم الغلاف: كريم محمد
رسمة الغلاف: Jiri Studnicky
التصميم الداخلي: ياسمين
الطبعة الأولى، 2024
ردمك:
978-91-89972-08-7

•••

info@sameh.se
www.sameh.se

Cover Design: Karim Mohamad
Cover Illustration: Jiri Studnicky
Interior Design: Yasmine
ISBN: 978-91-89972-08-7

مقدمة

ثَمّة سبب محدّد دفعني إلى تحرير هذا الكتاب، هو أن الفتيات والشابات اللواتي أجريتُ معهن مقابلاتٍ شكّلت محتوى كتابي الأول بعنوان يبدأ العفن في العشرين[1]، وجميع النساء المذهلات اللاتي التقيتُهُنّ خلال رحلاتي البحثيّة والمهنيّة في الشرق الأوسط بين عامي 2007 و2013، كُنّ مصدر الإلهام فيه.

يكمُن القاسم المشترك بينهن جميعاً في قدرتهن- على الرغم مما يكابِدْنه من ظروف بالغة الصعوبة ومن تمييز على أساس الجنس- على إيجاد استراتيجيات تضمن بقائهن على قيد الحياة. واللافت في هذا الواقع ابتعاده كل البعد عن الصورة النمطيّة التي يعطيها كل من الإعلام والمجتمع عن النساء، بوصفهن ضحايا العنف والتمييز بين الذكور والإناث. ومن شأن الإبقاء على فكرة أن النِّساء ضحايا تحتاج إلى الحماية والرعاية أن يطيل من ديمومة النظام الأبوي والثقافة الاحترابِيّة ويضمن لهما الانتشار الواسع، علماً أن الرجال والنساء هم الذين يساهمون في هذا الأمر وذاك.

غير أن اللقاءات والعلاقات التي كانت لي مع أولئك النِّسْوة على امتداد السنوات، تطرح صورة مختلفة، تتجلى فيها النساء بما تَتَّصِفْن به

(1) HAGBERG Maria, At 20 it starts to rot, 2009.

من قوة وشجاعة ومن استعداد في غالب الأحيان للاعتماد على ذواتهن، ولتولّي الأهل والأقارب برعايتهن في ظِل ظروف قاهرة مريرة، كالحرب والفَقر والعنف والاضطهاد.

تتمثّل غايتي من هذا الكتاب المتمحور حول النِّساء في المناطق المحتلة أو تلك الخارجة من الصراعات، والسّارد لقصصِهِنّ في إظهار تأثير العنف على حياتهن اليومية، وكفاحهن الهادف إلى تحقيق المساواة في مجتمع مدموغ بالعنف. لكن الأهم من كل هذا هو تطلّعي إلى إظهار الإيجابية الماثلة في نظرتهن إلى الحياة وفي استشرافهن للمستقبل، وإلى نزع النِّقاب عن شجاعتهن وعَنادهِن وإبداعهن وبراعتهن؛ واختصار القول أن مبتغايَ هو ببساطة الإضاءة على استراتيجياتِهن في البقاء على قيد الحياة، أي أنني أودّ أن أقدم للقارئ نماذج من النِّساء الجريئات اللاتي، وإن اضطرِرْن في غالب الأحيان، إلى تعريض حياتهن للخطر، تحدَّيْن بطرق متنوعة، مجتمعاً مطبوعاً على العنف، وهيكليات أبويَّة صارمة مستبدة، وذلك بهدف إنجاز التغييرات الواعدة بتحسين أوضاع النِّساء. وبالتالي، فإنني آمل أن يزوِّد كتابي هذا قارئه بمنظور مختلف يتبصّر من خَلَلِه في واقع النِّساء في مناطق النزاع وتلك الخارجة منه حديثاً، ليشكّل له رؤية مختلفة فيه عن تلك السائدة عموماً.

لقد أجريت مقابلات مستفيضة مع نساء راشدات في مناطق محتلَّة أو ممزّقة جراء النزاعات المسلّحة، معتمدةً في اختياري لهذه الوجوه معايير محدّدة وأخرى عشوائية لتضُمّ التشكيلة نساءً من خلفيات وطبقات اجتماعية متنوعة.

أُنجزَ البحث المكوِّن لأرضية هذا الكتاب خلال عدد من الرحلات قمت بها إلى الشرق الأوسط، حيث أقمت لأسابيع عدة في كردستان العراق للمشاركة في افتتاح مركز للنِّساء ومدرسة في حَلَبْجَة. ولقد أجريت مقابلات مع العديد من النِّساء اللواتي كُنّ يتابعن الدروس في هذه المدرسة، وقد عُدْن في انتماءاتهن إلى طبقات اجتماعية مختلفة، ومع نساء في مخيم للاجئين الأكراد النازحين عن تركيا. وما أن أتممت عملي هذا حتى قمت بعدد من الرحلات الصحفية إلى كل من لبنان، وتركيا/ كردستان، والعراق/ كردستان، وإسرائيل/ فلسطين، وأقمتُ بين عامي 2011 و2012 في شمالي العراق حيث أنشأتُ مكتباً محلياً للمنظمة السويدية «من امرأة إلى أخرى» (Kvinna till Kvinna)، وعملت في توزيع المساعدات باسم الوكالة السويدية الدولية للتعاون التنموي (Swedish International Development Cooperation Agency-SIDA) على منظمات نِسْوِيَّة متنوعة في طول العراق وعرضه.

سأبدأ سرديتي بالزيارة التي قمت بها إلى شمال كردستان أي إلى القسم الكردي من تركيا، علماً أنني على يقين من أن هذه التسمية قد تثير استياء الأكراد. فهم يطالبون بحقهم في تقرير مصيرهم ويرفضون الخضوع للحكومة التركية التي بدورها ترفض الاعتراف بالأقلية الكردية. ولقد سبق لها أن توسّلت العديد من الإجراءات ألزمت بموجبها الأكراد الخضوع لمجتمع الغالبية، ولم يكن أقلها وَسْم الجبال المنتصبة في الأقسام الكردية بحروف عملاقة أقامتها على قممها وسفوحها تقول «هنا تركيا». وبالتالي، فإن الأقلية الكردية تعاني الاضطهاد والحِرمان

من التداول بلغتها الخاصة ومن تعلّمها في المدارس.

طوال حِقبة اضطهاد الأرمن المتدينين بالمسيحية في مستهل القرن العشرين، استخدمت القوات العسكرية التركية الأكرادَ- وهم مسلمون أُسوة بالغالبية الساحقة من السكان- للقيام بعمليات القتل الجماعي التي استهدفت الأرمن بإبادة فظيعة لا يزال عدد من الدول غير قابل للاعتراف بها. لكن الأكراد والأرمن ما لبثوا أن خاضوا، في أعقاب هذه الإبادة الجماعية، في مسار تصالحي هدف إلى توحيد كفاحهم المتطلّع إلى الاعتراف بحقوق الأقليّات في حين أن كل من يعيش في تركيا يُعَدّ، بحسب السلطات التركية، تركيّاً. ولا بدّ لي من الإشارة هنا، وبقصد احترام الأمانة العلمية، إلى أن المعلومة التصالحية المضمون تدخل في باب توصيف العلاقات الكردية- الأرمنية، الذي زوّدني به مشافهةً أكراد يقيمون في دياربكر وفي غيرها من المدن والأقاليم في المنطقة[2].

في العام 1934، أُرسي قانون قضى بأن تكون البلاد مأهولة بمواطنين ينهمكون في إعلاء شأن الثقافة التركية. ولقد عنى ذلك توزيع السكان في مجموعات ثلاث: مجموعة يُعَدّ أهلها أتراكاً؛ ومجموعة تشتمل على أولئك الذين كان من المزمَع دمجهم في اللغة والثقافة التركيتين؛ ومجموعة تضم مَنْ كان مزمَعاً ترحيلهم[3].

---

(2) McDOWALL David, A Modern History of the Kurds, I.B. Taurus & Co. Ltd, new edition, 2010.

(3) هذه الصحيفة ناطقة باسم جمعية الصحافيين السويديين.

عندما زرت المنطقة في المرة الأولى كنت جاهلة لما كان يدور فيها. لكن، مع تكرار زيارتي عدة مرات إضافية، أدركت ممارسة الحكومة لاضطهاد الأقليات فيها، ولا أعني فقط اضطهاد الأكراد الذين يشكلون خُمس سكان البلاد، بل ذاك الاضطهاد المتّسع الذي طال المعارضة أيضاً، وبخاصة منها الصحافيين والأكاديميين أُسوة بالناشطين في الحقل الثقافي. وبحسب الصحيفة السويدية (Journalisten)[4]، اعتقلت السلطات التركية مائة وأحد وتسعين شخصاً، معظمهم من الصحافيين الداعمين لمعارضة حكم الرئيس الحالي رَجَبْ طيّب أردوغان، بالإضافة إلى صحافيين أكرادٍ متهمين بالانتماء إلى حزب العمال الكردستاني. وثَمّة مصادر أخرى تحدثت عن اعتقال عدد كبير من الصحافيين في تركيا، ومنها «لجنة حماية الصحفيين» (Committee to protect Journalists-CPJ)، التي أفادت بأن عددهم يقارب التسعين، في حين زعم «مراسلون بلا حدود» أن العدد يقرب من المئة، وقدَّر الاتحاد الدولي للصحفيين (International Federation of Journalists-IFJ) عدد الصحفيين المعتقلين بمئة وثلاثين صحفيّاً. وبحسب أحد هذه المصادر، وهو Journalisten، تحتل تركيا بلا شك الصدارة في مسألة اعتقال أهل الصحافة والإعلام.

ولكوني زرت أيضاً جنوبي كردستان - أي الجزء الشمالي للعراق، لاحظت اختلافات مهمة بين مناطق مختلفة تتعلق بالوعي السياسي وبالتأثير النُّسوي. غير أن ما يتشارك فيه أهالي هذه المناطق يكمُن في

(4) صحيفة تصدر في السويد تحت عنوان الصحافي.

كفاحهم ضدّ القمع المستهدِف للنوع الاجتماعي (أي القمع الجندري الطابع) في العائلات كما في الأحزاب السياسية والمجتمع عموماً.

أقول في العادة إن القومية تشكل مصدراً مهماً للسلطة الأبوية المناوئة لتحرّر النِّساء. وفي نصّ بعنوان «ثورة النِّساء» من كتابه تحرير الحياة: ثورة المرأة (2013) (Women's revolution)، يفيد عبد الله أُوجَلان (Abdullah Öcalan)[5]، وهو الكاتب والسياسي ورئيس حزب العمال الكردستاني المعتقل إن «استعباد النِّساء هو في أصل كل أنواع الاسترقاق الأخرى». ويزعم صاحب النصّ أن الشِّقاق الأول بين الرجال والنِّساء طرأ خلال

---

(5) ولد عبد الله أُجَلان، ويعرف باسم «آبو» في أورفة في الرابع من نيسان/ أبريل من العام 1948، درس العلوم السياسية في جامعة أنقرة، وأسس في العام 1978، حزب العمال الكردستاني، وهو حزب يساري يسعى لتحقيق شكل من الاستقلال عن السلطة وبناء مجتمع يصفه بأنه «بيئي ديمقراطيّ متحرر» من التبعيّة لإيديولوجيا تركيا المتمثلة بالعلم الواحد، والشعب الواحد، والدولة الواحدة، التي نشأت أوائل القرن العشرين وتجسّدت بشكل كامل في الكماليّة (نسبة إلى مصطفى كمال، مؤسس تركيا الحديثة). ولقد سعى حزب العمال الكردستاني بقيادة أُوجَلان إلى توحيد الكرد حول موطنهم الذي وجدوا فيه منذ خمسة آلاف عام وهو رقعة من الأرض تعرف باسم كردستان، لكنها قُسِّمت بشكل تعسّفي بين تركيا وإيران والعراق وسوريا عقب الحرب العالمية الأولى. اعتقل أُوجَلان في العام 1999 بتهمة الخيانة العظمى لتركيا وحكم عليه بالإعدام في 29 حزيران/ يونيو من العام 1999 لقيامه بتأسيس وإدارة منظمة إرهابية مسلّحة. وفي عام 2002، قامت تركيا بتحويل حكم إعدام أُوجَلان إلى السجن المؤبّد، ضمن سياسة إلغاء عقوبة الإعدام سعياً من تركيا للتلاءم مع قوانين الاتحاد الأوروبي، وهو لا يزال معتقلاً في سجن إمرالي. في أيلول/ سبتمبر من العام 2006 وفي مسعى للمصالحة مع تركيا، طلب أُوجَلان من حزبه عدم استخدام السلاح إلا دفاعاً عن النفس، وركّز على ضرورة إنشاء علاقات جيدة مع الشعب التركي والحكومة التركية. وفي آذار/ مارس من العام 2013، دعا مقاتلي حزبه إلى وقف إطلاق النار ضد السلطات التركية والانسحاب من تركيا إلى شمال العراق. أُوجَلان صاحب مؤلفات عدة، نذكر منها على سبيل المثال لا الحصر: طريق الثورة الكردستانيّة (1993)، كتابات مختارة (في مجلدين، 1992 - 1993). من آخر كتبه تحرير الحياة: ثورة المرأة (2013) وعلم المرأة (2015). (م.)

الحِقبة الممتدّة بين عاميّ 4000 و200 ق.م. قبل ذلك، كان المجتمع، وبطرق عدة، مجتمعاً يعبُد النِّساء والأمّ لارتكازه على الزراعة ومفهوم منح الحياة. لكن سرعان ما برز إلى الوجود مجتمع الصيد، فاستولى على السلطة ليتشكل المجتمع الهرمي والاستبدادي حيث ارتقى الرجال على النِّساء. ولم يطل الأمر بالثقافة الاحترابية حتى نمت وتطورت. وبناء على زعم أُوجَلان، انتقل التركيز في النظام المجتمعي الجديد من القيم الروحية إلى تلك المادية. وفي هذا الصدد، كتب قائلاً: «شرّعت الخلقيات الأبوية تثمين الثروة وشجعت على اقتناء المُلكيّة». وبالتالي، يمثّل «التقهقر المجتمعي الذي حَلّ بالنِّساء»، بحسب أُوجَلان، «أكثر أنواع الظواهر المضادة للثورة شؤماً».

بالإضافة إلى ذلك، يفيد أُوجَلان«باستحالة دراسة الدولة دراسة تحليلية، بوصفها مؤسسة وظاهرة اجتماعية، في غياب الإحاطة بكيفيّة تشكّل الذكورية مجتمعياً؛ وبالتالي، يستحيل إدراك ماهية السلطة والثقافة الاحترابية المرتبطة بالدولة». وبكلامه هذا، يقصد أُوجَلان أن الشِّقاق الثاني بين الجنسين الذكوري والأنثوي برز للعيان في الوقت عينه الذي أكدت الديانات التوحيدية في شرائعها على الوضع الدُّونيّ للمرأة. وهو يصف دور المرأة باقتصاره على «الخدمة المنزلية» حيث لا سلطة ولا دَخْل للنِّساء المستهدَفات بعقلية هي في جوهرها أبوية وجِنسانيّة متحيّزة للذكورة على حساب الأنوثة. وبالتالي، فإن «الرأسمالية والدولة- الأمة تمثلان الذكورية السائدة في واحد من أشكالها الأكثر مأْسَسَةً».

كرّس أُوجَلان معظم دراساته لقضية تحرير المرأة، وأدخل في صلب الحركة الكردية التحريرية تدريباً أيديولوجياً خاصاً يُعرف باسم «علم النِّساء» (Jineology)- وهو شكل من أشكال نظريةٍ تساوي الجنسين سياسياً واقتصادياً واجتماعياً علماً أن لفظ «جين» في الكردية يعني «المرأة» وهو مشتقّ من لفظ «جِيان» ومعناه «الحياة»[6]- يشرح فيه أن الحرب تستخدم كآلية حِمائية للإبقاء على حقّ تملّك الأرض وعلى روابط الدمّ (أي صيانة النَّسْل وتالياً الذَّكر بشكل خاص)، وهذا يعني أن الاستغلال الجِنسي والاغتصاب في زمن الحرب طريقة يُسْتَعان بها لتهديد ذَرِّية العدو ولإلحاق الخِزْي والعار بذكوريته الجماعية، كما أن إقصاء النِّساء والأولاد واستعبادهم هما أيضاً شكل من أشكال التطهير العِرقي في الوقت الذي ينفّذ الإعدام بالرجال. ومن وجهة نظر ما يسمى بـ«سياق الشرف»، تقع على النِّساء مسؤولية الحفاظ على شرف الذكورية الجماعية. وبالطريقة عينها، استعمل الاشتراكيون القوميون مفهوم «القومية» لأهداف عِرقية امتثالاً لأفكار التطهير العرقي التي أجاد «المنتدى السويدي للتاريخ الحيّ» (Swedish Living history forum - Forum för levande historia) توصيفه. ومن هنا، يمكن النظر إلى القومية بوصفها الفكرة القائلة بمتحدّ محدّدٍ واقعٍ ضمن حدود أُمّة ما حيث، وبحسب المصدر عينه، لا يزال أصله مسألة متنازعاً فيها.

في الضفة الغربية الفلسطينية، تقول المنظّمات النِّسوية الفلسطينية إنه وَجَب على الكفاح لأجل المساواة في الحقوق بين الرجال والنِّساء

---

(6) إضافة من المترجمة ضِمناً بالمعنى.

الوقوف سنداً خلف الكفاح الهادف إلى تحقيق الدولة- الأُمّة، كما لو أن في هذه الوِقفة ما قد يحلّ أوتوماتيكياً البناءات الضامنة لوجود سلطة النوع الاجتماعي. ومن ناحيتها، تفيد المنظمات النِّسوية اليهودية بالشيء عينه. أما نحن المحتكمات على مِراس طويل في المسائل المتعلقة بحقوق المرأة وتساوي الجنسين، فإننا نعلم أن الدولة- الأُمّة قوة أبويّة صارمة. ولقد تجلّى لنا هذا المبدأ بوضوح ليس أقلّه في حِقبة إعادة بناء العراق بعد سقوط صدام حسين وانحسار الاحتلال. كان على النِّساء وقتذاك المطالبة، وهن لا يزَلْن يطالبن، بالحصول على تمثيل عادل في الجمعيات العمومية التشاورية، وعلى حصَّتهن من ثروات الأُمّة. ولقد دفعت النِّساء- وما زِلن يدفعْنَ - الثمن الباهظ في أعقاب هذه الحرب، أي على سبيل المثال لا الحصر ثمن الأصوليّة الدينية، وجرائم الشرف، والاسترقاق المتنامي الوتيرة، والزيجات المتفاقمة العدد بين الأطفال، وتشويه الأعضاء التناسلية للإناث، والصحة الجسدية الضعيفة، والاكتئاب، والفقر.

لقد زرت كلاً من فلسطين وإسرائيل وأجريت في هذه وتلك مقابلات مع النِّساء. كما أنني ذهبت إلى لبنان بقصد مقابلة النِّساء الفلسطينيات في مُخيّمَيّ برج البراجنة وشاتيلا للاجئين الفلسطينيين. ولا بدّ من التذكير هنا بأن المناطق الفلسطينية والإسرائيلية الحالية شكلت تاريخياً جزءاً من الوصاية البريطانية التي تمخّض عنها سقوط الإمبراطورية العثمانية في العام 1917. ومع إعلان بلفور في العام عينه، تعهدت بريطانيا العظمى بمساعدة الحركة الصهيونية بحيث تتمكن

من إقامة دولة يهودية في فلسطين[7]. وبحسب البروفسورة إقلين عقّاد المقيمة في لبنان، فإن الإعلان قد صمّم بهدف إيجاد وطن لليهود، ولكن ليس على حساب السكان الذين لا يتديّنون باليهودية. ومنذ ذلك الوقت والاعتراضات الفلسطينية على هذا الواقع تتلاحق على امتداد السنوات.

في كتابه فلسطين، الصراع لأجل تصويب تاريخ التحرير: تحليل وتذهّنات شخصية (Palestine, struggle for liberation-history, analysis and personal reflexions) رصد پير غارتون (Per Gharton)، وهو نائب سابق في البرلمان السويدي وعضو في برلمان الاتحاد الأوروبي، بالإضافة إلى كونه باحث وكاتب، المسائل الإشكالية بين إسرائيل وفلسطين، طارحاً منها مسألتين لا تزالان تبرزان، وهما: «هل عاش اليهود على الدوام في فلسطين؟»، و«هل كان لفلسطين وجود؟». وفي الحالتين يزعم غارتون أن الجواب نعم، وإن شابته بعض الاعتراضات، وأن اليهود سكنوا تاريخياً المنطقة. غير أن القول بأنهم كانوا أول من حلّوا فيها وأن حِقبة حكمهم لها كانت الأطول زمنياً، هو الذي لا يزال مشوباً بالشك ومتنازعاً فيه. وفي بحثه المذكور آنفاً، يزعم غارتون أن اليهود لم يشكلوا غالبية سكانيّة لما يقارب الألفي عاماً، وأن هذا الواقع لا يمنحهم حقّاً واضحاً بالاستيلاء على المنطقة. كما أنه يشير إلى حصول تطهير تاريخي فعلي - وهو ما ذكرته الباحثة فاطمة قاسم أيضاً - لصروح تاريخية

(7) HAGBERG Maria & JONEGÄRD Karin, Risk and Security for Women in Iraq/Kurdistan - report 2010, Kvinnor för fred/Women for Peace Association, Sweden, 2010.

مهمة تمثَّل في تدمير مئة وعشرين مسجداً من أصل مئة وخمسين ومعالم تاريخية مهمة عائدة إلى أقليات متنوعة عاشت في فلسطين. أما عندما يتعلق الأمر بمسألة وجود فلسطين أم لا، يذكّر غارتون بأنَّ ما زعمته يوماً غولدا مائير من أن «فلسطين لم توجد جغرافياً»، لا يزال حيّاً، قائلاً إن هذا الزعم أصبح بالنسبة إلى بعض الجماعات «حقيقة قائمة». ويفيد غارتون بأن «الديمقراطية ليست حكم الغالبية وحسب، بل إنها تأخذ الأقلية أيضاً في اعتبارها». ويسترعي الباحث الانتباه إلى الواقع العبثي القائل بحقّ اليهودي المتحدّر من بضعة أجيال خَلَت، في الحصول على المواطنية الإسرائيلية، في حين يحظّر على اللاجئين الفلسطينيين الموزّعين في الشّتات في طول العالم وعرضه، الإفادة من الحق عينه، أي الحصول على المواطنية الفلسطينية. وينتهي غارتون إلى الزعم بأن «حلّ الدولتين» الذي اقترحته الأمم المتحدة هو ضرورة لا بدّ منها لحلّ النزاع الذي تتخبّط المنطقة فيه.

ثَمّة العديد من الأسباب التي تسَوِّغ إثارة مسألة وضع النِّساء في الحرب والنزاع ومن شأن دراستي هذه أن تلقي الضوء على بعض منها، مثل الوضع المعقّد والجدلي الخاص بالنِّساء في كل من إسرائيل/فلسطين وكردستان. عقب سقوط الإمبراطورية العثمانية وما تلاه من اتفاقيات أُبرمت مع الإمبراطورية البريطانية، قُسمت كردستان إلى أجزاء عدة بحيث إن الأكراد يعيشون اليوم في عدة دول مختلفة. ويعود السبب الأساسي في ذلك إلى أن الاضطهاد الرسمي الممارَس بحقهم في كل من تركيا وإيران قد دفع بالعديد من الأكراد إلى الرحيل بعيداً عن

هذه البلاد وتلك. وفي اللاحق من الزمن، قام بعض الأكراد بالحلول كلاجئين في السويد من بين دول أخرى، وذلك خلال الحرب الأهلية في العراق، وما عانته هذه البلاد من اضطهاد حكومي (أو رسمي). وثَمّة تجمعات إقليمية للتوطين الكردي في كل من شرقي سوريا وشرقي تركيا وشمالي العراق وشمالي غربي إيران، كما ثَمّة مستوطنات كرديّة صغيرة في دول الجوار مثل لبنان(8).

عقب إعلان منظمة الأمم المتحدة في العام 1947، وفيه تقرير بوجوب تقسيم أراضي فلسطين إلى دولتين، واحدة يهودية تحتل خمساً وخمسين في المئة منها وواحدة عربية تحتل خمساً وأربعين في المئة منها، أقدمت المنظمة الأُمَمِيّة، في العام 1948، على الاعتراف بإسرائيل بوصفها دولة(9).

لا بدّ من الإشارة إلى أن لهذين «التفويضَيْن» روابط تاريخية قوية مع الاستعمار، ومن الممكن اليوم النظر إلى الأكراد والفلسطينيين كشعبين لا دولة لأي منهما. وبالتالي، ثَمة حرب أهلية في أجزاء متنوعة من كردستان ضدّ الدول المجاورة لها، باستثناء ربما أجزاء من آذربيجان والعراق، حيث أجيز للأكراد بمناطق مستقلة بذاتها. ومن ناحيتهم، نجد أن بعض الفلسطينيين منخرطين في حرب أهلية، من خلال الجهاد، داخل الحدود الإسرائيلية. وبالإضافة إلى ذلك، تتوسّل إسرائيل مستوطناتها للاضطلاع بعمليات ضَمّ تعسّفية للأراضي

(8) انظر: McDOWALL, ibidem.

(9) انظر: HAGBERG & JONEGÄRD, ibidem.

الفلسطينية، كما أنها تَشِنُّ العمليات العسكرية بشكل أساسي ضد قطاع عَزّة الخاضع لحكم حماس.

من ناحية أخرى، وسواء تعلّق الأمر بكل من إسرائيل/ فلسطين أو بكردستان، نلاحظ في هذه وتلك وجوداً لتاريخ ديني وتقليدي سابق في معظمه للاستعمار، بل ويعود بالزمن إلى ما قبل حِقبة الإمبراطورية العثمانية، علماً أن التاريخ هو الآخر قوة دفع هائلة في مسار المطامح القومية. وفي نصّه ذي العنوان «الكونفدرالية الديمقراطية» (Democratic confederalism)، يسهب أُوجَلان في شرح نظريته في القومية. وبناء على مصادري الكردية السياسية وتلك الموالية لتحرير المرأة ومساواتها بالرجل، فإن حزب العمال الكردستاني حركة دولية تتخطى الحدود القومية.

وفي هذا الصدد يقول أُوجَلان إن الدولة- الأُمّة «احتاجت إلى الطبقات الوسطى ورأسمالها لتغيّر الدولة الإقطاعية القديمة وأيديولوجيتها، علماً أن هذه الدولة كانت ما تبقّى من المجتمع القَبلي، فجعلت منها أيديولوجية قومية جديدة، توحدت بموجبها العشائر والقبائل في أُمّة واحدة. ومن هنا، فإن الدولة- الأُمّة هي أكثر أشكال الاحتكار الكامل للسلطة تطوراً».

ولا يلبث أن يتوسّع في أفكاره بشأن القومية، كاتباً ما يلي:

«إن أجزت لنفسك بمقارنة الدولة- الأُمّة الحديثة بإله، فإنه يمكن عند ذاك النظر إلى القومية بوصفها نوعاً من أنواع الدين». لذا، عندما

يتعلق الأمر بكل من الدولة- الأُمّة والقومية، يزعم أُوجَلان بأن الركيزة الأيديولوجية والتنوير حاجتان لا بدّ منهما.

في كتيّب بعنوان Who sings the nation state[10] يناقش كل من جوديث باتلر (Judith Butler) وغاياتري شكراڤورتي سپڤاك (Gayatri Chakravorty Spivak) الدولة- الأُمّة وما يتعلق بها من مفاهيم، فيخوضان في مؤلفات العديد من المفكرين من أمثال هانا آرنت، وماركس، وكانط وهيغل وهابيرماس كما في العديد من النزاعات والمناطق الخاضعة تاريخياً للاستعمار. وأود هنا الإضاءة على اقتباس مما كتبه سپڤاك، وهو ماركسي، له أهميته من وجهة نظر النِّسْوِيّة: «في عالم من هذا النوع، ستحاول النِّسْوِيَّة أن تعيد إنتاج الدولة بوصفها ظاهرة مجرّدة وستعمل بعَناد على إبقائها خالية من القومية ومتحرّرة من الفاشيّة».

يُعمَل في العادة على حجب تاريخ النِّساء ومشاركاتهن عن الأنظار، وهذا في الواقع ما حفَّزني على الكتابة والتأليف. فعنوان ينبوع النِّساء (Women's Spring) يلمِّح إلى «مهد الحضارة» الذي ينبثق عنه العدد الأكبر من السرديات؛ ولكنه يلمِّح أيضاً إلى الوجود الحقيقي للينابيع النِّسائية حيث تلتقي النِّساء لتبادل الأفكار وتصميم زيجات أولادهن، كما وللانهماك في القيل والقال ونشر الشائعات الخبيثة والحقودة. وهنّ يفعلن ذلك في ظل افتقار القرى والبلدات لأماكن اللقاء المخصصة

---

(10) BUTLER Judith & SPIVAK Gayatri Chakraworty, Who sings the nation-state, Seagull Books, 2007.

لهن بسبب المجتمع الأبوي الصارم. لقد سمعت قصة عن كيفية بروز ينابيع النِّساء وعن كيفية عملها من الناشطات اللواتي التقيتهن في جنوبي كردستان، خلال الرحلات التي قمت بها داخل المنطقة.

إن النِّساء اللواتي التقيت بهن خلال جميع هذه الرحلات هنّ نساء من أعمار مختلفة وخلفيات متنوعة؛ وهنّ بالرغم من ذلك يتشاركن شيئاً واحداً يُختصر بالقوة والشجاعة. تأوي السويد عدداً كبيراً من اللاجئين الآتين من دول متنوعة، ليس العراق ولا فلسطين أقلّها. وبهذا الكتاب، أتطلع إلى الإضاءة على الواقع المتمثل في أن أولئك النِّسوة، وعلى الرغم من المشقّات الجمّة، يقاتلن لأجل التحرّر والديمقراطية وحقوق الإنسان في بلادهن كما في بلادي. وبالإضافة إلى ذلك، فإنني آمل النجاح في الإضاءة على التغييرات التي تحققت لهنّ في بلادهن الأم. لكن وقبل أي شيء آخر، فإنني أتطلع إلى نقل سرديات هذه النِّساء وأملهنّ بالتغيير وحاجتهن إلى «التعاضد الدولي»، وهذا لفظ شبه ضائع في السياسة الخارجية الحالية.

القسم الأول

كُرْدِسْتَان

الفصل الأول

النِّساء والهجرة

الهجرة مفهوم مترامي المعاني، وفي اللاحق من فصول هذا الكتاب سأوضح الأسباب التي تعتقد النِّساء الفلسطينيات لأجلها أنهن مهاجرات لا لاجئات. أما الآن، فأتوقف عند التقرير الصادر بعنوان العواقب السيكولوجية للتجارب الرضِّيّة على تطور المهاجرات الكرديّات المقيمات في دول الاتحاد الأوروبي (Psychological Consequences of Trauma Experiences on the Development of Migrated Kurdish Women in the European Union) الذي يظهر كيف اختبرت بعض النِّساء الكرديات هذا الوضع، وبخاصة منهن اللاتي نَزَحْنَ عن تركيا وواصَلْن النضال ضدّ الحكومة التركية من المنافي حيث حَطَطْن الرِّحال. الهجرة إذن «وضع مؤقت يترافق والنضال من خارج حدود بلد المنشأ»، في حين أن اللجوء، وبحسب هذي النِّساء، مفهوم استسلامي، قابل للتأثيرات الخارجية، منزوع القوة والفاعليّة[11]. ولا بدّ من الإشارة إلى أن التقرير الآنف الذكر هو عينه دراسة مقارِنة عن النِّساء الكرديّات في كل من الاتحاد الأوروبي وتركيا (أعني عامة وليس خاصة)، وهو يقدم وقائع نوعيّة وكميّة تلقي الضوء على أوضاع النِّساء

---

(11) حسب ما ورد في تقرير المشار إليه أعلاه والصادر عن المؤسسة الدولية للنِّساء الحرّات (International Free Women's Foundation) في العام 2007.

الكرديات المقيمات في الأجزاء الكردية من دول مثل تركيا والعراق وسوريا وإيران، وعلى أوضاع المهاجرات إلى الاتحاد الأوروبي والمقيمات فيه بصفة لاجئات. وبحسب البلد الذي ارتَحَلْنَ عنه والظروف السائدة في وطنهن الأمّ، تتوزع هذي النِّساء في مجموعات ثلاث: مجموعة اللاتي هاجَرْن بصحبة عائلاتهن؛ ومجموعة اللواتي هاجَرْن نتيجة اقترانهن بمهاجرين؛ ومجموعة العاملات المهاجرات، علماً أن ما يجمع بينهن جميعاً هي النيّة في العودة إلى وطنهن الأم عندما تتحسن ظروف الإقامة فيه، وأعني بهذي خاصة، النِّساء الكرديات اللواتي ارتحلن عن كل من تركيا وسوريا. وفي هذا الفصل، أركّز على الوقائع النوعيّة لكونها تسمح لنا بفهم أفضل للقضايا التي أثارتها النِّساء اللاتي قابلتُهن. وبالعودة إلى التقرير المشار إليه أعلاه، يتّضح لنا أن شريحة كبيرة من النِّساء الكرديات لا يَزَلْن يكابدن، وبدرجات مختلفة، عواقب الرضّات التي تعرَّضن لها، أي الاضطرابات التالية للصدمة. إذ عديدات هنّ اللواتي خَبِرن العنف الجنسي والاغتصاب وكنّ في عجز شبه تام عن الإفصاح عن تجارِبهن المرّة، وبخاصة أثناء الإدلاء بشهاداتهن في حضور الرجال. وألفِت هنا إلى النِّساء المسلمات تحديداً اللواتي يكابدن وِزْر الرضّات بصمت مطبَق.

في قوانين الأحوال الشخصية للأديان

في القواعد التنظيمية الدينية، وتحديداً في ما يسمى بقوانين الأسرة أي قوانين الأحوال الشخصية، لا يزال «سلوك» المرأة وأسطورة العذريّة المحافَظ عليها حتى الزواج، حاضرَيْن حضوراً واضحاً نظراً لوجود القوانين الأسرية الدينية في معظم الديانات، ليس أقلّها

الديانات التوحيدية الكبرى، أي اليهودية والمسيحية والإسلام، الناشئة جميعها عن العهد القديم. ويتوقف تأثير هذه الديانات في النطاق الشخصي، على الدستور. فعندما يكون القانون في بلد ما مرتكزاً على الدين، يكون اضطهاد النِّساء فيه هو الأسوأ. إذ تُحرم النِّساء من حقِّهن في التعليم، وتُزَوّج قبل بلوغهن سِنّ الرشد، وتُخْضَع في مثل هذه الزيجات المبكّرة للاغتصاب المتكرر وللاستغلال الجنسي وغيرهما من ألوان سوء المعاملة. وإن اقترفن أي نوع مما يسمى بالجرائم المرتبطة بالشرف، أُنْزِلَت بهن عقوبات مختلفة تتوزع بين الطلاق والتعنيف والحَرْق والهجمات بالأسيد ومحاولات القتل، بل والقتل صراحة. وقد يُحْكَم عليهن بالسجن بموافقة الزعماء الروحيين ومباركة المجتمع الأبوي. سبق لي أن وضعت تقريراً مقارِناً بين الإصلاحات التي عرفتها السويد على امتداد قرنين من السلام وبين كيفية عمل القوانين الدينية المنظِّمة لشؤون الأسرة في الشرق الأوسط وغيره العديد من المناطق التي أعرض لواقعها هنا. ولقد اتضح لي أن تأثير الدين على القانون والدستور في الدول التي أتوقف عندها في هذه الدراسة، يرخي بعواقبه الثقيلة على الحياة اليومية، وبخاصة في بعض الدول حيث يرتكز قانون الأمة على الشرائع الدينية.

واستناداً على التجارب المهنية التي كانت لي على امتداد عقدَيْن من الزمن تقريباً في السويد ودول أخرى من العالم، ولكوني نَشَطْتُ لأكثر من أربعة عقود نِسْوِيّاً وسياسياً نصرةً لقضايا تتعلق بالمساواة في الحقوق والواجبات بين الجنسين، فلقد راكمتُ عدداً من المقارنات بين العمل

الإصلاحي والقوانين الأسرية (أو قوانين الأحوال الشخصية) واتّضح لي على ضوئها استحالة الاستخفاف بأهمية إظهار دور السلام عندما يتعلق الأمر بالقيام بإصلاحات ناجحة[12].

أصوات كرديّة في الشّتات

كانت المقابلات التي أجريتها في سياق دراستي هذه مع «نساء» «كرديات» «مهاجرات»، وهذه الصفات الثلاث عرَّضتهن لأشكال متنوعة من الاضطهاد في كل من المجتمع والعائلة. ويتوقف دور النِّساء الكرديات في المجتمع على النموّ أو عدمه في دول مثل تركيا والعراق وإيران ودول الاتحاد الأوروبي. ومن خلال التقرير المذكور أعلاه، تتطلّع النِّساء إلى الإضاءة على بعض أنواع العنف المرتكز على النوع الاجتماعي (أو الجَنْدَر) التي تتعرض لها الكرديات في المجتمع وداخل عائلاتهن، علماً أن العنف المتأتّي نتيجة لهويتهن القومية، يدخل، علاوة على وضوحه، في باب التعصّب العنصري السّافر الذي قد تختلف تجلّياته بين هذه وتلك من المناطق الأربع المشكِّلة لما يطلق عليه الأكراد القوميون اسم كردستان، ولكنه في الوقت عينه يُظهر نماذج متشابهة توحِّد بينها.

الخِتان أو تشويه الأعضاء التناسليّة الأنثوية

عملتُ لبضعة أعوام خَلَت ككاتبة مستقلة في جريدة النِّسا، وحرّرت مقالات في العنف الجندري الارتكاز في هذه المنطقة حيث

---

(12) انظر: HAGBERG & JONEGÄRD, Risk and Security, ..2010.

أقمت لوقت طويل. يتمحور أحد هذه المقالات حول تشويه الأعضاء التناسلية الأنثوية الذي يتجلى بدرجات مختلفة في مناطق متنوعة من الشرق الأوسط، حيث تتراوح نسبة النِّساء المشوّهات تناسلياً بين أربعين وثمانين في المئة، بحسب منظمتَيّ هايڤوس (Hivos) ووادي (WADI)، العاملتَين في مجال تقديم المساعدة والعمل مع المنظمات التطوعيّة المحليّة على التصدي لهذه الممارسة المؤذية سعياً إلى إبطالها والقضاء عليها، علماً أن معرفة مدى اتساع الرقعة الجغرافية التي تحتلها هذه الممارسة في الشرق الأوسط تبقى معرفة محدودة، وهذا أمر لا بدّ من الإشارة إليه هنا لأهميته.

في إحدى المرات، نظَّمت، بالتعاون مع البروفسورة بريغيتا إيسِنّ (Brigitta Essén)، سلسلة من المؤتمرات في شمالي العراق/ جنوبي كردستان، ضمن مشروع تبادلي هدف إلى تعزيز حقوق النِّساء في الصحة الإنجابية. يومها، قالت النِّساء المنضويات في «جمعية نساء بغداد»[13] أن تشويه الأعضاء التناسلية الأنثوية شائع وسط المسلمين السُّنّة، في حين هو أكثر شيوعاً في زيجات القاصرات لدى المسلمين الشيعة، والهدف

(13) تأسست جمعية نساء بغداد (Bagdad Women Association-BVA) في العام 2004 كردّ فعل على معاناة النِّساء العراقيات في ظل دكتاتورية النظام السابق وفي أعقابه من خلال عدم الاستقرار الذي انتشر وتطور في جميع أنحاء البلاد. تنشط الجمعية في مكافحة جميع أشكال العنف ضدّ النِّساء والفتيات وتعمل على ضمان الحماية القانونية والمساواة والاحترام وجميع حقوق الإنسان، من خلال تطوير الاستراتيجيات المناسبة: 1 - لمساعدة النِّساء على الشفاء من سوء المعاملة وتزويدهن بالدعم اللازم؛ 2 - لتسهيل وصول المرأة إلى مواقع صنع القرار وتنمية قدراتهن القياديّة؛ 3 - لتغيير تفكير وسلوك صنّاع القرار من أجل صنع انتهاك حقوق المرأة، وحماية هذه الحقوق وتعزيزها. وللجمعية برامج تمكينية للنِّساء في المجالات الثلاث، يمكن متابعتها على مواقعها الإلكترونية. (م.)

منه لدى هؤلاء وأولئك السيطرة على جِنسانيّة[14] الطفلة وبخاصة في مرحلتها الاستهلالية التي تنتقل الفتاة بموجبها من الطفولة إلى البلوغ. وتتجلى هذه العادة للعِيان في معظم المجموعات المتديّنة بهذه أو تلك من الديانات التوحيدية، غير أنها لا تجد لها ما يسوِّغها في النصوص المقدسة. ولهذه العادة خلفية سابقة للدين الذي سرعان ما اختلط بالتقليد على مرّ الزمن، فأدّى الاختلاط إلى إرساء الممارسة. في مقالتي المنشورة في جريدة النِّسا، أسهبت في شرح كيف أن النِّساء اللاجئات أو المهاجرات يلْقَيْن معاملة تفتقر إلى العدالة في سوق العمل، حتى في السويد. ذلك أن الأسباب المسوّغة للجوء النِّساء لا تؤخذ بالاعتبار وتحديداً عندما تطرح إمكانية تعرضهن للتهديد بالعنف المرتبط بالشرف، في حال تمَّ ترحيلهن إلى مناطق حيث للقوانين الأسرية الدينية وللقواعد التنظيمية القبلية والعشائرية تأثير يفوق تأثير حقوق الإنسان و«اتفاقية القضاء على جميع أشكال التمييز ضد المرأة». وثَمّة خطر آخر لا بدّ من أن يؤخذ في الحسبان وهو المتمثّل في تنامي الاتِّجار بالجنس في المناطق الخارجة من النزاعات. زِد على ذلك التعصّب العنصري الواسع الانتشار والتغايرية الثقافية اللذين يتهددان حقوق المرأة بمخاطر جوهرية في مناطق متّسعة من العالم. وتجدر الإشارة إلى اقتناع مَنْ يمارس التعصّب العنصري بأن الآخرين دونه مستوى، ولا يتمتعون بالقيمة الإنسانية نفسها التي يعتدّ بها. كما أن الدفاع عن التقاليد المؤذية من باب التمسك بالانتماء إلى

---

(14) يفيد اللفظ بأمرين: 1 – كون الفرد ذا جِنس معيّن (ذكراً أو أنثى). (م.)

جماعة أو دين ما، يدخل في نظري في باب التعصّب العنصري أيضاً.

الاتفاقيات الأمميّة الخاصة بحماية النِّساء

وسّعت الأمم المتحدة أكثر من مرة من دائرة مسؤوليتها بهدف التصدّي للعنف ضد النِّساء. فمن بين أمور أخرى، وافقت الجمعية العامة على اتفاقية متعلقة بالقضاء على الجرائم المرتبطة بالشرف، أي على «اتفاقية القضاء على جرائم قتل النِّساء والفتيات بدافع جِنساني والتحقيق فيها وملاحقة مرتكبيها قضائياً ومعاقبتهم على نحو أكثر فعالية»[15]. كما عمدت الجمعية العامة إلى طرح إعلان يهدف، من بين أمور أخرى، إلى «حماية المِثْليّات والمِثْليّين ومزدوجي الميل الجنسي ومغايري الهوية الجنسية» من العنف والمضايقة المستمرة والتمييز أو الظلم بسبب خِياراتهم أو هويتهم الجنسية. ولقد كانت ست وستون دولة عضو في الأمم المتحدة من أصل مئة واثنتين وتسعين وراء هذه الاتفاقية، فيما كثرت الدول التي سجّلت تحفّظها على أجزاء مختلفة منها.

في ربيع العام 2014، تقدمت هيئتا الأمم المتحدة للمرأة والطفل[16] بنصّ دعت بموجبه إلى القضاء على التقاليد المؤذية للنِّساء أو الأطفال، وصوّبتا صياغته بحيث جعلتاه أكثر وضوحاً وحدّة،

---

(15) وهو قرار اتخذته الجمعية العامة للأمم المتحدة في 18 كانون الأول/ ديسمبر 2013؛ انظره على الموقع الإلكتروني https://www.unode.org. وثَمّة دراسة في الموضوع لصاحبها نبيل دويكات بعنوان «دور المجتمع المدني في مواجهة ظاهرة قتل النِّساء على خلفية ما يسمى «الشرف»»، تجدها في مجلة كَسْر القوالب Breaking the mold، على الموقع الإلكتروني https:aub.edu.lb. (م.)

(16) والمقصود بهما: لجنة الأمم المتحدة المعنية بوضع المرأة (UN commision on the status of women) ولجنة حقوق الطفل في الأمم المتحدة . (م.)

لافِتَتان، فيه إلى أنه لا يحقّ لأي دولة عضو الاستقواء بالدين أو بالتقاليد لاجتناب الإيفاء بالتزاماتها. ولقد شكلت هذه المبادرة إشارة مهمة إلى ضرورة العمل بمقتضيات هذا النصّ.

الفصل الثاني

شمال كُرْدِسْتان أو الإقليم الكردي في تركيا

قبل أحد عشر ألف عام، كانت بلاد ما بين النهرين موطناً للأكراد. وفي تلك الحِقبة، تمتعت النِّساء بمنزلة في المجتمع مختلفة كل الاختلاف عمّا هي عليه اليوم، وهو ما أظهرته للعِيان الأبحاث وأعمال الحفر والتنقيب عن الآثار. إذ كان للنِّساء دور قيادي في المجتمع حيث كُنَّ غرضاً للإعجاب والتقدير نظراً لمهاراتهن في العمل الزراعي ولخصوبتهن الإنجابية، وهذه دلالات الثروة والقوة. ولقد توقف عبد الله أُوجَلان، زعيم الأكراد في تركيا، عند هذه المهارات فوصفها في كتاباته الصادرة في العام 2006، التي استرعت انتباه النشطاء الأكراد لما انطوت عليه من رؤية في المجتمع ذي بعد جَندري. ويرى أُوجَلان في تحرير النِّساء واسطة وهدفاً يستنير بهما النضال لأجل كردستانٍ متمتع بالاستقلال، أي النضال المتطلّع إلى تحقيق حرية الرجال والنِّساء على السواء. وإن وجب على النِّساء النضال من داخل التنظيم، إلا أن مشاركتهن في الكفاح المسلّح قد قلّص من الاضطهاد المرتكز على النوع الاجتماعي (أو الهوية الجندرية)، بحيث لا يزال لفظ «جين» ومعناه «الحياة» يستخدم في اللغة الكردية للدلالة على النِّساء.

بعد انقضاء بضعة قرون على بداية التقويم الميلادي، تعرضت

المناطق الكردية إلى الغزو على يد عمر بن الخطاب (نحو 585م – 644م) الذي كان خليفة للمسلمين بين عاميّ 634 و644 للميلاد، فأقدم الجنود العرب على سَبي آلاف النِّساء الكرديّات. ونتيجة لهذه الغزوة، نال الوهَن من الزرادَشْتِية التي كان يتديّن بها العديد من الأكراد الذين أكرهوا على اعتناق الإسلام ديناً. وخلال النصف الثاني من القرن العاشر، برزت إلى الوجود الإمبراطورية العربية الإسلامية التي نشأت في سياق الهجرة العربية الكبرى وهو ما أدى إلى تقسيم كردستان إلى أربعة أقاليم أبصر فيها المجتمع القبلي الكردي النور. وخلال حكم إمبراطورية المغول التي تولى جنكيز خان زِمامها أواخر القرن الثاني عشر، انهارت هذه التركيبة، وتقلّص تأثير زعماء القبائل وشُرع بترحيل العديد من الأكراد بالقوة. وعقب الغزو المغولي، حلّت الإمبراطورية العثمانية[17]، وعملت هي الأخرى على اضطهاد الأكراد.

دور النِّساء في الثورات

خلال كل الحِقب التاريخية التي شهدت محاصرة الأكراد والتضييق عليهم، كانت المحاولات الثوروية التي بادر إليها هؤلاء تستجِرّ ضربات ضارية لا هوادة ولا رحمة فيها، وكان ترحيلهم يتكرر. وفي كل مرة كان يُضرب الحصار حولهم، كانت النِّساء تلزَم بالتراجع، ما أفضى إلى تقويض الثقافة الكردية. غير أن حِقبة الإمبراطورية العثمانية عرفت بروزاً لثلاث كرديات ناجحات، وثورات نتج عن بعضها تحقيق استقلال الأكراد بدرجات متفاوتة. لكن الديمومة لم تكتب لأي

(17) () انظر التقرير الصادر عن المؤسسة الدولية للنِّساء الحرّات (IFWF) عام 2007.

من هذه الانتصارات.

في مستهل القرن التاسع عشر، شرع الأكراد في تنظيم الانتفاضات الثوروية ضدّ الأَسْلَمة الإجبارية. وخلال عقدين من الزمن، احتالوا على الصعوبات التي كانت تعترضهم لمواصلة المقاومة. فهم أرادوا مجتمعاً يتساوى فيه الرجال والنِّساء. لكن الأكراد شاركوا، خلال الحرب العالمية الأولى في واحدة من أوائل الإبادات الجماعية التي استهدفت أقلية إثنية لأسباب دينية وأخرى تعصبيّة عنصرية ذهب ضحيتها الأشوريون والأرمن بشكل خاص، أي مليون أرمني ومئات الآلاف من الأشوريين والسريان والكلدان. ولقد اختتمت هذه الإبادات الجماعية بموجات من الترحيل والإعدام والتقتيل ترافقت جميعها بمجاعات من صنع البشر. وإن كان معظم الضحايا قد لَقَوْا حتفهم خلال الحِقبة الممتدة بين عامي 1915 و1916، إلاّ أن الاضطهاد استمر حتى العام 1923. وبهذا حققت الإمبراطورية العثمانية نجاحات متفاوتة في حملة التطهير العِرقي التي شنتها ضدّ سكانها من المسيحيين أولاً، وتالياً من الأكراد المسلمين السّنّة الذين جندتهم للاضطلاع بالمقتَلَة قبل أن تفتِك بهم من خلال الإجازة للكتائب الحميدية(18) المنضوية في

(18) كانت «الكتائب الحميدِيّة» أو «الخيّالة الحميديّة» فِرقاً عسكرية عثمانية شبه نظامِيّة، شكّلها السلطان العثماني عبد الحميد الثاني في العام 1885 من أبناء القبائل الكردية وعدد من أبناء التركمان والبدو والأتراك المعروفين باسم «اليوروك». ومن وراء تجنيد الأكراد، سعى السلطان عبد الحميد الثاني لكسب ولائهم وضمان الحيلولة دون تمرّدهم وثورتهم على الدولة، فعهد لهم أولاً بمهمة تسيير دوريات على الحدود مع الإمبراطورية الروسِيّة بهدف حماية أراضي السلطنة من أي تهديد وغزو روسيَّيْن محتملين. لكن السبب الرئيس وغير المعلن وراء تأسيس «الكتائب الحميدية» كان التصدي للحراك القومي الأرمني في المناطق

الدولة العثمانية، بإنزال العقاب بهم. وبوسعنا النظر إلى هذه العاقبة بوصفها عقاباً مزدوجاً أنزله بالأكراد العثمانيون الناهجون في إدارة شؤون إمبراطوريتهم سياسةَ «فرِّق تَسُد»[19].

خلال العشرينيات والثلاثينيات من القرن العشرين، استهل الأكراد في تركيا، عدداً لا يستهان به من الانتفاضات التي قُمعت جميعها بالقوة وأفضت إلى حمّام دمّ وموجات من الترحيل والإعدام الجماعي وتدمير القرى والاعتقالات. وفي الكثير من الأدبيات التاريخية التي وصلتنا عن تلك الحِقبة، بقيت النِّساء محجوبات عن الأنظار. ولقد وجب انتظار حلول العشرينيات لرؤية التأثير السياسي للنِّساء الكرديات

الشرقية من الدولة العثمانية وسحق الأحزاب الأرمنية التي استغلت ضعف السلطنة وتراجعها للمطالبة باستقلال الأرمن وانفصالهم عنها. وبدءاً من صيف العام 1891، وإثر تأسيسها مباشرة، شرعت الكتائب الحميدية بتنفيذ مهمتها الأساسيّة التي أنشأت لأجلها، وبغير علم منها، فشَنّت هجمات القتل والتخريب على القرى الأرمنية وتصدّت للثورة الأرمنية بمجازر فظيعة، ارتبطت باسم هذه الكتائب، أي عرفت باسم «المجازر الحميدية» التي بدأت في تشرين الأول/ أكتوبر من العام 1894 وانتهت في تموز/ يوليو من العام 1896، وقد عُدَّت أسوأ المجازر التي تعرّض لها الأرمن في حِقبة ما قبل الإبادة الجماعية الكبرى التي بدأت عام 1915 واستمرت حتى نهاية الحرب العالمية الأولى. ومن خلال الاعتماد على هذه الكتائب، وفّر السلطان على الجيش العثماني النظامي ارتكاب هذه الفظائع وما تستدعيه من إدانة أوروبية. ولم تقتصر «المجازر الحميدية» على الأرمن فقط، وإنما طالت أقليّات مسيحية أخرى، وخاصة الآشوريين المتواجدين في مناطق جنوب شرق الأناضول، بحجّة تعاونهم مع الإمبراطورية الروسيّة بحكم الرابط الديني المسيحي الذي يجمعهم بها. وقد بلغت المجازر بحقّ الآشوريين ذروتها في جبال هكاري وديار بكر مترافقة بعمليات تهجير وهدم وحرق للبيوت والكنائس. (نقلاً وبشيء من التصرف عن خالد بشير، صاحب مقالة «ارتبط اسمها بارتكاب أفظع المجازر... ماذا تعرف عن «الكتائب الحميديّة» العثمانية؟»، انظره على الموقع الإلكتروني https://www.hafryat.com، وقد زُرْتُه في 31 - 8 - 2021، عند الساعة الرابعة وإحدى وأربعين دقيقة. (م.)

(19) انظر التقرير السابق الذِّكر عينه: IFWF' report, 2007.

يتنامى، من خلال اضطلاعهن بدور ناشط وحاسم في الانتفاضات وفي القتال جنباً إلى جنب مع الرجال.

تمرّد دِرْسيم

في العام 1934، أقرّت الحكومة التركية المركزية قانوناً قضى بتتريك البلاد ونهجَ إعادة التوطين بهدف استيعاب الأقليات العرقية داخل تركيا. أفضى ذلك في الواقع إلى اعتماد النقل القسري للسكان من غير الأتراك، ومن بينهم الأكراد، إلى مناطق محددة من تركيا دون غيرها حيث حظِّر عليهم الاستقرار. شكّل التمرد الكردي في دِرْسيم يومذاك ردّاً على عملية الدمج الاستيعابي التي استهدفت الأقلية الكردية، وتراوح عدد ضحاياه بين ستين ألف ومئة ألف من الأكراد في وقت تعرضت الكثيرات من نسائهم إلى الاغتصاب بهدف النيل من شرفهن وتعريضهن بالتالي لخطر القتل على يد أفراد من عائلاتهن، الأمر الذي دفع بالعديدات منهن إلى الانتحار عبر الإلقاء بأنفسهن في نهر مونزور، في حين عوقب المشاركون في هذا التمرّد بالإعدام على يدِ القوات المسلحة التركية عامي 1937 و1938. واستُتْبِعت المجزرة بإقفال المدارس الكردية وبمنع الأكراد من التداول بلغتهم الخاصة، وبحظْر كل ما كان «كردياً»، كالتدثّر باللباس الكردي التقليدي وإطلاق الأسماء الكردية على الأولاد.

هجرة العَمالة إلى أوروبا

خلال ستينيات وسبعينيات القرن المنصرم، كانت حاجة أوروبا

إلى اليد العاملة حاجة عظيمة، فعمدت تركيا إلى توقيع اتفاقيات عمالة مع عدد من دولها، وبخاصة مع ألمانيا. اقتصرت اليد العاملة المهاجرة آنذاك على الرجال في معظم الأحيان، ما يعني أن مسؤولية تربية الأولاد والنهوض بأعباء العائلة ألقيت كاملة على أكتاف النِّساء، وهي ظاهرة أطلق عليها اسم «تأنيث المجتمع الزراعي» وساهمت في تشكيل التنمية في الإقليم الكردي من تركيا خلال تلك الحِقبة. لم يكن للنِّساء صنّاع قرار تعتمد عليهم فأصبحت فاعلات في الزراعة ما عزّز ثقتهن بأنفسهن. وبالتالي، كان حضور النِّساء ملحوظاً بوضوح في كل مكان من المجتمع حيث تقاسمن العمل وحيث اتَّسمت حياتهن بالانفتاح والتوافق.

تشكيل حزب العمال الكردستاني

في العام 1978، تأسس حزب العمال الكردستاني وفي العام 1984 استُهل الكفاح المسلّح ضد الحكومة التركية المركزية. فإذا بالعديد من الشبان والشابات ينضمون إلى الغوار، لكن لأسباب مختلفة، كانت في الأساس قومية بالنسبة إلى الرجال في حين أرادت النِّساء النضال لأجل تحقيق التغيير المجتمعي والتحرر النُّسوي. وفي كلتا الحالتين، تعرضت النماذج العائلية المرتكزة على النظام الأبوي للتحدي[20].

إنه بلا شك أمر مثير للاهتمام، إذ غالباً ما يوصف حزب العمال الكردستاني بالحركة القومية التي تعطي الذكَر، مصدر السلطة الأبوية،

---

(20) انظر التقرير عينه: IFWF's report, 2007.

حقّ التفسير والتأويل، في حين تُبقي على نضال النِّساء طيّ الكتمان محجوباً عن الأنظار، وهو ما أدّى إلى الاستخفاف بتاريخ النِّساء وإهماله.

كان امتشاق النِّساء للسلاح ضد الحكومة التركية المركزية أمراً مرفوضاً بالنسبة إلى القوميين من الرجال الأكراد، الذين اعتمدوا موقف الأعداء حَيال نسائهم، وأحالوا المجنّدات الكرديات إلى «مومسات» درجوا على إخضاعهن بانتظام مكرور إلى الاغتصاب وفي بعض الأحيان إلى التعذيب حتى الموت. وفي هذا الصدد، ثَمّة تقارير تصف كيف كان بعض الجنود يدفعون بفوّهات بنادقهم داخل مهابل الثائرات، فيما كان آخرون يعرِضون أجسادهن على الملأ بعد الفراغ من هَتْك أعراضهن؛ بل ثَمّة من كان منهم يقتطع من هذه الأجساد أجزاء يحتفظ بها كما لو أنها كانت «فَتَشاً[21] حربياً» يستمد منه القوة والإقدام.

نضال النِّساء ضد العنف والاستغلال

منذ تسعينيات القرن الماضي، نظّمت المجنّدات الكرديات المنخرطات في حرب الغوار حملات ضدّ العنف الجنسي أثناء النزاع. وعندما أدرك أن تلك كانت الحال في منظمته الخاصة، أثار أُوجلان المسألة مشدداً على أهمية إبداء الاحترام للمجنّدات واعتبارهن

(21) الفَتَش (بالإنجليزية fetish) شيء كانت الشعوب الوثَنِيَّة تنسب إليه قدرة سحرية أو روحية على حماية صاحبه أو مساعدته أو تؤثر في حياة الناس. يقال له في هذه الحالة «البُدّ» وجمعه «البُدود»، و«التِّيمَة» وجمعها «تِيمات» والاسم بالإنجليزية fetishisme أي الفَتَشِيَّة أو البُدِّية ويفيد بالنزعة إلى عبادة الأفتاش أو الأصنام. ويعني «الفَتَش» أيضاً جزءاً من أجزاء الجسد غير ذي صلة مباشرة بالرغبة الجنسية يستثير تلك الرغبة عند بعض المنحرفين. (م.)

مساويات للرجال في الحقوق والواجبات. كما أنه وضع كتباً حول تحرير النِّساء استخدمت ولم تزل في التربية السياسية في حزب العمال الكردستاني. وبما أن العنف الجنسي موضوع يحرّم الحديث فيه، ليس أقلّه في المجتمع الكردي، استرعت هذه الحملات الكثير من الانتباه، لكنها دعت أيضاً إلى تحقيق التغيير في المواقف والسلوكيات. أُخضعت إذ ذاك فكرة «الشرف» للنقاش؛ وفي العام 1977، تم تأسيس «مكتبَ دعم قانوني بالوكالة ضدّ الاستغلال الجنسي والاغتصاب» في تركيا. ومن خلال هذا المكتب، عمدت كل من إيرين كِسكين (Erin Keskin)، وهي محامية ومدافعة معروفة جداً عن حقوق النِّساء، وزميلتها، فاطمة كاراكاس (Fatma Karakas)، إلى الإبلاغ عن تعرّض مئتين وإحدى عشرة امرأة كردية إلى الاستغلال الجنسي على يدِ السلطات التركية. ولقد سعت هاتان المحاميتان إلى حمل هذه القضايا أمام قوس المحكمة، لكن نتيجة الارتداد عن الشكاوى والتنصّل منها وإقدام المعنيّات بها على الانتحار، وحدهما قضيتان بلغتا مرحلة المحاكمة والإدانة.

واليوم، لا يزال مراقبو القرى التابعون للسلطات التركية يقتفون آثار السكان في الأجزاء الكردية المحتلة من تركيا، حيث الأكراد أكثر تنسيقاً في مقاومتهم وأكثر تعاوناً، على الرغم من التاريخ المأساوي مع الأقليات العرقية الأخرى التي تعاني القَمْع والاضطهاد في المجتمع التركي.

ومن جهته، لا يزال المجتمع الكردي بناء أبوياً وإقطاعياً حيث النِّساء مُخضَعات، ولا يزال النظام العشائري قوياً، والعنف المرتبط

بالشرف شائعاً أُسوة بالتقاليد كتلك المسوِّغة للزيجات المُكْرَهَة وزيجات الأطفال. لكن هذه الحال هي أيضاً حال المجتمع التركي عموماً.

ولا بد من الإشارة في هذا السياق إلى أن البغاء والاتجار بالجنس هما أحد تأثيرات الحرب على العموم وعلى النزاع التركي - الكردي على الخصوص. فالمؤسسات الحكومية هي التي تسوس في تركيا معظم الصناعة الجنسية حيث يُرَى إلى «تجنيد» النِّساء الكرديات بوصفه وسيلة تضمن تقليص انخراطهن في النضال السياسي وتدمير المجتمع الكردي. فإن فقدت المرأة «عذريّتها» نتيجة استغلال جنسي أو اغتصاب، أصبحت هدفاً سهلاً للاسترقاق الجنسي لاستحالة عودتها إلى منزلها[22].

تجاربي الشخصيّة

قمت بزيارة كردستان تركيا وكردستان العراق مرات عدة، وأجريت مقابلات مع نساء كرديات نَزَحْنَ عن تركيا وأقمن في مخيّم للاجئين في العراق، حيث صنِّفْن بداءة في خانة اللاجئات السياسيّات. وفي إحدى زياراتي إلى تركيا، تجلّى لي بوضوح تدهور حال السكان الأكراد فيها، وبخاصة منهم النِّساء. وخلال رحلتي إلى كل من الإقليم الجنوبي الشرقي وذاك الشرقي، رأيت وزميلاتي شعارات مرفوعة فوق الجبال، تقول باللغة التركية: «طوبى لمن يستطيع تسمية نفسه تركيّاً» و«تركيا للأتراك».

---

(22) انظر التقرير عينه: IFWF's report, 2007.

كان الهدف من هذه الرحلة الاضطلاع بمهام المراقب خلال اليوم العالمي للمرأة (الذي يحتفل به في الثامن من آذار/ مارس من كل عام)، بدعوة من المؤسسة الدولية للنِّساء الحرّات وهي منظمة تضمّ نساء كرديّات في المنفى وتتخذ من هولنده مركزاً لها، علماً أنني كنت قد عملت لديها لعدّة سنوات خَلَتْ. في مستهل شهر آذار/ مارس، وصلتُ مصحوبة بمصوِّرة فرنسية الجنسية ونصيرة لحقوق المرأة، إلى أَضَنَة حيث كانت في استقبالنا على أرض المطار العُمْدَة آنذاك، ليلى غونز (Leyla Gunes)، وقد كانت واحدة من عشر نساء شَغَلْن في تلك الحِقبة منصب العمدة في الإقليم الكردي من تركيا. قضينا الليلة في فندق متواضع وقصدنا في صباح اليوم التالي بلدة أورفة[23] حيث حلّت النِّساء الكرديّات الوافدات من كل أنحاء تركيا للاحتفال باليوم العالمي للمرأة بالرقص وإلقاء الخطب السياسية المضمون. وألفِت في هذا السياق إلى أن المسافة الفاصلة بين أَضَنَة وأورفة بالكاد تبلغ اثني عشر ميلاً، قطعناها يومها في حافلتَيْن محملتَيْن بنساء كرديّات متدثِّرات بأثواب احتفالية زاهية. غير أن القوات المسلّحة التركية أوقفتنا أقلّه أربع مرات على امتداد هذه الرحلة القصيرة، وأخضعت الراكبات للتفتيش الدقيق كما فعلت مع العُمدة وسيارتها بحثاً عن السلاح.

تظاهرة النِّساء في أورفة

(23) () أورفة (أو أورفا)، مدينة تاريخية متعددة الأعراق يسكنها العرب والأكراد والأتراك، تقع جنوبي شرقي تركيا، في منطقة الجزيرة الفراتية في أعالي بلاد ما بين النهرَيْن وهي عاصمة محافظة أورفة. اسمها الآرامي «أورهاي» ومنها اشتقت التسمية العربية القديمة «الرُّها» وعرفت في العصور الكلاسيكية بـإِديسّا» (باللاتينية: Edessa). (م.)

أخيراً وصلنا إلى أورفة متأخرات ووجب علينا الإسراع في الانضمام إلى الجمع الغفير الذي احتضن يومذاك آلاف النِّساء من كل أنحاء تركيا، وقد ازْدَنَيْن جميعاً بأثواب احتفالية. وعقب ساعات عدّة من الرقص والغناء، حَلّ موعد الخطب السياسية. وما أن انتهى الاحتفال، حتى قامت العمدة ليلى غونز بإركابنا أنا وصديقتي الفرنسية على مَتْن حافلة قاصدة ديار بكر[24]، بصحبة امرأة لا تتكلم إلّا اللغة الكردية. اقتضى منا الأمر وقتاً حتى أدركنا ما كنا في صدده، ومن ثم انطلقنا. ألمَّ الرعب بصديقتي الفرنسية، لكنني، وبما أتمتع به من حِسّ عملاني، تدبرت الأمر متوسلة لغة الإشارات وأفهمت المرافِقة حاجتنا الماسّة إلى مترجم خبير باللغة الإنجليزية، غير أنها أخفقت في تلبية طلبنا.

عمدت إذ ذاك إلى البحث في دليل جوّالي عمَّن يمكنه مساعدتنا، فوقعت على رقم امرأة خابرتها ووافقت على لقائنا لدى وصولنا إلى ديار بكر، كما أنها وعدتنا بإيجاد مأوىً لنا نبيت فيه ليلتنا الأولى في هذه المدينة الواقعة جنوبي شرق تركيا، حيث كان في استقبالنا أحد أعضاء حزب العمال الكردستاني بمعية قرينته الحامل. في اليوم التالي، حضرت

---

(24) دِيار بَكْر أو آمِد، أكبر مدينة في جنوب شرق الأناضول (تركيا)، والعاصمة الإدارية لمحافظة دِيار بَكْر. تقع على ضفاف نهر دِجْلَة، على موقع مدينة آمِد الأثرية. وضعها الحلفاء ضمن كردستان المقترحَة في معاهدة سيڤر (Traité de Sèvres) الموقَّعة في 10 آب/ أغسطس 1920 والتي رسمت حدود الشرق الأوسط عقب الحرب العالمية الأولى، فأخضعت فلسطين للانتداب البريطاني ولبنان وسوريا للانتداب الفرنسي. وتضمنت المعاهدة التخلي عن جميع الأراضي التي يقطنها غير الناطقين باللغة التركية، وكانت مصادقة الدولة العثمانية عليها هي الإسفين الأخير في نعش تفككها وانهيارها بسبب خَسارة قوى المركز للحرب العالمية الأولى. ولا تزال دِيار بَكْر نقطة محوريّة في الصراع بين الدولة التركية ومختلف الثورات الكرديّة. (م.)

مرافقتنا مصحوبة بالمترجمة التي ما أن علمت أن زيارتنا من تنظيم جمعية غير حكومية لا تتوخى الربح حتى أفصحت عن رغبتها بمساعدتنا بحيث نَفيد من الرحلة فائدة جمّة. كانت تحمل شهادة جامعية في السياحة والإعلام وتتمتع بمهارات عالية في الإرشاد السياحي ما جعل من رحلتنا رحلة ناجحة بامتياز. أبلغناها بما ننوي فعله وقامت من جهتها بوضع برنامج متكامل للزيارة يلبّي تطلعاتنا على امتداد أسبوع كامل.

خلال ذلك الأسبوع، تدبّرنا أمر زيارة العديد من المنظمات العاملات مع النِّساء في ديار بكر، وقد أبلغتنا القيّمات عليها أن ثقافة الشرف لا تزال حاضرة بوضوح في المجتمع الكردي، وهو ما أكدته لنا منظمة نسائية كردية تدعى كاردلين (Kardelen)[25] مضيفة أن النِّساء تلجؤ إليها لشعورهن بالخوف من الخطر الذي يتهدَّدهن بالقتل بسبب مفهوم الشرف المرتبط بالقمع والاضطهاد.

عديدات ممن حَلَلْن في مقرّ كاردلين طلباً للمساعدة، كُنّ في حال من الاكتئاب دفع بهن إلى محاولة الانتحار. غير أن المنظمة الناشطة في مجال العمل مع النِّساء المعنّفات وتبادل المعلومات والمعارف عن العنف المنزلي والاستغلال الجنسي، قدمت لهنّ مساعدة محترفة. ومن جهة أخرى، تنوعت الأسباب التي دفعت بهنّ إلى الهروب بعيداً عن

(25) سَمّت المنظمة المذكورة أعلاه نفسها باسم زهرة نادرة هي زهرة الثلج التي تنبُت طبيعياً على جبال طوروس ويحتفل بها بمهرجان سنوي في نيسان/ أبريل من كل عام، يزين مدينة «إبريدي» التابعة لولاية أنطاليا التركية، بألوانه الزاهية وموسيقاه الحافلة وفيه يتم قطف الأزهار.

عائلاتهن، كمثل التعلّق العاطفي بمَنْ لم يقع اختيار الأهل عليه، أو التعرّض للغواية أو الاغتصاب على يد رجل ما، ما تسبب لهنّ «بفقدان عذريتهن». وفي الثامن من آذار/ مارس ذاك، مشت النِّساء في تظاهرة إكراماً لذكرى الشابات المنتميات إلى القسم الكردي من المنطقة اللواتي سَقَطْنَ صَرْعى الجرائم المرتبطة بالشرف في تركيا أو خارجها. وخلال هذه التظاهرة حملت كل امرأة صورة فوتوغرافية عملاقة لحذاء مرفق باسم بلد الضحية وبتاريخ ولادتها ووفاتها. فإذا بالتظاهرة تتراقص بمئات من أزواج الأحذية الرامزة إلى التعاطف مع القتيلات والمؤكدة على ضرورة «السير في رِكابهن» والعمل على الحدّ من الجرائم التي أودت بحياتهن. ومن بين الصور واحدة لحذاء السويدية من أصل كردي ڤاديما ساهِندال[26].

(26) إنها ڤاديما (أو فاديمة) ساهندال، الشابة السويدية من أصول كردية والبالغة من العمر ستة وعشرين عاماً، التي راحت ضحيّة «قتل شرف» في 21 كانون الثاني/ يناير من العام 2002، عندما أطلق والدها «رَحْمي شاهندال» النار عليها فأصابها في رأسها وخدِّها، في مدينة أوبسالا السويدية، لارتباطها بشاب سويدي كانت تساكنه بخط يتجاوز، في نظر أسرتها، عادات وتقاليد الأكراد الأسرية التي تخلّف فاصلاً كبيراً بين الأبناء عموماً (والبنات خصوصاً) وأولياء الأمر، الذين يلزمون الفتيات العيش في عزلة يتعرَّضْن فيها للضغوط والمراقبة التامة والتهديد. ولقد كشف مقتلها النِّقاب بشكل حاد عن مسائل العنف والقتل باسم الشرف العائلي المشار إليه في السويد باسم «hedersmord»، وطرح مسألة الفشل الذي انتهى إليه دمج الجاليات المهاجرة ذات القيم الفكرية والحضارية المختلفة تماماً، في المجتمع السويدي، حيث يواجه المهاجرون الأكراد خصوصاً المعايير الثقافية المزدوجة، وهم الآتون إلى بلد ليبرالي من حضارة سُلطويّة.
وتجدر الإشارة إلى أن المهاجرين عموماً يفيدون في السويد من سياسة اللجوء المتحرّرة من القيود التي تمنحهم حقّ اللجوء هرباً من النزاعات المسلّحة في العديد من بلدانهم، وفي الوقت عينه تَفيد منهم في ظلّ الفراغ الناجم عن نَقْص اليدّ العاملة. ولقد أثار مقتل ڤاديما شاهندال بهذه الطريقة تعاطف العديد من السويديين، وألهمت مأساتها المخرج المسرحي ميكائيل كوك الذي وضع مسرحية بعنوان «لا تنسوا ڤاديما». (م.)

عندما يرتبط الشرف بالعنف والاضطهاد

إن خطر التعرض للقتل جراء العنف المرتبط بالشرف عالي النسبة في تركيا بما أن الحماية التي ينبغي للنِّساء الإفادة منها غير كافية. لقد تعاملتُ على امتداد سنوات عديدة مع هذا النوع من العنف والاضطهاد في السويد ودول أخرى، حيث اشتملت المهام التي أوكلت إليّ تكراراً على تحليل التحقيقات في القضايا المرتبطة بالشرف، وذلك لصالح المحامين العاملين في هذا المجال. في أحد الأيام، أَتَتْني شابة من الإقليم الكردي في تركيا أو مما يسمّى بشمالي كردستان. فتحدثنا عن حياتها واتّضح لي أن لها تاريخاً مع العنف المرتبط بالشرف لكونها تعرّضت في موطنها للاغتصاب. غير أنها لم تدرك حقيقة ما جرى معها إلاّ عندما تقدمت بشكوى للشرطة التركية التي أرسلت بها أمام القاضي. وعندما سألها الأخير عمّا حدث وصفت له كيف أن الرجل اعتدى عليها شرجِيّاً. لكن القاضي لم يعتبر الأمر اغتصاباً لأن الفتاة «لم تفقد عذريتها»؛ فلكي يتم الأمر، لا بد للاغتصاب من أن يكون «مِهْبَلِيّاً». أنقذت الشابة من القتل المتربِّص بها، لأن ثَمّة من أرسل بها إلى أقارب لها يعيشون في السويد، حيث أقامت على نحو غير شرعي واضطرت إلى العمل في الخفاء لسنوات عدّة وفي ظروف غلب عليها الاستعباد، إلى أن نجحت أخيراً بالفرار من مستخدميها. لكن الفرار رمى بها على قارعة الطريق حيث كابدت الأمرَّيْن قبل أن تجرؤ على طلب المساعدة من منظمة نسائية. ونتيجة لنضالها الطويل، تعيش اليوم حياة شريفة جديرة بالاحترام[27].

---

(27) تقول المؤلفة ماريا هاغبرغ إن صاحبة السردية قرأتها ووافقت عليها.

وفي يوم آخر من رحلتنا إلى ديار بكر، التقينا بـ «أمّهات لأجل السلام» (Mothers for Peace) وهي مجموعة تضم نساء ناشطات ضدّ كل ألوان العنف التي تطال المرأة، ومتديّنات جداً ضِقْنَ ذَرعاً بـ «إنجاب ابن يلتحق بالقوات التركية المسلحة وآخر يلتحق بصفوف حزب العمل الكردستاني». قُلْنَ لي: «تخيّلي ما يمكن لحالنا أن تنتهي إليه إن قام أحدهما يوماً بقتل أخيه». وتجدر الإشارة إلى أن هذي النِّساء اعتمدن التجوال في طول البلاد وعرضها لنشر فكرة السلام بين العائلات كما وتلبية الدعوات إلى زيارة دول أخرى أَلْقَيْن فيها المحاضرات في الموضوع عينه.

وخلال إقامتي في ديار بكر زرت العديد من المنظمات النِّسوية التي وصفت لي عضواتها الاضطهاد الذي تمارسه الحكومة التركية بانتظام بحقّ الأكراد عموماً ونسائهم خصوصاً. وبالإضافة إلى ذلك، أدركتُ أن حرباً أهلية تدور في تركيا حيث لقي ثلاثون شاباً كردياً حتفهم قتلاً، في شهر كانون الأول/ ديسمبر من العام 2011، على الحدود الفاصلة بين تركيا والعراق، التي أمطرها الجنود الأتراك بالقنابل. ولقد استُتْبِع القصف بمعارك طاحنة سقط جراءها العديد من الأكراد. وفي السنوات الأخيرة، تنامى الاضطهاد التركي بحقهم على نحو ملحوظ.

ومن جهة أخرى، لا يجوز الوثوق بالجيش التركي عندما يدّعي القيمون عليه حماية المدنيين المنتمين إلى الأقلية الكردية، لأن بعضهم يضايقون النِّساء الكرديات أو يخضعونهن للتعنيف وسوء المعاملة بأكثر من طريقة، وهو ما شهدتُ عليه خلال رحلاتي إلى هذه المنطقة،

إذ أخبرتني المترجمة التي انضمت إلينا في أورفة قصتها الشخصية: في يوم من الأيام، حلّت الشرطة في منزلها، وصادرت كتبها بما فيها تلك الجامعية. وتبيّن لاحقاً أن أحد الذين يدّعون الصداقة نشر الشائعات بشأن ما تقرأه من كتب، ووشى بها إلى الشرطة، علماً أن عائلتها قد بذلت كل مدَّخراتها لتضمن لها تحصيلاً علمياً عالياً، تقديراً لذكائها، مع أنها أصغر أخواتها وإخوتها العشرين. وعقب هذه الحادثة، صار من الصعب عليها الوثوق بـ «الأصدقاء الأتراك».

أنهينا الأسبوع بزيارة ليلى زانا (Leyla Zana)، وهي مناضلة عريقة كانت مترجمتنا على معرفة شخصيّة بها. استقبلتنا زانا في منزلها حيث أحسنت وَفادتنا وأخبرتنا عمّا تعانيه من صعوبات نتيجة الحظر المفروض عليها من قبل السلطات التركية. فهي ممنوعة من تنظيم الاجتماعات أو من تأسيس أية منظمة وإن كانت غير حكومية ولا تتوخى الربح. وطوال الساعات التي دامتها الزيارة، أصغَيْنا إلى نضالها الطويل نصرةً لحقوق الأكراد الإنسانية والمدنية، نضال اقتضى منها تضحية شخصية كبرى تمثلت، من بين أمور أخرى، بإقامة طال أمدها عشر سنوات في المعتقل بمعيّة ولديها.

مرّت على زيارتي إلى ديار بكر بضعة سنوات، قصدت إثرها تركيا وشمالي كردستان مرة جديدة، حيث شاركت في احتفالات النَّيْروز[28]،

(28) النَّيْروزُ أو النَّوْرُوزُ (بالفارسية نوروز وبالكردية نه وروز) هو عيد رأس السنة الفارسية والكردية، ويوافق فيه يوم الاعتدال الربيعي أي الحادي والعشرين من آذار/ مارس في التقويم الميلادي، ويحتفل فيه بقدوم الربيع، أي بدورة الحياة الجديدة بعد انقضاء فصل الشتاء. (م.)

عيد رأس السنة الكردية، بمعيّة صديقة كردية. اكتظت الشوارع يومها بمليون مواطن. وخلال تواجدي في هذه التظاهرات الجماهرية، لاحظت فقدان هاتفي الجوّال فقصدت مركزاً للشرطة للإبلاغ عن الأمر. عرض العناصر عليّ مجموعة من الأفلام التقطتها كاميرات المراقبة المزروعة في كل أنحاء المدينة. أدركت حينها أن السلطات تقبِض على خِناق الشوارع والأحياء، فقررت ألاّ أتقدم بشكوى حرصاً مني على عدم إقحام أي من صديقاتي الكرديّات في مأزق قد لا تُحمد عُقباه. ذلك أن خلفية هذه الزيارة الممولة جزئياً من منظمة «نساء لأجل السلام» (Women for Peace)، كانت تقتضي إظهار التعاطف والتعاضد مع النِّساء الكرديّات العاملات في إطار عملية بناء السلام بين الحكومة التركية والجناح السياسي (BDP) لحزب العمال الكردستاني. وفي هذا الإطار، كنت وصديقتي مدعوَّتَيْن إلى هذه الاحتفالات بصفة مراقب أجنبي لا يتعاطى الشأن السياسي. لهذه الأسباب، تغاضيت عن ضياع الجوّال وتابعت المهمة.

لا يزال الأكراد يفتقدون إلى الاعتراف بأقليتهم الإثنية، أُسوة بالأقليات الأخرى في تركيا. إذ لا يجاز لهم التداول بلغتهم الخاصة أو برعاية تقاليدهم الثقافة ضَنّاً بديمومتها، مع أنهم يَعدّون في تركيا وحدها عشرين مليون نسمة تقريباً، وهو ما يشكل نسبة تتراوح بين 20 و25 في المئة من السكان. خلال زيارتنا، شهدنا عدداً من التظاهرات السلمية، اتخذت لها في بعض الأحيان شكل الخِيم المفتوحة لاستقبال المتظاهرين والنقاش في المسائل الكردية. وعلى الرغم من سِلمية التظاهر، إلاّ أن

السلطات لم تتوانى عن استفزاز الناشطين بعروض للدبابات المزوّدة بخراطيم المياه المعدّة للقمع. وعقب عودتي إلى السويد، وصلت أخبار موجة جديدة من الاعتقالات استهدفت النشطاء السياسيين والأكاديميين والصحافيين بل والأولاد الذين، لحماستهم، شاركوا في التظاهرات المطالبة بحقّ الاعتراف بالأكراد. من ناحية أخرى، كان على الحكومة التركية النجاح في حلّ الأزمة الكردية قبل الانتخابات المزمَع إجراؤها في البلاد في العام 2011، أي الاعتراف للأكراد بنفس الحقوق الإنسانية والمدنية الأساسية التي يتمتع بها الأتراك، بالإضافة إلى إدخال تعديلات مهمة إلى الدستور تجيز لهذه الأقلّية التداول بلغتها الخاصة، وتعليمها مشافهة وكتابة على السواء. ولا بدّ من القول هنا إن الجناح السياسي (BDP) لحزب العمال الكردستاني اشترط لدعم انضمام تركيا إلى الاتحاد الأوروبي، قبولها بمطالب الأكراد الذين ما كانوا وحدهم في ميدان المطالبة المشروعة بهذه الحقوق، بل بمعيّة أقليات أخرى يتشاركون وإياها الهموم والتطلعات عينها.

المنظمة النِّسوية مِيا (Meia)

خلال الزيارة التي أسرد لوقائعها هنا، تَسَنَّت لنا فرصة التعرّف على منظمات نسوية كانت مِيا إحداها، وهي المتخذة لها من فارِقين[29] مستقراً. وكالعديد غيرها من المدن والبلدات، تأثرت فارِقين أبلغ

(29) يعود اسم هذه المنظمة إلى مَيَّافارِقين وهي مدينة قديمة كانت من أشهر مدن الجزيرة الفراتية وقد أمْسَت بلدة صغيرة اليوم وتغيّر اسمها ليصبح «سلوان» (سِلڤان بالتركية). تقع مَيَّافارِقين في شمال شرق ديار بكر، بين دِجْلَة والفرات، فيها آثار إسلاميّة ومسيحيّة وفارسيّة. وهي تعتمد على الزراعة وتكتنف على صناعات محليّة يدويّة تقليديّة. (م.)

تأثير بالنقل القسري للسكان الأكراد إلى غربي تركيا. تنظّم مِيا دروساً تستهدف الشابات لأجل تحسين فرصهن في النهوض بأعبائهن وهو ما يجنّبهن الانتقال إلى مزارع القطن ليس للعمل وحسب وإنما للهروب من المعاملة السيئة التي يلقَيْنها في المنزل ومن الأهل أنفسهم. ولدى استطلاعي الأمر، علمت أن الشابات يكابدن في كنف عائلاتهن ظروفاً صعبة تترافق والاستغلال الجنسي الذي يتهدَّدهن بخطر التحول إلى البغاء. حدثتني الشابات اللاتي التقيت بهنّ عن المراقبة الشديدة التي يخضعُهُنَّ لها بشكل خاص الآباء والإخوة الذين يحتفظون لأنفسهم تعسفاً بكلمة الفصل في اختيار الأصدقاء والملابس؛ كما أن الاعتداءات وغيرها من ألوان سوء المعاملة شائعة داخل النطاق العائلي الذي بعنفه وتسلّطه، يدفع ببعض نسائه إلى الفرار إلى مزارع القُطن، حيث تعمل أخريات للمساعدة على النهوض بأعباء العائلة. وتشكّل مزارع القطن بالنسبة إلى بعض النِّساء مصدراً للاضطراب النفسي المترافق بخوفٍ لا يطاق يدفع بهن، في أسوأ الحالات، إلى الانتحار. ومن الأمور الشائعة أيضاً في المنازل، الإكراه على الزواج، علماً أن السِّن المتوسطة للفتيات الملزمات بالانصياع له، تتراوح بين الرابعة عشر والخامسة عشر؛ هذا بالإضافة إلى القسوة الشديدة المتمثلة في الضرب المبرِّح وغيره من ألوان التعذيب والترهيب. ومع أن منظمة مَيَّا تفتقر إلى وسائل الحدّ من كل هذه المظاهر التعسفية الذي لا يدخل في صلب مهامها التوعوية خاصة، إلاّ أن العضوات فيها يبادرن إلى زيارة العائلات ومفاوضتها على تحسين معاملتها للنِّساء والفتيات فيها.

وقعتْ المرة الأخيرة التي زرت فيها شمال كردستان أو الإقليم الكردي من تركيا، في العام 2013، عندما دعاني الجناح السياسي في حزب العمال الكردستاني إلى مؤتمر نِسْوي التئمت أعماله في أنقرة حيث قابلت عشرة آلاف امرأة كردية وَفَدْنَ إليه من كل أرجاء تركيا، لإظهار نضالهن الحازم لأجل تحقيق السلام وحيازة حقوق الإنسان واحترامها.

النِّساء في مكسمور[30]

في صيف العام 2000، دخل كردستان العراق غمار الانتخابات وكانت المنطقة في اهتياج عظيم. وجب آنذاك على العدوَّيْن اللدودَيْن في السياسة، وهما حزب العمال الكردستاني والحزب الديمقراطي الكردستاني، الاتحاد ضدّ عدوهما المشترك حزب غوران، واسمه يعني «التغيير». في ذلك الصيف، كان إطلاق النار أمراً اعتيادياً، ما دفعني في النهاية إلى الذهاب إلى مخيّم مكسمور الواقع خارج أربيل/ هولير، حيث حجزتُ لي غرفة على نفقتي الخاصة في فندق متواضع نصحتني به صديقات من المحلّة لسمعته المحترمة واستقرار جواره. أقمت في هذا الفندق مدة أسابيع ثلاثة كامرأة عزباء ما استرعى الانتباه. كان فريق العمل من الرجال، فسألوني عمّا كنت أفعله في مدينتهم، فلما أجبتهم بأنني في صدد تحرير كتاب، تراجعوا باحترام بالغ.

صعوبة إيجاد مترجم

كان من الصعوبة بمكان الوقوع على مترجم يقبل رفقتي بالمجّان،

---

(30) يقال لها أيضاً «مخمور» وهي من أعمال أربيل. (م.)

لأن القاعدة تقضي في العادة الاكتفاء بميزانية ضيّقة. لكنني في النهاية، وجدت في شخص صديقة لي، وهي ڤيڤيان مايي (Vivian Mayi)، العاملة في مجال صناعة الأفلام والحاملة للجنسية السويدية أُسوة بتلك الكرديّة، والمقيمة في دَهوك - إحدى مدن العراق - والناطقة بالكرمانجي[31]، وهي اللهجة الكردية الشمالية، أفضل مَنْ يقوم بمهمتَيّ المرافقة والترجمة.

في صباح اليوم التالي، أبكرنا في ركوب سيارة أجرة من المطار، وبمساعدة شركائنا في هولنده، استطعنا إقناع آمِر المخيّم بحُسْن مقاصِدنا من الزيارة. وخلال الرحلة التي استغرقت أكثر من ساعة، أخبرتني ڤيڤيان أنها لم تجرؤ على إخبار زوجها بمَقْصدها لأنها لو فعلت لكان منعها من الخروج. كان فضولها يوازي فضولي، وكنا نشعر كما لو أننا كنا مراهقتَيْن طليقتَيْن من قيود المخالقة الاجتماعية والنظام، وهو ما أخبَرَنا به زوجَها بعد عام عندما سُنِحت لِيَ فرصة التعرّف عليه، فضحكنا ثلاثتنا للمغامرة. لكن بعد زيارتنا للمخيم، قامت ڤيڤيان بتوظيف بعضاً من شبانه للتمثيل في مشهد جماعي في واحد من الأفلام التي كانت تعمل على إنتاجها. لو كانت قصدت الشبان الأكراد العراقيين لهذه الغاية لما كانوا ارتضوا المشاركة في التمثيل خوفاً من الشائعات، لأن التمثيل في نظر المحافظين من أبناء شمالي العراق يُعدّ غير أخلاقي ويستجِرّ على العائلة الخِزْي والعار. لكن الشباب في المخيّم

(31) الكرمانجي: لهجة كردية يُتداول بها في مخيّم مكسمور، كما أنها شائعة في شمال غرب كردستان العراق (أو شمال كردستان) وفي تركيا. ونجدها أيضاً في أماكن أخرى. (م.)

كانوا أكثر تحرراً والراشدين أكثر وعياً سياسياً وتعليماً. فالثقافة في المخيّم كانت عاملاً مهماً في التدريب على الفكر النقدي، كما أنها كانت تعتبر تهديداً للنظام القائم والسلطة الداعمة له. أما مشاركة الفتيات بشكل خاص، فكانت ممجوجَة في المجتمع الأبوي. تفهّمنا يومها الأمر تفادياً للإشاعات السريعة الترويج في المجتمع العراقي والمُعيقة لعمليّة تحرير الشابات والشبان على السواء.

عندما وصلنا المخيم، وجب علينا المرور بالحراس الذين اتصلوا بامرأة تقوم لنا مقام المرجع داخله، فأتت لاستقبالنا. وعندما تأكدتْ من هويتنا اتصلت بمدير المخيم واسمه بيسي (Bese) فسمح لنا بالدخول. عاد سائق سيارة الأجرة إلى أربيل/ هولير، وسرنا ببطء تحت أشعة الشمس الحارقة بمحاذاة البيوت الخفيضة المَطْليّة جدرانها بالكِلْس الأبيض. وخلال هذا المسير، أخبرتنا المرافقة عن المخيّم مكسمور القائم منذ أكثر من عشرين عاماً والذي عُني أهله ببنائه بأياديهم الفارغة من كل شيء إلاّ من التصميم على الحياة. أما اليوم، فيضمّ المخيم اثني عشر ألف مقيم ويتمتع باكتفاء شبه ذاتي، يضمنه له مَنْ يخرج من أهله كل صباح للعمل أو التحصيل العلمي.

جلسنا في مضافة المخيّم نحتسي الشاي في كؤوس راحت تُصَلْصِل لدى تذويبنا السكر فيها. استهلّت المضيفة الحديث بإخبارنا عن عادة درجت النِّساء عليها، وهي تأدية أغنية خاصة ترافق وجودهن في أعالي الجبال، بوصفهن من البيشمركة، أي مقاتلات في حرب الغوار. افتتحنا المقابلة إذن بهذه الأغنية التي شَدَتْ بها النِّساء جماعةً. وبما أن ڤيڤيان

كانت تعرفها هي الأخرى، سارعت إلى الانضمام إلى الجوقة.

كانت سوزدا أول امرأة التقيناها في المخيّم. قالت إنها تعيش في مخيّم مكسمور، ولكنها ولدت في تركيا، شمال كردستان، وتحديداً في مكان اسمه غاوار حيث كان أهلها يعملون في الزراعة ويقتنون قطيعاً. لكن الجنود الأتراك كانوا يتسببون لهم بالكثير من المشاكل، ما دفعهم، كما غيرهم العديد من أبناء القرية، إلى الرحيل عنها. وهي لا تزال تحتفظ من طفولتها بذكرى دخول الجنود الأتراك إلى منزلهم عنوة في منتصف الليل، عارضين لمناكبهم الموشومة برسوم أُفْعوانية، ومثيرين الرعب في نفوس الأطفال، وكيف أنهم راحوا يبرِّحون النِّساء ضرباً لأنهن يتكلَّمْن الكردية ويكيلون لهنّ الاتهامات «بالانخراط في القتال» ومساعدة الدُّغار[32]. بل إن الجنود ذهبوا حدّ تهديد الفتيات بتجريدهن من شرفهن، أي باغتصابهن، إن امتنعن عن الإفصاح عن الكيفية التي يعتمدها أهل المنزل للتعاون مع الدُّغار.

صحيح أن عائلة سوزدا ارتحلت عن القرية منذ عشرين عاماً تقريباً، لكنها خلّفت وراءها ابناً وابنة، ارتضيا البقاء فيها بمعيّة جدتهما. في البداية، هربت العائلة إلى سوريا، ثم إلى إيران، قبل أن تحطّ رحالها في مخيّم مكسمور في العراق. إن سوزدا كبرى أخواتها وإخوتها الستة وهي الوحيدة التي تقيم في مكسمور. أما أختاها وإخوتها الثلاثة فإنهم

---

(32) من فعل دَغَرَ ومصدره دَغْر، ويعني: دخل فيه (مثلًا: دَغَرَ في البيت)؛ واقتحم أو هجم عليه؛ ودفعه (مثلاً: دَغَرَ الولَدَ)؛ وضغط غريمه حتى مات؛ ودَغَرَ الدَّقيق في الماء، خَلَطَه؛ ودَغَرَه: أَرْضَعَه فما رواه. والدُّغّار جمع داغِر أي المهاجم والمقتحِم. وقوله «دَغْرى لا صَفًّى» يعني: اقتحموا عليهم ولا تَصافُّوهم. (نقلاً عن المعجم الوسيط. (م.)

مبعثرين في أماكن مختلفة. مع ذلك، لم ينقطع الاتصال والتواصل فيما بينهم. انضمت سوزدا إلى حزب العمال الكردستاني منذ خمسة عشر عاماً وهي متمسكة بالتنظيم لأنه أعطاها الحياة والأمل بغدٍ أفضل، «فرواها كما لو أنها كانت شجرة يابسة». يوم التحقت بالحزب، شعرت سوزدا بأنها أضحت «جزءاً من شجرة كبيرة غضّة الأغصان، فانخرطت في صنع السلام». كان والدها هو الآخر عضواً في الحزب عينه، وكان دائم القول لها: «عليك بدرس الاشتراكية لا القَنْبَلِيَّة[33]». وعندما كانت لا تزال بعد طفلة، التقت بنساء يحمِلن السلاح فبدَوْن في نظرها متمتعات بالقوة والشجاعة. فراحت سوزدا تحلم بيوم تصبح فيه مثلهن، ولم يطلّ الأمر بالحلم حتى دفع بها إلى الانضمام إلى حزب العمال الكردستاني وهي لم تكن قد تجاوزت سنّها التاسعة بعد. في التنظيم، تعلمت سوزدا أنها كائن بشري له اعتباره وأهميته ودوره، وأن الناس قادرون على تغيير المجتمع. لكن إن كانت لتغيّر أي شيء، فعليها أولاً بتغيير نفسها. لذا، تصِرّ سوزدا على أنها لو لم تلتحق بالتنظيم، لكانت اليوم قابعة في المنزل مع أهلها ولكان احترامها لذاتها معدوماً.

نماذج في القيادية النِّسْوِيّة

عنَت هذي النِّساء لسوزدا الكثير، وبخاصة منهن اللاتي شاركن في الكفاح المسلّح، أي آلاف النِّساء؛ لكن إعجابها كان لا يضاهى باللواتي ضحَّيْنَ بأنفسهن. تقول سوزدا إنها ما أحبّت الحرب يوماً لكن الأكراد ما كانوا هم الذين بدؤوها وإن لشعبها الحقّ بالحياة وبالحفاظ على

(33) هذا اللفظ تعريب نَسْخِي للفظ cannibalism، ويفيد بأكل الإنسان لحم البشر. (م.)

هويته. وتضيف إن قائدهم عبد الله أُوجَلان يقبع في سجون تركيا منذ سنوات عديدة، وهو صاحب أفكار كثيرة في صناعة السلام والعمل السِّلمي. لكن على الأكراد واجب الدفاع عن أنفسهم ما دام الاضطهاد والإذلال يلاحقانهم. وعندما يزول هذا وذاك من يوميّاتهم، يصبح السلام ممكناً ومستداماً. ذلك أن البشر يتساوون في القيمة والأهمية، وما من أحد أكثر قيمة وأهمية من الآخر.

كانت سوزدا خلال المقابلة تكثر من الاستشهاد بأقوال أُوجَلان. فهي قرأت كتبه، وتعلّمت تاريخ الأكراد وما يحتاجونه اليوم. قالت إن حزب العمال الكردستاني كان، قبل العام 1933، يقاتل لأجل كردستانٍ حرّ ومستقلّ؛ لكن مع الزمن والعمل الحزبي تغيّر الهدف وبات المنشود اليوم هو تحقيق العيش الواحد، أي حمل الجماعات المختلفة المشكّلة للمجتمع على العيش جنباً إلى جنب. لا تبتغي سوزدا اليوم العيش في تركيا الحالية، لكن عندما يطلق سراح قائدهم ويصبح الأكراد قادرين على التداول بلغتهم وعلى تعلّمها، سيتحقّق حلم سوزدا بالحياة كامرأة كردية شابة في وطنها الأم.

في المجتمع الكردي، نشأ الرجال والنِّساء سوياً، ولقد ناضل «آپو»[34] نضالاً شديداً وطويلاً لأجل أن تصبح النِّساء قويات ومتعلّمات ومستقلات فلا يشعرن بالدونية. كما أنه قال إن على الرجال الكفّ عن النظر إلى النِّساء بوصفهن «شرفاً» لا غير، وإن عليهم، عوض ذلك،

(34) يعرف أُجَلان باسم «آپو» وهذا لفظ يعني بالكردية «العَمّ»، كما يمكن اعتباره تسمية دلع أو اختصار لاسم عبد الله (آبو) كما في إبراهيم (آيبو). (م.)

التركيز على بناء شرفهم الخاص ومنزلهم الخاص ومَوْطِئِهم الخاص، لأنهم بلا كل ذلك، سيبقَوْن مفتقرين إلى الكرامة. سبق للنِّساء أن رأَيْن إبّان القتال، كيف أن الرجال، وبحجّة الذَّوْد عن الشرف، كانوا يدفعون بهن إلى الوراء، في حين أنهن كُنّ حريصات بقدرهم، إن لم يكن أكثر، على شرفهن. ثَمّة امرأة، وهي كانت كما سوزدا اليوم، مقاتلة حرّة، رمت بنفسها من أعلى الجبل عندما فرغت من العتاد خوفاً من الوقوع بين أيدي الجنود الأتراك. وهذه شجاعة لم تكن فريدة من نوعها، إذ كثيرات هنّ النِّساء اللواتي أظهرن في القتال شجاعة مماثلة. اليوم، تقول سوزدا، يدرك الرجال أن للنِّساء الجرأة والقدرة مثلهم تماماً حتى لو لم يتشاركن وإياهم البنية الجسدية عينها. وفي حزب العمال الكردستاني، ثَمّة جناح من النِّساء يسمى پاجْك (Pajk)، أي نساء الحزب الحرّات، علماً أن حرف الجيم في الاسم يحيل إلى جينِن (jinen) ويعني «المرأة». وتعمل نساء الحزب الحرّات لمصلحة النِّساء في كل أنحاء العالم وليس لمصلحة الكرديات وحدهن دون غيرهن. واللافت أن في پاجْك مجموعة نِسْوية عسكرية.

«آپو» والأيديولوجية

لحزب العمال الكردستاني فروع عدّة في دول مختلفة من الشرق الأوسط، منها عن سبيل المثال سوريا وإيران وغيرهما، وهي فروع عسكرية وسياسية على السواء، منها ما هو مخصّص للنِّساء وحسب ومنها ما هو مختلط بين الجنسين. إن النِّساء المنضويات في الحزب من كل نوع ولون، ولسنا من الأكراد الأتراك حصراً. واللافت أن الحزب

ينطوي على قسم كبير مشكّل من الرجال المؤتمرين بقائدة لا بقائد. ومن جهتها، تعتقد سوزدا أنه عندما يفهم الناس من حولهم المجتمع الكردي أكثر، فإنهم سيدركون السبب الذي لأجله تحتاج النِّسْوة لمحيطهن الخاص لاكتساب المعرفة والقوة. ولقد درج «آپو» على القول: «عندما تسقط امرأة ما في بحيرة فإنها لا تحتاج إلاّ إلى جديلة من شعر لتنظّف نفسها؛ إلى هذا الحدّ هي قوية؛ بينما إن وجد الرجل في وضع مشابه، فقد كل شيء».

عندما قصدت سوزدا الجبال أول مرة للقتال، كانت في الرابعة عشر من عمرها فطردها الدُّغّار قائلين لها: «لست سوى طفلة ولا قوة لك على حمل السلاح». فأخذت بالبكاء قائلة: «لا بدّ لي من بندقية أحملها ضدّ النظام». يقول «آپو» إنه «ينبغي على الأم ألاّ تميّز بين أولادها. وإن كانت المرأة في سدّة قيادة العالم، لكانت الأمور أفضل مما هي عليه اليوم بالنسبة إلى الجميع. كانت المرأة امرأة في بلاد الرافدين. لكن الزمن كان غير الزمن الراهن، وكان للمرأة دور آخر». تحكي لنا سوزدا عما قرأته في شأن الحضارة الفرعونية والإمبراطورية الرومانية حيث كانت النِّساء عرضة للاستغلال الجنسي، والعري منتشر بحسب أدبيات هاتين الحضارتين. وتضيف إن الأجِنَّة كانت قبل الإسلام عرضة للقتل، إلى أن أتى النبي (صلّى الله عليه وسلم) وقال إن هذا عمل حرام. لكنه ماذا فعل غير ذلك؟ ليس فرض الحجاب على النِّساء وتقييدهن أفضل. وحدهن النِّساء، في نظر سوزدا، قادرات على إحداث التغيير في واقعهن وتالياً، الفَرق في مجتمعهن.

أثرت فيّ قصة سوزدا عميقاً، ليس فقط بسبب تشتّت أفراد عائلتها نتيجة اضطهاد السلطات التركية للأكراد وغيرهم من الأقليات في تركيا، بل بسبب ما رأيتُه من سرعة تأثر الشباب بالاستقطاب والتلقين الأيديولوجي والطريقة التي تحدثتْ بها عن «آپو» والتنظيم الذي أضحى بمثابة عائلتها. وأنا في الواقع حزينة لاضطرار سوزدا إلى الانصياع لهذا الخِيار.

طوال السنوات التي أمضيتُها في العمل السياسي، وبتأثير من خبرتي المهنية كعاملة اجتماعية، وانطلاقاً من تجاربي الخاصة يوم كنت في سني شبابي، رأيت بأية سهولة يُجْتَذَب الشباب إلى الانضواء في الحركات المتنوعة. إذ عندما يكون في سِنّ الشباب، يبحث المرء عن هويته الخاصة وفي هذا الصدد تلعب الجماعة دوراً في غاية الأهمية. تلك هي الحال أيضاً بالنسبة إلى سوزدا، وغيرها من الشباب في الحركات السياسية الشبابية، أَنْتَمَت إلى اليسار أو إلى اليمين حول العالم. ولكن لا بدّ من الإقرار بأن ما خبِرَتْهُ من أسى وخوف واضطراب وصدمات شكّل هو الآخر قوة عاتية دفعت بها إلى اعتماد الخِيارات التي انتهت إليها. وفي اعتقادي أن تدريب الأولاد على التفكير النقدي ضرورة لا بدّ لها من أن تكون واسعة الانتشار. فبالنسبة إليّ كعاملة في الحقل النُّسوي، لا يجوز حتى التفكير في تشجيع الشباب على القتال المسلّح بل ولا تشجيع الأولاد على امتشاق السلاح والتحوّل إلى الحياة العسكرية. بوسعي تفهّم خِيار سوزدا على ضوء وضعها وتجاربها في الحياة، ولربما كنت قمتُ بالخِيارات عينها لو كنت في مثل وضعها. لكن غرضي من سَرْد

قصة سوزدا يبقي الإضاءة على المصاعب التي تنشأ عندما يتعرض الشباب للاضطهاد وما ينتج عنه من عواقب.

النِّسوية والقتال المسلح

لكوني مؤمنة بالفكر النُّسوي، أرى أن الحرب والقتال المسلّح مظهرين من مظاهر الاضطهاد الأبوي في حدّه الأقصى. هذا ما يؤكد عليه أُوجَلان في نصِّه تحرير الحياة: ثورة المرأة. فمن خلال المشاركة في هذا النوع من حلّ النزاعات (وأعني حلّها بالطرق العنفية المسلّحة)، نساعد على الإبقاء على الأبويّة حيّة، وهذا في نظري مضاد للإنتاجية وهو لا يفعل سوى تعزيز اضطهاد النِّساء والتشجيع على اعتماد القوة المسلّحة وعلى التعامل بالسلاح. يسهل عليّ قول هذا لأنني أنتمي إلى مجتمع لا يعاني من هذا النوع من الاضطهاد، لكن إن تفحصنا الطرائق التي تُحلّ النزاعات بموجبها، نجد أن أفضلها هو دعوة الفرقاء المتقاتلين إلى طاولة المفاوضات. وعندما يتعلق الأمر بالمعارك التي خاضها حزب العمال الكردستاني ضدّ الحكومة التركية، نجد أن الأخيرة قد دعيت عدّة مرات إلى التفاوض. لكن بما أنها تنكر وجود الأكراد ولا ترى في الحزب المذكور إلا تنظيماً إرهابياً، فإن التفاوض غير ممكن حالياً، بل إنه مستبعد كل الاستبعاد، لأنها في كل مرة دعيت إلى السلام لبتّ الدعوة بالمزيد من القوة والعنف.

مع ذلك، لا بدّ لي من الإشارة إلى أمر لاحظته في النقاشات بشأن مشاركة النِّساء في الكفاح المسلّح وهو أن اللاتي حملن السلاح نِلْن

احتراماً أكبر، وهنّ إلى حدٍّ بعيد جزء من عملية السلام. سبق لي أن شاركت في عدد من مؤتمرات في السلام وعلاقته بالنِّساء المنعقدة في دول الشرق الأوسط خلال القرن الواحد والعشرين، حيث تركّز موضوع البحث على القرار 1325 الصادر عن مجلس الأمن التابع للأمم المتحدة، ودار النقاش حول مساهمة النِّساء في عملية السلام من المنظور السياسي، وحده دون غيره، كما لو أن ما تفعله المرأة عادة من حَمْل وإنجاب وبناء للمجتمع بحيث يحافظ على وحدته على مرّ الزمن، وإمداد مَنْ حولها بالأمل بغد أفضل، لا قيمة له. وهذا يعني بالنسبة إليّ أنه ينبغي لنضال النِّساء، إن هو أراد النجاح، أن يتصدّى أولاً لمفهوم الأبوية والنظام الذي يرتكز عليه.

مخيّم مكسمور

جِلْنا في أرجاء مخيّم مكسمور بصحبة سِلامِة التي تولّت مَهام الدليل. بعد عقدين على تشييده، بدا المخيّم كبلدة صغيرة فيها الطرقات والمنازل والحدائق. أخبرنا بيسي، مدير المخيّم، إن العديد من أوائل اللاجئين الذين بَنَوه، تعرّضوا للَدَغات العقارب السامة المتكاثرة في المنطقة آنذاك، فابتليوا بالمرض ولَقَوْا حتفهم، بعد أن أحالوا ما كان كومة تتكدَّس فيها الأحجار والرمال، إلى متّحد يضمّهم. تلك كانت بدايات صعبة مريرة.

قال لنا أحد المؤسسين إن عملية البناء ائتمرت بمبدأ كرّسوا بموجبه لكل بيت حديقة بحيث إن أصغر قطعة أرض اليوم تزدني بشجر

الزيتون واللَّيُم والتين وأزهار ونباتات معمِّرة متنوعة. ومن جهته، شرح لنا بيسي كيفية تحويلهم بعض الأعشاب الطبية إلى أدوية يحملها الدُّغّار معهم إلى الجبال، فيستخدمونها لمداواة جروحهم إن أصابهم كَلَم أو مرض. أما اليوم، فإن العديد ممن يقيمون في المخيّم يحصّلون رِزْقَهم أو علومهم خارجه. ولم يطلّ بنا المسير حتى وصلنا المدرسة، ثم مركز التسلية، وبيت النِّساء والمحال وبيت الذاكرة المكسوّة جدرانه بمئات الصور العائدة لرجال ونساء سقطوا في غَمْرة القتال أو الاضطهاد.

لا بدّ لي هنا من التوقف عند المدرسة التي كانت في البدايات شبيهة بمدرسة الضَّيْعة، لا أقلام فيها ولا كتب ولا ورق، وقد كانت كلها نادرة بل مفقودة. وكنتيجة لذلك، بدأ المدرسون فيها باعتماد الأنشطة الثقافية المختلفة لتعليم الأطفال، كالمسرح والفنون والتصميم. ثم ما لبث أهل المخيّم أن بنوا مدرّجاً يُستخدم لأغراض مختلفة وليس للعروض المسرحية وحسب. ولم يمضِ وقت طويل حتى تخرّج بعض الشبان والشابات من كلية التربية والتعليم ودار المعلمين، فتولّوا في المخيّم مَهام التدريس.

وقبل استكمال الجولة، قدمت لنا النِّساء الطعام باذلات كل ما احتوت عليه منازلهن من طيّبات، كالأنواع المختلفة من الجبن الأبيض المحضّر بعضه على الطريقة اليونانية، أي الفِتَّة، وشرائح الباذنجان المشوية المتقَطِّرة بالسَّمن، والخبز المنزلي الصُّنع والخضروات المقطوفة توّاً من أحد بساتين المخيّم، فأقبلنا على الطعام بشهِيَّة.

قالت لنا النِّساء إن المخيّم يزوّدهن بالمواد الغذائية الأساسية، كما لو أنهن يقصِدْن المخزن التعاوني للتبضّع، لكنهن يستَقْدِمْن الأرز والزيت والطحين والحليب من الخارج وهذه إضافة ترحب بها ربّات البيوت. وبوصفه تعاونياً، يقدم المخيّم الإعانات للعائلات العاطلة عن العمل والمفتقرة إلى دَخْل. وإن احتاج أحدهم منزلاً، تعاون الباقون على بنائه له. ولقد اعتاد أهل المخيّم على الحصول على الهدايا من بعض المنظمات النسائية مرة أو أكثر في العام. وفي بعض الأحيان، يحلّ في المخيّم زوار أجانب، وهو ما يُشيع الأمل في نفوس ساكنيه.

في التعاون

بالعودة إلى المدرسة، ألفت إلى أن القيمين عليها كانوا ومنذ بدايات القرن الواحد والعشرين، يحصلون على الدعم العَيْني من الحكومة الكردية الإقليمية في العراق، التي درجت على تزويدهم بالكتب والأوراق والأقلام، كما ساعدت على تأمين جزء من الرواتب المقسومة للمدرسين. أما ما يثير إعجاب الزائر فعلاً، فهو أن هذا المخيم الذي يضمّ اثني عشر فرداً هو كالعائلة العملاقة، حيث الكلّ يرعى الكلّ؛ وفي المخيّم نقاط ثلاث مختلفة: واحدة للنِّساء، وأخرى للشباب، وأخرى للمعوَّقين الذين يفيدون أيضاً من منزل خاص تراعى فيه احتياجاتهم؛ هذا بالإضافة إلى منشأة صغيرة تستضيف الأطفال لرعايتهم في النهار، أطلق عليها اسم امرأة هي «نوشين»، التي ضحّت بنفسها في «القتال». والمقصود بالقتال هنا، هو ذاك الذي يتصدّى به الأكراد لاضطهاد السلطات. ولكي يتمكنوا من بناء مركز الرعاية النهارية هذا، رفعوا

المشروع إلى منظمة «قنديل» (Quandil)[35] السويدية التي مدّت لهم يدَ العون، فأنجزوا المهمة. ويُعنى هذا المركز بالنِّساء خاصة، فهو يعمل على تمكينهن اقتصادياً بحيث يصبحن قادرات على النهوض بأعبائهن وأعباء عِيالهن.

الشباب في مكسمور

عندما زرنا مركز التسلية في المخيّم، علمنا أن الشباب يستطيعون فيه أن يفعلوا ما يريدون، شريطة أن يكون ذلك مفيداً لهم. وبما أن الفرص في مخيّم للاجئين محدودة والحياة فيه صعبة، فإنه ينبغي على الشباب أن يتعلموا قدر ما يستطيعون إلى التعلّم سبيلاً. وفي هذا المركز، يدرس الشباب الاقتصاد وغيره من الأمور الضرورية في الحياة؛ ولهم فيه نادٍ للسينما ومكان يتلقَّوْن فيه دروساً في المعلوماتية، وهو يصلح كذلك لاستضافة الحلقات الدراسية والنقاشية في مواضيع متنوعة. وقبل أن يقصدوا الجامعة، يتابع الشباب في هذا المركز، دروساً في اللغة العربية وأخرى في السوراني - وهي الكردية المركزية وبخاصة في كردستان العراق. كما أن الشباب ينظِّمون في مركز التسلية هذا أنشطة رياضية مختلفة لأنها تضمن لهم نموّاً صحياً. وتجدر الإشارة إلى أن قسم الشباب في مخيّم أربيل/ هولير وجّه الدعوة إلى أربعين شاب وشابة للانضمام إلى مخيّم أقيم في رانيا، على مقربة من الحدود الإيرانية.

وثَمّة مركز آخر للشباب حيث التقيناهم فحدّثونا عن آمالهم

---

(35) منظمة غَوْث سويدية بدأت عملها في العراق عقب الهجوم الذي استهدف حلبجة بالأسلحة الكيمائية.

للمستقبل. قالت إحدى الشابات إنها تريد حياة حرّة وإنه لا بدّ من إطلاق سراح قائدهم، لأن يوم خروجه من السجن سيعني لمن هم اليوم لاجئون، إمكانية العودة إلى تركيا والحصول على نصيبهم من حقوق الإنسان. كانت الشابة تتحدث بأمل نظراً لحصول بعض التغييرات التي جعلت الهدف يبدو قريب المنال. لكن وبعد مرور بضعة أشهر على لقائنا هذا، زجَّت السلطات التركية بعدد كبير من السياسيين الأكراد في السجن، وحظّرت الجناح السياسي في حزب العمال الكردستاني.

في الماضي كان لفظ «كُرْد» أو «كُرْدِيّ» ممنوعاً وما كان مجازاً للأكراد المجاهرة بوجودهم كجماعة أو شعب، بل كان عليهم التماهي بالأتراك في المجتمع التركي، والامتناع عن التداول بلغتهم ولهجاتهم. أما اليوم، فإن كل تركي بات يعلم ما معنى «كردي» وبماذا يطالب «الأكراد». ولقد أكّد لنا الشباب أن الاضطهاد لا يبقى على حاله، بل يتنوع تماماً كما يتنوع الوعي به. أما بالنسبة إلى المرأة، فقد أقروا بضرورة تحريرها. وهنا انبرى أحد الشبان في المجموعة قائلاً: «إن لم تنل النِّساء حريتها فإن البلاد لن تنال حريتها».

الثقافة والدين

واصلنا جولتنا في المخيّم بصحبة سِلامِة التي أخبرتنا أن اللاجئين يخيطون ثيابهم الكردية التقليدية بأيديهم. وفي هذا المخيّم مدرستان: واحدة يرتادها مَنْ يعمل مع الحزب أو مَنْ هو أمّي، فيتعلم فيها الحِرَف كالحياكة والخياطة. وثانية مخصّصة لتعليم البنات الخياطة التي تلائمهن

فتعينهن على النهوض بأعبائهن، بما أن فرص العمل المُتاحة للفتيات والنِّساء في المحيط قليلة للغاية وبما أن إمكانيات تجوّلهن بحرية في هذا المحيط مقيّدة بالكثير من المحاذير.

وبما أن المعرفة بطرق التنظيم وبالثقافة والموسيقى والمسرح والفنون عامةً هي الأخرى مهمة، فلقد عمد بعض المقيمين في المخيّم إلى تشكيل مجموعات للموسيقى والرقص والمسرح تقدّم العروض داخله وتشارك في المهرجانات خارجه. كثر هم اللذين واللاتي عبّروا لنا عن رغبتهم الجامحة في زيارة بلاد أخرى، لكنهم يدركون مع ذلك استحالة تحقيق هذا الحلم ما داموا لاجئين سياسيين ومتّهمين في بعض الدول، ومنهم السويد نفسها، بالإرهاب. لذا يعمدون إلى تنظيم المحاضرات في المركز الثقافي في المخيّم يتعرّفون بواسطتها على ما يحصل في العالم وعلى حقوقهم المهدورة. والثقافة في نظرهم عامل مهم للإبداع، والإبداع ينمِّي بدوره الوعي ويرتقي بالعقل إلى المساءلة والنقد وإلى استيعاب التاريخ عامة، وتاريخهم خاصة. أما الشابات، فيحرِصْن على تمكين أنفسهن لأن النِّساء المتمكّنات قادرات على شَغْل حيّز أكبر في المجتمع وتحسين شروط ثقتهن بأنفسهن. لذا، عليهن أولاً تحرير أنفسهن، وهذا ما يفسِّر انضمامهن إلى مجموعات نسائية يتعلَّمن في رحابها كيفية السيطرة على حياتهن وكَسْب ثقة الآخرين. عديدات هن النِّساء اللاتي عِشن في ظلّ الاضطهاد الأبويّ وبالنسبة إليهن تكتسي عملية التحرير أهمية كبرى. وفي هذا الصدد، لقِيَت الفتيات والنِّساء التشجيع على الدراسة والعمل تماماً كما يفعل الرجال وعلى لعب دور

خارج العائلة، أي في البيئة المحيطة والمجتمع عامة، تماماً كالرجال. وبفضل هذه المحاضرات، تعرّف الرجال على حقوق النِّساء وعلى النِّسوية ومفاهيمها، ولَقَوْا مَنْ يشجعهم على الاهتمام بالأعمال المنزلية وكانوا يَحْسَبون أنها مقسومة للنِّساء وحسب.

ومع أن الرجال شاركوا في العديد من الدروس وأَصْغَوْا وتعلّموا، إلاّ أنهم انتَهَوْا إلى القول إن التنشئة الأبوية الجيدة تبقى أهم من أي شيء آخر. أنُصاب بالخيبة جراء ما سمعنا؟ لا، لأن آلاف السنين من الاستقطاب والتلقين اللذين استهدفا الرجال، تجعل من الصعب عليهم رؤية تطور النِّساء وتقديره. لكن، إن كان خَلْفَ كل رجل ناجح امرأة، فإن خَلْفَ كل امرأة ناجحة ذاتها؛ فهي وحدها التي تدفع بنفسها قُدُماً، معزِّزَة فيها الإرادة بالترقّي.

تخضع النِّساء للاستغلال السياسي كما للاستغلال الديني، وهنّ ملزمات بدفع الثمن الأبهظ لقاء كل ما يحصلن عليه، ويَبْقَيْن مع ذلك معرّضات في كل حين إلى سوء المعاملة. ففي ثقافة الأكراد، تمثّل المرأة شرف الرجل وهي، إن سجنت نتيجة عملها السياسي وتعرضت للاغتصاب في السجن، تجلب على عائلتها الخِزْي والعار. وفي مقابلة أجريتها معها، كشفت لي امرأة كردية ليس عن اعتقالها وحسب بل وعن تعرضها للاغتصاب في السجن قائلة إن الأمر لا يزال يؤرّقها وإن كان شائعاً لا يلقى الإدانة لا من الأهل ولا من السلطات المعنيّة.

الفصل الثالث

جنوبي كردستان أو الجزء الكردي من العراق

ثَمّة تاريخ مختلف لجنوبي كردستان، كما يسمّيه الأكراد، أي شرقي العراق، حيث كان للبريطانيين حكومة وصاية. كانت عشيرة البرزاني إحدى العشائر الكردية المتمرّدة التي حاولت التصدّي لوجودهم بالثورة والعصيان، لكن المحاولة لم تُفْضِ إلاّ إلى إنزال حكم النفي بالشيخ محمود البرزاني وبقاء البريطانيين في السلطة. لم يستطع الشيخ العودة إلى كردستان العراق إلاّ في العام 1958، عندما أعلن العراق استقلاله مؤكداً على المساواة بين العرب والأكراد. أُسس إذ ذاك الحزب الديمقراطي الكردي ودخل الأكراد معترك النضال في السبعينيات سعياً إلى الحصول على مزيد من الاستقلال عن الحكومة العراقية. ولا تزال كركوك، مع ما تكتنفه من نفط، في صلب النزاع بين الفريقَيْن. وكلما ازدادت مطالبة الأكراد بالاستقلال، كلما اشتدّ بحقّهم الاضطهاد بأمر من النظام العراقي، وقد كان آنذاك يأتمر بحزب البعث. وفي الثمانينيات، أسفرت المعادلة عما أطلق عليه اسم «هجمات الأنفال»، وهي سلسلة مشؤومة من الهجمات قادها صدّام حسين ضد الأكراد الذين كانوا أدوات بيد كل من الفريقين الضالعين في الحرب الإيرانية – العراقية. وخلال الدراسات الميدانية التي اضطلعتُ بها

في جنوبي كردستان أي شمالي العراق، سُنحت لي فرصة العمل عن قرب مع أهالي الضحايا والناجين من الهجمات التي شُنَّت عى كل من الأنفال وحَلَبْجَة.

حَلَبْجَة

في العام 1988، تعرضت بلدة حَلَبْجَة(36) لهجوم بالأسلحة الكيمائية أسفر عن مقتل خمسة آلاف نسمة، ولا يزال المجتمع برمّته يحمل ندوب هذا الهجوم، وبخاصة الاضطرابات الناتجة عنه والتي، في غياب المعالجات، لا تزال ترخي بعواقبها التدميرية على صحّة السكان. وحتى عهد قريب، كان الإسلاميون لا يزالون يُحكِمون قبضتهم على مجتمعهم متذرعين في حملاتهم الدعاوية بمآسي الناس، ولا يزال العديد من الناجين يكابدون آلام الجراح التي أصيبوا بها ناهيك عن فقدان البصر والمشاكل السيكولوجية والصعوبات التنفسيّة وهذا كله ليس إلاّ غيضاً من فيض. ولا يزال أهل حَلَبْجَة يشهدون ولادة أطفال مصابين بالتشوهات الخَلْقية ويعانون العقم والإجهاض المفترض ارتباطهما المباشر بتبعات الأسلحة الكيماوية المستعملة في الهجوم. ومما لا شك

(36) تقع حَلَبْجَة في جنوب شرق الإقليم الكردي في العراق، حيث تحيط بها الجبال. في السادس عشر من آذار/ مارس من العام 1988، أي بعد انطلاق الحرب بين إيران والعراق، تعرضت حَلَبْجَة لهجوم شنّته عليها القوات العسكرية العراقية، مستعملة فيه قنابل وقذائف تقليدية استتبعتها بتشكيلة من الأسلحة الكيمائية أسفرت، بعد بضع ساعات، عن مقتل خمسة آلاف نسمة كانوا يقيمون في المدينة وجوارها، وعن إصابة ألفَيْن آخرَيْن بجروح خطيرة احتاجوا جراءها إلى عناية طبية جدّية. ولقد شهد العديد من الناجين على فجائية العدوان الذي لم توفّر قسوته الجبال المحيطة، فضاعف من صعوبة نزوحهم إلى برّ الأمان في الجانب الإيراني. (م.)

فيه أن النِّساء أكثر المتأثّرين بهذه التبعات، علماً أن كثيرات منهن أجبِرْنَ على الزواج في سنّ مبكرة بسبب الفقر والديانة المحافظة، وهنّ اليوم أمّيات. أما العقم والإجهاض في مجتمع يولي الإنجاب أهمية قصوى، فإنهما الثمن الباهظ الذي يدفعه أهل حَلَبْجَة يومياً ويرخي بأوزاره على صحتهم. مع ذلك، فإن أحداً لم يحمل هذه الجرائم ضد الإنسانية أمام أية محكمة دولية.

وبحسب منتدى التاريخ الحيّ (Living History Forum-Forum för levande historia)، لقي أقلّه خمسون ألفاً من الأكراد حتفهم بين شباط/ فبراير وأيلول/ سبتمبر من العام 1988، بل ربما بلغ العدد مئة ألف ضحية. كان جميع الضحايا يعيشون في قرى وبلدات صغيرة تتوزع في شمالي العراق. لكن المكان الأكثر شهرة الذي أبيد بكامله كان بلا شك بلدة حَلَبْجَة حيث قتل خمسة آلاف شخص، كانوا جميعهم تقريباً وسط المكان عندما أُمطر بمزيج من غاز الخردل وغاز السّارين. وخلال الحملة على الأنفال، دمرت ألفا قرية كردية في شمالي العراق حيث، بحسب المصادر الكردية، بلغ العدد أربعة آلاف قرية.

أخبرتني النِّساء أنفسهن أن العنف الجنسي والاغتصاب كانا شائعين خلال الهجمات على الأنفال، بل إن الأمر موثّق بحسب الناشطات السياسيات اللاتي قابلتهن، وأن العديد من الفتيات تَمّ إرسالهن إلى الجرائم والنوادي الليلية في مصر. وخلال حِقبة حكمه، كان حزب البعث يجيز لمناصريه، وإن كانوا في سدّة مناصب رفيعة، مثل أبناء صدام حسين، باختطاف النِّساء بغرض الاستغلال الجنسي وأنواع مختلفة من

الاسترقاق، مثل الزيجات الإكراهية والبغاء.

العراق والمساواة القائمة على النوع الاجتماعي (أو المساواة الجَنْدَرِيّة)

ينصّ الدستور العراقي الصادر في العام 1970 على وجوب إفادَة النِّساء من حقوق مساوية لتلك المقسومة للرجال. وثَمّة قوانين ينصّ عليها هذا الدستور تضمن لهنّ حقوقاً مدنية والحق في المشاركة السياسية. لكن بحلول العام 1990، استبدلت هذه القوانين بتلك التي تنصّ عليها الشريعة الإسلامية، وذلك بهدف استرضاء الدول العربية المجاورة. إذ تغيّر كل ما كان يختصّ بالطلاق وحضانة الأولاد والتربية والإرث وغيره وكيِّف مع الشريعة، وهو ما تسبّب للنِّساء بضرر بالغ. فعلى سبيل المثال، تقلّصت العقوبة على جرائم الشرف من السجن ثماني سنوات إلى بضعة أشهر، ما انعكس تنامياً في هذا النوع من القتل. في المقابل، تدنّت نسبة الاغتصاب تدنّياً ملحوظاً، بما أنه فرض على المغتصب الزواج بضحيّته. أما تعدّد الزوجات، فلقد أُعيد العمل به في المجتمع، حيث أجيز للرجل بأربع نساء[37].

تجاربي الشخصية

استقيت معرفتي بالوضع القائم في العراق من المصدر مباشرة، إذ قمت في العام 2007، بزيارة ميدانية إلى السُّليمانِيّة بمعيّة صديقات لي، في

---

(37) انظر: HAGBERG Maria & JONEGARD Karim, Risk and Security for Women in Israel/Palestine-report, Kvinnor for Fred/Women for Peace Association, Sweden, 2010.

سياق رحلة دعتني إلى القيام بها أمينة كاكاباڤيه (Amineh Kakabaveh)، وهي اليوم عضو في البرلمان السويدي. خلال زيارتنا التي دامت أياماً ستة، أقمنا في مسكن طلابي تابع لمنظمة كردية جامعة، في ظروف غلب عليها الاقتصاد بل التقتير. في إحدى الليالي، وبما أن نومِيَ خفيف، أيقظتني أصوات غريبة صادرة عن الستائر المُسْدَلَة على النافذة المفتوحة. هَبَبْت من السرير لأرى ساقاً طويلة تمتد داخل الغرفة من النافذة، فاختطفت اللحاف لأستر جسدي شبه العاري، وما لبثت أن رأيت وجه شاب يسترق النظر من ثنِيّات الستائر. اعتراني خوف شديد، وبلا وعي مني سمعتْني أصرخ بالسويدية «اخرج!» ملوّحة بقبضتي في وجه المقتحم، فإذا به ينسَلّ خارجاً بسرعة خاطفة. استجمعت قواي وأحكمت إقفال النافذة وعدت إلى السرير. في صباح اليوم التالي، أخبرت الأخريات بما حدث فكان انفعالهن عظيماً، وانبرَيْن يُؤَنِّبْنَني لأنني لم أسارع إلى إيقاظهن. فأجبت بسذاجة أنني أحسنت تدبّر الأمر، وأضفت مازحة: «لا شك في أن الوِقْفَةَ المتأهبة لامرأة في منتصف عمرها، شبه عارية، تصرخ في وجهه بلغة أجنبية هو ما روّعه». غير أن المنظمة الجامعة المسؤولة عن إدارة شؤون المسكن الطلابي أخذتِ الأمر على محمَل الجِدّ، فأعادت حراس الأمن، الذين كانت قد استغنت عن خدماتهم منذ وقت قصير، إلى مواقعهم.

شكلت هذه الزيارة منطلقاً لإرساء شبكة من الوسطاء والمعلومات التي جمعتها عن المنطقة على امتداد السنوات. قمنا بزيارة «شام شمال»، وهو مخيّم للاجئين ضَمّ مَنْ بقي حيّاً بعد هجمات الأنفال، حيث

محى صدام حسين عن وجه البسيطة أربعة آلاف قرية وبلدة متوسّلاً الجرافات. وفي هذا المخيم، يقوم طبيب شرعي من أصدقائي ويدعى الدكتور بارزان بفحص الضحايا بعناية بالغة ويحاول تحديد هوية المفقودين من أقاربهم. إثر الكارثة، عمدت السلطات العراقية إلى نقل النِّساء والأطفال إلى جنوبي العراق، حيث ألزم الرجال العرب بالزواج من النِّساء الكرديات، بهدف وحيد: تحقيق التطهير العرقي. ويواصل العديد من العائلات سعيهم إلى معرفة ما حَلّ بأقاربهم.

وبعد عقدين من الزمن على الهجمات المروعة، لا يزال مخيّم «شام شمال» يفتقد إلى الماء، مع أن الحكومة الكردية هي المسؤولة عنه؛ وإن وجدت صهاريج المياه، فمرورها بالمخيّم متقطّع وهي لا تزوّد اللاجئين المقيمين فيه إلاّ بمئتي متر مكعب لا غير.

وفي المخيّم، كثيرات هنّ اللواتي أُلْزِمْنَ الزواج في سنّ القصور، وتعدد الزوجات أمر شائع فيه نظراً للفائض في عدد الإناث. ومن ناحية أخرى، لا وجود فيه لمركز رعاية صحية؛ ولقد رأيت امرأة تعاني قصوراً في الكلى تفترش الأرض العارية في أحد المنازل، حيث يتناوب بعض النِّساء على متابعة شؤونها، علماً أن ما تحتاجه من علاجات يتوقف كليّاً على الهبات الدولية.

وفي يوم آخر، زرنا مخيّم «كومالا» القريب من الحدود الإيرانية، ووجدناه أكثر تنظيماً من مخيم «شام شمال»، لاعتماده على تمويلات تصله من إيرانيي المنافي (وأقصد بهم الشيوعيين تحديداً)، الموزعين في معظم

دول العالم. ولا بدّ من الإشارة هنا إلى أن «كومالا» مخيّم تعاضدي يشبه في تنظيمه وحركته مخيّم مكسمور الذي سبقتُ إلى وصفه.

العنف ضدّ النِّساء في كردستان العراق

بحسب بعض الصحافيين غير الرسميين واللجنة البرلمانية لحقوق المرأة، فإن نسبة جرائم الشرف مرتفعة، وهو ما تؤكده لنا نساء أخريات ينشطن في الحيّز الجغرافي والمجتمعي عينه. ولقد سجّل عدد جرائم الشرف ازدياداً كارثياً منذ الاحتلال الأميركي، بل إن مساكن اللاجئين أنفسهم لا تخلو من المضايقة المستمرة والتحرش الجنسي والتهديد والاستغلال، وهذا جليّ في التقارير الشفوية التي وصلتني من وُسطائي في العراق؛ كما أن الاتِّجار بالجنس والاسترقاق لأغراض جنسية قد تنامى هو الآخر على نحو كارثي في أعقاب الحرب. ولقد ذكرت منظمة خانزاد (Khanzad) مرات عدّة أن الناشطة التي نشرت محيطات من الجرائم (Oceans of Crimes) المتعلق بالأحوال السائدة في الجزء الشمالي من العراق أي جنوبي كردستان، اضطرت إلى اللجوء إلى المنفى، مع أن تقريرها حاز على إعجاب الحكومة الفدرالية التي أغرقتها بالجوائز. لكنها سرعان ما تعرضت للاضطهاد على يد السلطة عينها، وتلقّت العديد من التهديدات التي دفعت بها إلى المنفى في إحدى دول الاتحاد الأوروبي حيث تقيم مع عائلتها.

في تلك الحِقبة، كان التقرير لا يزال قيد الطبع باللغة الكردية، قبل أن يسحب بسرعة من دار النشر. وفي زيارة لاحقة، حصلتُ على نسخة

منه مترجمة إلى الإنكليزية فسعيتُ إلى اللقاء بالتي جمعت مواده عندما زارت، آتية من منفاها، مدينة غوتبُرغ (Göteborg) السويدية. وثَمّة العديد من التقارير الأخرى التي تظهر بوضوح الاتجار بالجنس وتحيل إلى مسؤولين ضالعين فيه يتبوؤون، على المستوى الوطني، مناصب رفيعة، وهو ما أكّدته منظمة وادي الكردية (WADI) الناشطة في جنوبي كردستان أي شمالي العراق، ومنظمة أخرى هي منظمة حرية النِّساء في العراق (The Organisation of Women's Fredom in Iraq-OWFI)، الناشطة في كل أنحاء العراق. وثَمّة مسألة واسعة الانتشار هي مسألة تشويه الأعضاء التناسلية الأنثوية، تسعى منظمات محلية، منها وادي وهيفوس (HIVOS) على الصعيد الدولي، إلى القضاء عليها.

لا سَعة لحماية امرأة تلزَم بالعودة من الخارج إلى هذا الجزء من كردستان حيث القتل باسم «الشرف» مُسْتَشْرٍ. فمن ناحية أولى، لا تزال زيجات العمومة والخؤولة شائعة في كردستان العراق وهي في معظم الأحيان «اتفاقات عمل» بين العائلات، يُتَوَخّى منها الكَسْب مقابل خدمات متنوعة. ومن ناحية ثانية، تخضع الشؤون العائلية والأحوال الشخصية، في هذا الجزء من كردستان، لأحكام الشريعة الإسلامية. ولقد سبق لي أن زرت هذه المنطقة مرات عدّة بدءاً من العام 2007، وأقمت لفترة بين عامي 2011 و2012 في عاصمة إقليم أربيل/ هولير حيث لَحَظْت تطوراً نوعياً، تمثّل في إصدار الأكراد، ومنذ العام 2002، قانوناً يساوي القتل باسم الشرف وضنّاً به، بالجريمة التي تستجِرْ على مرتكبها العقاب.

الكينونة النِّسائيّة خطر وحماية النِّساء خطر

في الماضي، كانت الظروف التخفيفية تسوِّغ القتل باسم الشرف. لكن في العام 2007، وعلى الرغم من صدور تشريع أكثر إدانة لهذا النوع من الممارسات الممجوجة، تعرضت دعاء، وهي ابنة السابعة عشر، إلى الرَّجم وسط الطريق في كردستان العراق. ولقد التقُط الحدث بواسطة كاميرات الهواتف الجوالة وانتشرت الصور التي توثّقه في كافة أرجاء العالم. واقتضى الحادث الذي تعرضت له دعاء، تسمية سلطة تنظر في قضايا استغلال النِّساء استغلالاً جنسياً في رقعة واسعة من كردستان.

منذ سنوات قليلة خلت، تعرض ملجأٌ للنِّساء لهجوم قامت به قوات الأمن متعرّضة خلاله للمقيمات فيه بالسلاح والتعنيف الجسدي لثَنْي الفتيات عن اللجوء إليه، وهو ما جعل العمل خطراً بالنسبة إلى القيمين على هذا النوع من الملاجئ. وفي العديد من السجون التي زُرْتُها في أماكن مختلفة من كردستان العراق، وجدت أن الأحكام بالسجن تنزل بالنِّساء التي تقيم علاقات سابقة للزواج، لدخول هذه الأخيرة في إطار البغاء الذي يعاقب عليه القرآن، بما أنه الشريعة السائدة اليوم في العراق.

وبالإضافة إلى ذلك، يرمى المِثْليّون في السجن بما أن المِثْلِيَّة الجنسية غير مشروعة. وعندما سألت النِّساء خلال زيارتي عن مكان وجود السحاقيات، أتاني الجواب ضحكاً مرفقاً بتعليق: «ليس للنِّساء جِنْسانِيّة».

وفي خريف العام 2008، زرنا البرلمان الإقليمي في أربيل/ هولير أثناء مناقشته مشروع إصلاح أحكام الشريعة، وبخاصة ما يتعلق منها بمسألة حضانة الأطفال. وقد أراد البرلمان يومها تعديل القانون، بحيث يُعترف بحقّ المرأة في هذا المجال. احتدم النقاش البرلماني بين عضوَيْن إسلاميَّيْن، أحدهما امرأة والآخر رجل. انبرت المرأة زاعمة أن لا قدرة للمرأة على تحمّل مسؤولية الأولاد ولا على القيام لهم مقام الوصيّ. لكن الرجل، المنتمي إلى حزب إسلامي آخر، ردّ عليها قائلاً إن لا إثباتات علمية تسوِّغ هذه المزاعم.

الأحكام السَّبْقِيّة المجحفة بحقّ النوع الاجتماعي (أو الجَنْدَر)

شهد العام نفسه نقاشاً ضارياً بشأن إدخال لفظ «جندر» (أو النوع الاجتماعي) في الدستور، نتيجةً للضغط الذي مارسته المنظمات النِّسوية لهذا الغرض. ولقد تزامن النقاش مع حملة تدعو إلى تحقيق المساواة في الحقوق؛ فإذا بوزير الثقافة يسأل، بموافقة الزعماء الروحيين، استثناء لفظ «جندر» من مشروع القانون، زاعماً أنه يعني الموافقة على الزيجات المثلية». وخلال هذه الحِقبة، تعرّض صحافي استقصائي للقتل، كما كَثُرَت الاقتراحات بتشديد الرقابة ليس على الكتب وحسب بهدف حذف صور العريّ منها، بل وعلى المنحوتات القديمة المجسّدة له. وفي هذا المجال، تعرّضت مقدّمة برامج تلفزيونية لتهديدات بالقتل بسبب تصريحاتها المنفتحة المتحررة من الضوابط السائدة، واضطرت إلى الفرار إلى تركيا رَدْحاً من الزمن.

وبالعودة إلى الجلسة البرلمانية، أتت نتيجة النقاشات إيجابية، أقلّه إلى حدّ ما، لأن تعدّد الزوجات بقي أمراً مشروعاً. أما سنّ الزواج بالنسبة إلى الفتاة، فلقد رفع إلى السادسة عشر، علماً أن سنّ زواج الشبان كان في الأساس ثمانية عشر. وبالنسبة إلى تعدّد الزوجات، فلقد حُدِّد بأربع، شريطة أن ينال الرجل موافقة زوجاته وأن يكون قادراً على معاملتهن على قدم المساواة وعلى النهوض بأعبائهن بحسب ما ينُصّ عليه القرآن في هذا الشأن. غير أن القانون لم يطبّق في الواقع، لأنه كان قانوناً فدرالياً غير قابل للتطبيق في جنوبي العراق. وهذا يعني أنه لا ينبغي على الرجال الراغبين بأكثر من امراة، أو بامرأة جديدة يغيظون بها زوجاتهم الأوائل، إلاّ اجتياز الحدود للحصول على الموافقة والمباركة.

تغيّر إيجابي بطيء

في العام 2011، أقرّ البرلمانيون المذكورون أعلاه قانوناً يتصدّى لتشويه الأعضاء التناسلية الأنثوية الشائع بنسبة تتراوح بين أربعين وثمانين في المئة في قرى العراق، بحسب منظمة وادي الكردية. وفي العام عينه، أُصدرت القوانين المتصدِّية للعنف المنزلي غير أنها انطوت على عيوب ونواقص مهمة، علماً أن للزعماء الروحيين من أصحاب الآراء المتضاربة الكثير من التأثير في صَوْغها وتفسيرها والحكم بموجبها.

وفي صيف إحدى السنوات، زرتُ منظمة لحقوق الإنسان في أربيل/ هولير. في تلك الحِقبة، كان كردستان العراق مصطخباً بالحملات الانتخابية، فإذا بالمسؤول عنها يعلمني بفخر أنهم عملوا على تدريب

سياسيين إسلاميين. لاحقاً، قال لي إن المنظمة التي ينتمي إليها قد حصلت من منظمة أميركية على مساهمات تمويلية. وفي خريف العام 2012، أصدر البرلمانيون قانوناً يحظّر العنف المنزلي والتشويه التناسلي، وينصّ على تطبيقه من قبل المحاكم المعنية والشرطة وغيرها من مؤسسات الدولة وذلك بالتعاون مع المنظمات الوطنية العاملة في مجال حقوق المرأة وحقوق الإنسان وبالتعاون مع وكالات الغَوْث الدولية، مثل الوكالات الأممية وبعثة الاتحاد الأوروبي المتكاملة لسيادة القانون في العراق، أي EUJUST LEX. وخلال وجودي في منظمة «من امرأة إلى أخرى» (Kvinna till kvinna)، عملت مع بعثة الاتحاد الأوروبي هذه وأخضعت ضباطاً في الشرطة ومسؤولين عن التحقيقات الأوليّة وزعماء عشائر لدورة تدريبية في حقوق المرأة، وذلك بالتعاون مع المدّعي العام، أميرة حسن عبد الله، في أماكن مختلفة، منها رانية[38]، وهي منطقة محافظة تقع شمالي العراق.

سجون النِّساء والأحداث

خلال أسفاري إلى العراق وجنوب كردستان، قمت أيضاً بزيارة سجون النِّساء، ومنها واحد مخصّص للنِّساء والأحداث في أربيل/ هولير. في سجن النِّساء، تقبع ست إلى ثماني منهن في زنزانة واحدة حيث لبعض منهن أولاد يقيمون معهن وتصل أعمارهن حدّ أربع سنوات لا

(38) رانية، وبالكردية رانِيه (Ranyê)، بلدة في إقليم كردستان العراق، ومركز قضاء في محافظة السليمانية. كانت منطقة رانِيه مأهولة بالسكان منذ العصور القديمة وهي غنيّة بالمواقع الأثرية مثل تَلّ شمشارا وتَلّ بازموسيان وقلعة رانية. وتشتهر هذه المنطقة بتربتها الخصبة ومحاصيلها الزراعية الوافرة. (م.)

غير، لأنها السنّ التي يرسل فيها الأطفال إلى أقارب لهم أو إلى المياتم.

من جهته، لا يضمّ القسم المخصّص للأحداث إلاّ الفتيان المتراوحة أعمارهم بين ثمانية أعوام وما فوق. وبحسب آمر السجن، فلقد أُدينوا لاقترافهم السرقة أو الاغتصاب الذكوري، أي مجامعة ذكر لآخر بالإكراه. وتتراوح عقوبة اللِّواطة بالسجن مدةً تطول سنتين أو ثلاث، وبخاصة إن ضبط المرتكبان في حالة جماع. ولا يصعب على المرء تخيّل ما قد يتعرّض له الفتيان داخل السجن.

وثَمّة حظر مفروض بحزم على كل ما يتعلق بالعلاقات السابقة للزواج، وأولئك العارفون ممن التقيناهم بنمو الفتيان وبكيفية تفكيرهم بالجنس خلال سني مراهقتهم، يقولون إن بعضهم قد جرّبه مع بعضهم الآخر، وفي بعض الأحيان مع الحيوانات، لأن عذرية الفتاة والمرأة أمر مقدّس، ولأن أي مساس بها يعدّ جرماً بحقّ شرف عائلتها يعاقب عليه المنتهِك بالقتل.

وما لبثنا أن زرنا سجناً آخر مخصّصاً للنِّساء، وكان مقسوماً إلى جناحين، أحدهما للنِّساء وآخر للرجال. كانت السجينات من أعمار مختلفة، بلغت أفتاهن الرابعة عشر وأكثرهن تقدماً في السنّ الستين وما فوق، وتراوحت جرائمهن بين القتل والشتم. وفي السجن عينه، امرأة ألمانية الجنسية محكوم عليها بالبقاء فيه مدى الحياة لاقترافها جريمة قتل عن سابق ترصّد وتصميم. وللمرأة ثلاثة أولاد يقيمون في ألمانيا وهي لم ترهم منذ سنوات طويلة، في حين لم تَقُمْ السلطات الألمانية بأي شيء

لمساعدتها. وثَمّة امرأة أخرى محكوم عليها بالسجن لأنها خانت صديقها يوم وقعت في حبّ رجل آخر، فما كان من الصديق إلاّ المسارعة إلى الإبلاغ عنها. ولقد قال لنا الحرس إن العديد من النِّساء السجينات قد أُدِنَّ بالبغاء لأنهن خُنّ أزواجهن. وأثناء الزيارة، بصقت إحدى الفتيات على الأرض لدى مرور ضابط رفيع الرتبة، فشعر بالإهانة وأبلغ عنها. أما السجينتان اللتان التقيناهما في نهاية الزيارة فكانتا محكومتَيْن بعقوبة تدوم سنوات عدّة، وكانتا تتشاركان الإقامة في الزنزانة مع نساء مدانات بجرائم قتل وقتل غير العَمْد. وعندما سألنا عن الأمن بين الجناحَيْن، قيل لنا إن الاتصال بينهما محظور، وهو ما شكَكْنا فيه لأن الفساد واسع الانتشار في العراق، والعمل في السجن دوني المرتبة والأجر.

الميتم في أربيل/هولير

في العام 2008، قمنا بزيارة ميتم في أربيل/ هولير، وفيه عدد كبير من الأطفال يلقَوْن في الظاهر معاملة جيدة للغاية وهو في الحقيقة ما عجبنا له. كان الأطفال مولعين بالمديرة التي كانت تعاملهم معاملة الأم الحنون، وهي قالت لنا إن معظم الأطفال هم ممن فقدوا أهلهم أو حلّوا في الميتم نتيجة فَقْر عوائلهم. ولقد حصل أن تُرِكَ أطفال عند باب الميتم لأن الزوجة الجديدة لم ترتضِ الاهتمام بأطفال الزوجة الأولى، التي ما عادت موجودة، إما لأنها بعد الطلاق تزوجت من جديد، إما لأنها ماتت. وحدثتنا المديرة عن حالة ينفطر لها القلب، تتعلق بأخوين تركهما والدهما لعناية الميتم لعدم قدرته على تنشأتهما. أمضى الأخوان في الميتم عاماً كاملاً قبل أن يقرر الوالد العودة بالبنت

الكبرى لتساعد في الأعمال المنزلية تاركاً شقيقها، وعمره أربع سنوات، يشقى لفراق أخته التي كان متعلقاً بها ومعتمداً عليها. وللتخفيف من بؤس الطفل، حاولت مديرة الميتم إقناع والده باسترداده هو الآخر، لكن مساعيها باءت جميعها بالفشل فقبع الطفل في الميتم يعاني الوحدة والاكتئاب الشديدَيْن.

التهريب عبر الحدود

خلال رحلتنا، زرنا وبطريقة تلقائية قرية طويلة[39] الواقعة على مقربة من الحدود بين العراق وإيران. ولا تزال المنطقة محافظة دينياً منذ غزو الإسلاميين لها خلال الحرب الإيرانية - العراقية.

كانت بعثتنا مؤلفة من ثمانية نساء افترشن أرض المضافة التي قدمها أحد الأثرياء هدية لأبناء القرية، حيث تعدد الزوجات أمر شائع، وهو ما خبره وكيل المضافة الذي كان له في الماضي سبع زوجات تقلّص عددهن بحيث بلغ اليوم «اثنتان فقط». ولقد حاول الرجل التودّد لإحدانا، لكن واحدة من زوجتيه تكفّلت بزجره فامتثل.

وأثناء الطريق، طِفْنا بأنظارنا في الأعالي، حيث بدت لنا الشاحنات المتوجهة إلى إيران، كما أننا التقينا بمهرّبين. كانوا جميعهم رجالاً من أعمار مختلفة وهم اعتادوا ممارسة التهريب لأجيال. وأثناء اللقاء،

---

(39) طويلة قرية كبيرة تابعة لناحية بيارة في قضاء حَلَبْجَة بمحافظة السليمانِيّة، وهي من أهم قرى هورمان. يعود أصل اسمها إلى اللفظة الكردية «تَهْ تيل» أو «تويل»، وتعني الجبين. والسبب في إطلاق الاسم على هذه القرية هو وقوفها في جبين الجبل أو صدره، وتدرّج بيوتها بخطوط عريضة منتظمة من الأسفل إلى الأعلى. (م.)

أخبرنا أحدهما، وقد كان لا يزال في سني المراهقة، أن الكحول المرصود لإيران والنفط المكرّر المقسوم للعراق كانا التجارتان الأكثر كسباً. وما لبث أن أرانا مفتخراً حصانه ذي الحدوات المغلفة لحوافره بالكامل، لكي يتمكن من قطع المسالك الجبلية الوعرة حيث المخاطر لا تزال كبيرة، بسبب الألغام والأفاعي السوداء السامة والعقارب. ويمارس المهرّب عمله على حساب حياته وهو لا يعيش طويلاً لأن الموت يتهدّده في كل لحظة.

طويلة قرية تتمتع بالجمال والخصوبة وهي معروفة في طول جنوبي كردستان وعرضه، بما ينمو فيها من شجر الجوز وما يُصْنَع فيها حِرفياً من أحذية قماشية خاصة، ينتعلها رجال العشائر عندما يتدثرون بلباسهم التقليدي. ولقد أهدتني زوجة وكيل المضافة ثوباً تقليدياً بسيطاً لا أزال أرتديه عندما أشارك في الأعياد الكردية، سواء احتُفِلَ بها في السويد أو خارجه. كما أننا زرنا يَنْبوع النِّساء في القرية، حيث درجت النِّساء ومنذ العصور القديمة على اللقاء لتنظيف الغسيل وتبادل أطراف الحديث في الحياة. وفي طريق عودتنا إلى السليمانية، توقفنا في قرية مرافقتنا أواز المليئة بأشجار الفاكهة. لكن هذه القرية التي كانت فيما مضى عامرة بأهلها، باتت اليوم في معظمها حقلاً مفروشاً بالحصْباء، نتيجة الهجمات التي استهدفت الأنفال وسوَّت ترابها بالجرافات. وبالقرب من البستان، وقعت أنظارنا على بيوت بسيطة من الصلصال، يأوي إليها من تبقى من أهل القرية. وحده ينبوع النِّساء هو الذي بقي ليذكّر بالغابر من طيّبات الأيام.

آمِز، مركز النِّساء في حَلَبْجَة

في المرة الأولى التي تعرّفت فيها إلى حَلَبْجَة، كنت في زيارة مركز النِّساء آمِز، بصحبة آواز دَليني (Awaz Daleni) التي أنشأته بدعم من منظمة «نساء لأجل السلام» السويدية (Kvinnor for Fred).

التقيت بأواز في خضمّ تظاهرة لأجل السلام في مدينة غوتبورغ حيث كانت، وهي الكردية المولودة في حَلَبْجَة، تعمل كمعلمة للاجئين القاصرين غير المصحوبين براشدين يرعَوْن شؤونهم. ومنذ أن أَسَّستْ آمِز، ترتاد أواز حَلَبْجَة كل عام لمتابعة التنمية فيها وهي اليوم قد عادت لتستقر في السليمانية (كردستان العراق) ولإدارة العمل في المركز. وعندما سألتها عن السبب الذي يكتسي المركز لأجله أهمية ملحوظة، أجابتني قائلة:

- تَضْرِب معظم المعضلات المرتبطة بالشرف جذورَها في المناطق حيث لا معرفة كافية بحقوق الإنسان والديمقراطية والمساواة في الحقوق والعمل الاجتماعي والصحة العامة. لا يعي سكان هذه المناطق كيفية العيش حياة لائقة كريمة كما أن النِّساء في جهالة تامة عما يمكن أن تكون عليه حياتهن وعما تكتنف عليه أجسادهن من خاصِّيات. وفي مجتمع ذكوري الطابع، يتنامى العنف المستهدِف للنِّساء، وبخاصة منهن الشابات. في مركز آمِز نقدم للنِّساء في حَلَبْجَة المعرفة التي يَحْتَجْنها؛ ونحن على ثقة بأننا نستطيع الحدّ من العنف المرتبط بالشرف إن نحن نشرنا التربية والتعليم بين العائلات والأفراد في المجتمع. ولكي

نحقّق هذه الأهداف، لا بدّ لي، بل لا بدّ لنا، نحن العاملات في المركز، من الاتصال والتواصل مع المربّيات والناشطات من ذوات الخبرة بحيث نضمن مشاركتهن في تولّي المحاضرات والدروس فيه.

كان لقائي بآواز باكورة سنوات من التعاون في مشاريع مصمَّمة لتلبية حاجات نساء كردستان العراق، وبخاصة منهن نساء آمِز. في المرة الأولى التي قصدت المركز فيها، أخبرتني آواز كيف أنها هي نفسها هربت من حَلَبْجَة، مُخْفِية مصاغها الذهبي في ثنيّات ثوبها، وكيف تعاملت مع قلقها على ولدها ذي السنتين الذي كان بمعيّتها في هروبها عبر الجبال الوعرة والمسنّنة، وكيف دمّرت قريتها خلال الهجمات التي شُنَّت على الأنفال، فأصبحت جرداء بسبب الأسلحة الكيماوية وهو ما اقتضى ممن بقي من أهلها حيّاً الانتظار سنوات عدّة قبل أن يتمكنوا من زراعتها مجدداً. في الماضي، كانت حَلَبْجَة تزوِّد الأسواق بأفضل أنواع الفاكهة، أما اليوم فإن ثمار البطيخ والرمان تُستورد من إيران.

آوارا، مديرة مدرسة الإنعاش في آمِز

أخبرتني آواز أن آوارا كانت، بالنسبة إلى جميع النِّساء في آمِز، بمثابة ضابط إيقاع الإنعاش، وهو بالفعل ما كان عليه عملها عندما التقيتها، وأعجبت بعمق ثقة النِّساء بها. تعود آوارا في منبتها إلى حَلَبْجَة حيث كان والدها واحداً من البيشمركة وبطل حرب في الحرب الأهلية إلى جانب العشيرة البارزانية. في تلك الحِقبة، كانت العائلة تعيش في طويلة، وهي قرية واقعة على مقربة من الحدود الإيرانية، فإذا بالسلطات تستقدم أمها

إلى السليمانية وتودعها السجن (وقد كانت حاملاً بآوارا)، لأن زوجها منضوٍ في صفوف البيشمركة. وبعد مرور ستة أشهر على اعتقالها، أطلق سراحها بموجب عفو عام أصدره صدام حسين آنذاك. ولدت آوارا في طويلة في زمن كانت حياة العائلة محفوفة بالصعوبات والمخاطر الجمّة. فنظراً لوقوعها على الحدود الفاصلة بين إيران والعراق، كانت القرية أُسوة بغيرها تتعرض للقصف الدائم، ما اضطر عائلة آوارا إلى التنقل الدائم من مكان إلى آخر، إلى أن استقر بها المقام في خِيَم يطلق عليها الإيرانيون اسم «مخيّم العراقيين الأكراد». وبسبب الفقر والحَلّ والتَّرْحال الدائمين خوفاً من الموت جراء الحروب الطاحنة التي عرفتها المنطقة، لم يتسنَّى لآوارا ارتياد المدرسة.

عندما حلّ اللاجئون في هذا المخيم، قدم لهم أهالي المنطقة العون والمياه. وما أن بدأ الوضع بالتحسن في كردستان العراق، حتى عادت العائلة إلى حَلَبْجَة، مع أن الحالة فيها أسوأ مما كانت عليه يوم ارتحلت عنها. وما لبثت الحرب الأهلية أن انفجرت بين أكبر الأحزاب الكردية، أي حزب الاتحاد الوطني الكردستاني والحزب الديمقراطي الكردستاني فازداد الوضع سوءاً.

كان والد آوارا ينتمي إلى الحزب الديمقراطي الكردستاني، فوجب على أهل بيته الاختباء في السليمانية، بما أن حَلَبْجَة كانت خاضعة لحكم الاتحاد الوطني الكردستاني. ولم تكن الحرب لتقتصر على الحزبين بل إنها غالباً ما تفجرت بين العائلات وبخاصة إن انتمى أفرادها إلى هذا أو ذاك من التنظيمين. كانت الأحوال كارثية بامتياز، وارتياد المدرسة

مستحيلاً لأن الأمر كان يقتضي من الناس الصبر والنضال يوماً بيوم للبقاء على قيد الحياة. غداة الحرب الأهلية، انتقلت العائلة إلى أربيل/هولير، حيث كانت الأوضاع أكثر هدوءاً. أما الآن، وقد عادت آوارا إلى حَلَبْجَة لتستقر فيها، فإنها تشعر بسعادة عارمة، وبخاصة أنها حصلت لها على عمل في مركز آمِز للنِّساء. غير أن ما يحزنها هو أنها لم ترتد المدرسة بسبب نوائب الحرب، وهي لا تزال اليوم أمّية. وقبل أن تتولى إدارة شؤون الإنعاش في آمِز، كانت آوارا تقبع في المنزل وتقوم بما يفترض بالنِّساء القيام به. أما الآن، فهي تعمل في المركز خمس ساعات في اليوم، وهو ما يدخل الفرح إلى قلبها ويعزّز ثقتها بنفسها وإن قَسَت الحياة عليها.

خطوات صغيرة في طريق التقدم

منذ بضعة سنوات، استُثْمِر الكثير في مشاريع التربية والتعليم المصمَّمة لتلبية حاجات الناس العاديين في حَلَبْجَة، لكن التقدم لم يكن بالسهولة المرجوّة بما أن الإسلاميين كانوا قد بسطوا نفوذهم على المنطقة. ففي كل مرة كانت تعبّر منظمة ما عن رغبتها في العمل مع النِّساء وفي الاضطلاع بمبادرات تنموية تنعكس تطوراً على المجتمع، كانت تصطدم بمعارضة الإسلاميين. وبالتالي، لم يكن للنِّساء إمكانية ارتياد المدرسة؛ وإن ارتدت إحداهن التنّورة أو خرجت من المنزل بلا حجاب يغطّي شعرها، سارعوا إلى رجمها بالحجارة. لكن، عندما انتهت الأحزاب الكبرى إلى توقيع معاهدات السلام فيما بينها عقب حرب طاحنة طالت أربع أو خمس سنوات وضع الاحتلال الأميركي

في نهاية المطاف حدّاً لها، أخذت الأمور بالتقدم في كل مكان من المنطقة، حتى في حَلَبْجَة حيث أضحى ممكناً للنِّساء متابعة تحصيلهن العلمي.

مذ ذاك، تغيرت أمور كثيرة بالنسبة إلى النِّساء في حَلَبْجَة. في الماضي، لم يكن فيها مصفِّف شعر واحد؛ اليوم ثَمّة ثمانية. في الماضي، ارتحل الناس عن حَلَبْجَة. أما اليوم وقد حلّ فيها السلام، فإنهم يعودون بأعداد متزايدة إليها، ما يسرّع من وتيرة التنمية والتغيير. ولقد كان للقانون الذي عمل عليه البرلمان لضمان حقوق النِّساء أن لعب دوراً في العملية. في الماضي، كانت الشابات من النِّساء تتزوج في رحاب المسجد، مُكْرَهةً في غالب الأحيان. أما اليوم، فإن الإكراه على الزواج بات أكثر ندرة، لوجود المنظمات النسوية والشرطة التي يستطعن اللجوء إليها هرباً من التهديد وطلباً للمساعدة. لكن لا يزال هناك نساء ممنوعات من الخروج من المنزل حيث لأزواجهن السلطة المطلقة. منذ سنتين أو ثلاث، ما من امرأة واحدة كانت تجرؤ على الخروج بلا الشال الأسود؛ أما اليوم، فإننا نستطيع أن نرى نساء بلا حجاب في شوارع حَلَبْجَة حيث حلّ التغيير عندما انتهت الأحزاب المهيمنة إلى التوافق، وهو ما أدّى إلى زوال سلطة الإسلاميين وإلى حصول النِّساء على حرية أكبر في الحيّز المجتمعي من حيث التنقل والتعلّم والمَلْبس.

حلم آوارا

عندما فتح مركز آمِز أبوابه، راحت أفكار التغيير تراود بالَ النِّساء: «يجب عليّ ربما تعلّم الإنجليزية» أو «قد يستطيع ابني تعلّم المعلوماتية»

أو «قد تتمكن أختي من تعلّم الخياطة والحياكة». إن آوارا مقتنعة تماماً بقدرة النِّساء مع الوقت والعمل التنموي على التفكير المستقل وعلى احتلال مكان أكبر في المجتمع، حيث سينتهي الرجال إلى تقبّل دورهن. قبل افتتاح المركز، كان المسجد هو المكان الوحيد للترفيه؛ وفي زمن الحروب، كان يستحيل على النِّساء الخروج إلى الحدائق والبساتين الواقعة خارج البلدة من دون التعرض لخطر المهاجمة. ولا يزال في محيط حَلَبْجَة اليوم قذائف وألغام غير منفجرة، ولقد فقدت آوارا اثنين من أنسبائها، هما فتيان كانا يلعبان خارج القرية حيث تعثرا بقنبلة من مخلّفات الحرب انفجرت فيهما وأودت بحياتهما.

تحلم آوارا اليوم بتعلّم القراءة والكتابة وهي تفيد بشكل كبير من مساعدة زوجها الذي يساندها في عملها خارج المنزل. كما أنها تحلم بأن تصبح أماً، بعد تعرّضها للإجهاض مرتين، بسبب الضغط النفسي الذي كابدته لسنوات كما قال الطبيب. تحاول آوارا ألا تفكر في الأمر طويلاً، آملة في أن تتغير الأمور ويصبح لها أولاداً يرتادون الحضانة ثم المدرسة فيتعلمون ما يفيدهم عوض التسكّع في الشوارع.

آوارا، معلّمة الخياطة في آمِز

آوارا معلمة الخياطة في المركز حيث نالت لها مكانة عالية بين النِّساء. عندما رأيتها للمرة الأولى، لفتتني عيناها البنِّيتان الثاقبتان. ولم يصعب علينا التعرف على بعضنا البعض. وجب على آوارا أن تتخلى عن المدرسة بسبب الزواج، وهي اليوم شبه أمية. أخبرتني لاحقاً قصتها.

بعد مضي عام، عدت إلى حَلَبْجَة، وخلال إقامتي فيها أصبت بمرض شديد مترافق بحرارة عالية. كنا قد عزمنا على الخروج في ذلك اليوم ولم نُعْرِض عن الأمر بسبب حالتي. حملتني النِّساء ووضعتني وسط الينبوع، على لوح مقولب وراحت آوارا تسقيني من شراب اسمه «ماسدو»[40]، وهو خليط من اللبن والماء، كان كل ما أستطيع إلى ابتلاعه سبيلاً. لا أزال أعترف لها بالجميل لأنها في ذلك الصيف أنقذت حياتي. وفي كل مرة كنت أزورها، كانت آوارا تعطيني زجاجة من «الماسدو». وإن كانت لها مكانة بين النِّساء، فلأنها علَّمت الكثيرات منهن خياطة الملابس وابتداع «الموديلات»، فأضحى بعضهن يخيط الثياب للآخرين ويعيل نفسه بنفسه.

زيجات الأطفال

زُوِّجت آوارا عندما كانت لا تزال في الثالثة عشر من عمرها، وهي اليوم أم لستة أطفال. يوم اتخذ القرار بتزويجها، قامت عمّتها والعائلة بتغيير تاريخ ميلادها بحيث يصبح ملائماً بما يكفي للزواج. هذا ما تقوله بطاقة هويتها، لكنها في الحقيقة أصغر بأربع سنوات. قبل زواجها، كانت العائلة تقيم في بغداد، حيث كان والدها منخرطاً في السياسة بشكل سرّي. لكن رجال صدام حسين وجدوا في حوزته مرةً رسالة، فاختفى الرجل عن ظهر البسيطة. ولا تزال آوارا حتى اليوم تجهل ما حَلّ به. كانت العائلة مؤلفة من آوارا وشقيقتها وشقيقَيْها. ولأنها وجدت نفسها وحيدة ومسؤولة عن أربعة أطفال، اضطرت

(40) شراب شائع في العراق. (م.)

والدتها إلى الرحيل بعائلتها خارج بغداد حيث كان لهم أقرباء. لكن سرعان ما أصيب أحد أخويها بالحصبة التي فتكت به لانعدام الدواء والعلاج. وما لبثت العمّة – وقد كانت امرأة شريرة بحسب آوارا – أن فرضت على الأم التّخلّي لها كتابةً عن حضانة أولادها. حاولت الأم الاعتراض على الأمر، لكن الحياة في القرية كانت صعبة والضغوطات شديدة لدرجة انتهت معها إلى الإذعان للطلب. اضطر الأولاد إذ ذاك إلى الابتعاد عن أمهم ومرافقة عمتهم إلى بغداد. يومها، كانت آوارا في الخامسة من عمرها. أما العمّة فكانت شديدة القسوة في تعاملها مع أولاد أخيها الذين فقدوا الاتصال بوالدتهم.

تعليم غير كاف

لم يُجز للأولاد بارتياد المدرسة إلا عقب الثورة التي وقعت في العام 1974، عندما انتقلت العائلة إلى العيش في حَلَبْجَة. ولم ترتضِ العمّة ذهاب آوارا إلى المدرسة لكنها سمحت لأخيها بالتعلّم، وهو ما أحزنها لأنها كانت تهوى القراءة وتكتب الحروف والأعداد على كل شيء تقع يدها عليه. حلمها الوحيد في تلك الأيام، كان المدرسة.

عندما بلغت آوارا العاشرة من عمرها، أُقِرّ قانون في بغداد يدعو كل الأميين إلى البدء بالدراسة. كانت في غالب الأحيان ترافق أخاها إلى المدرسة وتمضي النهار لاهية في الباحة فيما يتابع الدروس في الصف. غير أن المدرسة التي لاحظت اهتمامها الكبير بالتعلّم، دعتها إلى الصفّ عينه.

كانت آوارا شديدة الذكاء وهو ما أجاز تسجيلها فوراً في الصفّ الرابع. ثَمّة أمر لا تزال تتذكره باعتزاز: في أحد الأيام طرحت المدرّسة سؤالاً على أحد التلامذة الذي كان يتابع الدروس بانتظام منذ البدء. لكن أمام جهله بالجواب وصمته، تولّت آوارا الإجابة عوضاً عنه. ولما فرغت صفَّق لها أترابها. عند ذاك، بادرت المعلمة إلى الاتصال بعمّتها وسعت إلى إقناعها بضرورة الإجازة لآوارا بارتياد المدرسة، لأنها لامعة ومنضبطة. لكن العمّة بقيت متمسكة بقرارها الجائر وحرِمت الفتاة العلم.

في كتابها النِّساء العراقيات: روايات غير مرويّة من عام 1948 حتى اليوم، تصف ناديا صادق علي وهي باحثة وأخصائية في علم الاجتماع والأنثروبولوجيا، كيف أن الثورة التي نشبت في العراق في عام 1958، أدت، من بين أمور أخرى، إلى إقرار التعليم الإلزامي للذكور والإناث على السواء. غير أن القرار بالكاد أثّر في واقع النِّساء في المناطق الريفية، حيث لم يدخل حيّز التنفيذ إلاّ بعد مرور عشر سنوات على صدوره، وهو ما تؤكده لنا قصة آوارا التي كان من المفترض بها ارتياد المدرسة ولكنها حُرمت منها. ولقد ركّزت الثورة على حقوق النِّساء وهو ما شجع العالم العربي آنذاك على اشتراع القوانين الأكثر تقدميّة في مجال الأحوال الشخصية وقوانين الأسرة. لكن في حالة آوارا، نجد أن التقليد المحافظ الذي كانت عائلتها تتبعه في رؤيتها للمرأة، هو الذي يتحمل المسؤولية الأكبر في حرمانها من حقّها الشرعي وفي تزويجها وهي لا تزال قاصراً.

إذ عندما بلغت آوارا الثالثة عشر من عمرها، بدأ الخُطّاب يتوافدون إلى منزل ذويها في بغداد؛ فوقع اختيار عمّتها على رجل مسلم. لم يكن للفتاة أي رأي في الموضوع لأن عمّتها قررت بالنيابة عنها ضرورة الاقتران بابن عمها الذي يفوقها سنّاً بعشرين عاماً. إنه زوجها اليوم وأب أولادها الستة. أما القران، فقد عقد في هذه الظروف التي رَوَتْها لي: يومها خادعتها عمّتها قائلة لها إن أخاها قد اختفى وإن لا بدّ لهم من الذهاب إلى منزل عمِّها للبحث عنه. وصلت آوارا لتجد منزل العمّ يعِجّ بالناس. فراحت تبكي مكررة السؤال عن أخيها، لكنهم أسكتوها بحدّة قائلين لها إن قرانها سيعقد وأنه السبب في مجيئهم إلى هنا. بعد الزفاف، سألت آوارا زوجها الطلاق مراراً وتكراراً، وهو ما أذعن له شريطة أن تنجب له ولداً أولاً. وعندما وضعت مولودها الأول، عاد زوجها وسألها إن كانت لا تزال مصرّة على الطلاق، لكنها أعرضت عنه بما أنها لن تمنح إمكانية اصطحاب وليدها معها، فبقيت مع عائلة زوجها التي لم تكن أفضل معاملة لها من عائلة عمّتها، هذه العمّة التي قالت لها يوم زفافها إنها زوجتها لأنها لا تطيق بقاءها في منزلها. لم يبق لها إذن إلاّ التكيّف والوضع القائم، فقررت أن تحسِّن علاقاتها بعائلة زوجها، لأنها كل من تبقى لها. آوارا اليوم أمّ لستة أولاد قالوا لي إن والدهم كان عاجزاً لاستهتاره عن الاضطلاع بمسؤولياته الأبوية. ولو لم تكن آوارا هي التي ربّتهم ورعتهم لكانت حالهم أسوأ بكثير مما انتهَوْا إليه.

العنف الجَنْدَري الارتكاز في شمالي العراق

المرة الأولى التي زرت فيها كردستان، اطلعت على الإحراق الذاتي الذي يطرح مشكلة جدّية في هذا المجتمع، حيث يسهل الحصول على النفط وزيت النفط. إن النِّساء هنّ اللاتي يلجئن إليه بسبب ما يصَبْنَ به في غالب الأحيان من اكتئاب نتيجة الزيجات الإكراهية والاغتصاب داخل المحارم الزوجية وما يجُرُّ عليهن المَهْر من اعتداءات. وخلال رحلة قمت بها إلى جنوبي كردستان، زرت منظمة أطباء بلا حدود التي تتولى إدارة مستشفى في السليمانية متخصّص في علاج الحروق، حيث اطلعت على حالة امرأة شابة تتأرجح بين الحياة والموت نتيجة إقدامها على حرق نفسها وعلى حالة شابة أخرى نجت من محاولة أهلها إضرام النار فيها وفي عشيقها حتى الموت، وهذه جريمة مرتبطة بالشرف، أودت بحياة الشاب.

ولقد تطرقت الصحيفة الكردية النسوية الإلكترونية وارڤِن (Warvin)، حيث أكتب بانتظام، إلى هذا الموضوع مرات عدّة. وعندما زرت مخيّم «شام شمال»، قيل لنا إن الإحراق الذاتي وإحراق الآخر هما الطريقتان الأكثر شيوعاً للانتحار والقتل العَمْد.

الصراع لأجل التحرّر

بالعودة إلى قصة آوارا، لم يكن زوجها لينغِّص عليها عيشها ما دامت تلازم المنزل. لكنه سارع إلى سوء معاملتها ما أن بدأت تخرج منه. كان ذلك يوم سمعت عبر المذياع أن مركز آمِز في حاجة إلى خيّاطة. فإذا

بآوارا تتصل بالمنظمة طمعاً بالوظيفة، وقبل أن تقصِد المركز حَرَصَت على إعلام ابنها الذي أعلم بدوره والده، قائلاً له إن المنظمة ليست من «أَكَلَة النِّساء» بل إن العضوات فيها يعملن مع النِّساء ويساعدنهُنّ على تحسين أوضاعهن، وهذا أمر لا ضرر منه. سألها زوجها عن المدة التي تنوي قضائها في العمل لدى المنظمة وقبل شريطة ألاّ تتجاوز الشهر الواحد. وعندما انتهى الشهر، قالت لزوجها إنها حصلت على شهر ثانٍ وواصلت العمل. وعندما سألها الجيران أي مكان هو ذاك الذي تقصده كل صباح، أجابهم زوجها بأنها ترتاد مركز المنظمة للخياطة.

منذ العام 1974، تاريخ عودة آوارا إلى حَلَبْجَة للمرة الأولى، شعرت بأن الجميع يضمرون لها ولعائلتها العداء لأنهم أكراد، تماماً كما يفعلون مع غيرهم من أكراد العراق لأنهم رأَوْا في الوجود الأميركي تحريراً لا احتلالاً. ولسنوات عدّة، عاش الأكراد بمعيّة الاضطهاد والقمع بواسطة الإبادة والمضايقة اللتين استهدفهم بهما نظام البعث[41]. وإن شئنا وضع المضامين السياسية جانباً، لوجدنا تفسيرات منطقية تسوِّغ موقفهم الإيجابي من خطوة الولايات المتحدة في العراق التي سبق لها أن

---

(41) إنه حزب البعث العربي الاشتراكي الذي تأسس في سوريا، في 7 نيسان/ أبريل من العام 1947 على يد كل من ميشيل عفلق وصلاح البيطار وزكي الأرسوزي، وأنشأ له فروعاً في دول عربية أخرى وبخاصة منها العراق. وهو يقوم على مفهوم البَعْثِيّة (أي النهضة أو الصَّحوة) وهي خليط إيديولوجي من القومية العربية والوحدة العربية والاشتراكية العربية ومعاداة الإمبريالية. تدعو البعثية إلى توحيد الوطن العربي في دولة واحدة، تحت شعار «وحدة، حرية، اشتراكية»، الرّامز إلى التحرر من السيطرة الغربية خصوصاً والتدخل غير العربي عموماً. وللقارئ إمكانية العودة إلى المواقع الإلكترونية الزاخرة بمعلومات عن حزب البعث ونظامه في كل من سوريا والعراق. (م.)

قدمت العون لصدام حسين بحيث استطاع الإمساك بالسلطة. ولكن في ظل تأييد مناصريه لنهجه الديكتاتوري المتزايد وتنامي المصالح الاقتصادية القومية المرهونة بالإيرادات النفطية، شعرت الولايات المتحدة بأن لها حقاً في احتلال البلاد.

ثَمّة الكثير يقال في الوجود الأميركي في العراق، وذلك بمعزل عما يشعر به العديد من الأكراد حَياله، وهذا شعور مفهوم. ولكن الحقّ يقال، لم يكن هدف الولايات المتحدة من غزو العراق إرساء الديمقراطية فيه أو تعزيز حقوق الإنسان بل تحقيق مصالحها التوسعية والاقتصادية تحقيقاً كاملاً. عقب الاحتلال، وبعد عودة معظم الفيالق العسكرية إلى ديارها، راحت الصراعات العرقية والدينية تتنامى في العراق على نحو كارثي ولقد كان لمجلس الحكم الذي أنشأته السلطات المحتلة أن عزّز عوامل ساهمت في هذه المشاكل. إذ قبل الاحتلال، وبحسب ناشطة وصديقة لي هي يانار محمد، ما من أحد اضطر يوماً إلى إشهار هويته الإثنية أو الدينية أثناء تجواله في البلاد. أما اليوم فإن الأمر بات قاعدة تطبّق بانتظامية تضعف أو تشتد وَفْقَ الظروف.

ومن ناحية أخرى، يشكّل نفط كركوك موضوعاً دائماً للنقاش لا بل الجدال. وثَمّة عمليات قصف باتت مألوفة لتواترها. ويتمثّل الجدال في زعم الأكراد أنه ملكية الإقليم الكردي الواقع شمالي العراق والمتمتّع بالحكم الذاتي في حين يزعم النظام في بغداد أنه ملكية العراق بمجمله. أما جنوب كردستان، فإنه يجتاز نمواً اقتصادياً مضطرداً لكن بثمن باهظ. ومن جهتي أقول مازحة إن الأتراك ماضون في إعادة

إرساء الإمبراطورية العثمانية، لأن استثماراتهم في شمالي العراق ليست مصالح اقتصادية وحسب وليس من الشائن أو الخارج على المألوف أن تكون الشركات المستثمرة شركات أميركية تابعة. وتترافق المصالح الاقتصادية وتلك السياسية بوضوح بما أن أكراد الشمال (شرقي تركيا) وأكراد الجنوب (شمالي العراق) يشرعون اليوم في التقرب من بعضهم البعض، في وقت تتنامى وتيرة الاستثمارات في سوريا بسبب الوضع القائم فيها.

الهجوم على حَلَبْجَة

قبل الاحتلال، عندما زارت منظمة النِّساء التابعة للحزب الديمقراطي الكردستاني القرى الواقعة خارج حَلَبْجَة، كان وضع النِّساء صعباً لدرجة لا تصدق. بل إن العضوات لم تَجْسُر على مقابلتهن طويلاً لخوفهن من أن يسألهن أزواجهن عن علاقتهن بالحزب. لذا كنّ يسارعن، ما أن ينتهي اللقاء، في العودة إلى منازلهن خشية اكتشاف أزواجهن للأمر.

حكت لنا آوارا عن الهجوم الذي تعرضت حَلَبْجَة له فجأة في العام 1988. يومها كانت تخبز برفقة بعض النِّساء عندما أقدمت القوات العسكرية الإيرانية على احتلال المدينة بالكامل. وفي تفاصيل الحادث، أن آوارا رأت من منزلها الواقع على بُعد بضعة أميال من قرية سِردان، سرباً من عشرين طائرة حربية يقترب من المكان. في البداية، لم يعترِيها والنِّساء اللواتي كنّ مثلها يراقبن المشهد أي خوف. لكن عندما تنبّهن

إلى خطورة الوضع، اختبأن في القبو حتى ساعة متأخرة من الليل، لعدم قدرتهن على الخروج منه. أخيراً، أرادت النِّساء استطلاع ما يجري، فأوكلن المهمة لآوارا التي خرجت لتجد الشوارع مقفرة والسماء فارغة إلاّ من طائرة حربية رصدتها وألقت قذيفة سقطت مباشرة خلف المنزل، الذي قصدته آوارا راكضة. ولما وصلته، حزمت بعض الأغراض على عجل وهمّت بالخروج منه بصحبة ولديها. ولم تلبث الطائرة حتى عادت لتلقي بقذيفة سقطت على مقربة من آوارا، غير أنها لم تصبها. وعند الرابعة من فجر اليوم التالي، هجر الناس منازلهم قاصدين قرية قريبة، ومن بينهم رجل مُسِنّ حمل فراشاً على ظهره فسألته آوارا عن السبب في ذلك، فقال إن الفراش من لون التراب وإنه إن غطّى رأسه وجسده به، لن تتمكن الطائرات الحربية من رصده. وفي وصفها لذلك اليوم المرير، قالت آوارا:

- مشينا طيلة النهار الذي شابه الليل باسوداد أجوائه، واقتربنا من القرية التي كانت لنا مقصداً حين فحّت الرائحة... رائحة حريق يصعب تنفسّها... أخبرت زوجي عندما وجدته عن الرائحة، فقال إنها منبعثة ربما من دخان سيارة احترقت جراء القصف. وإذ بالناس يهرولون خارجين من منازلهم في تلك القرية التي تعرضت للقصف. كان بعضهم مصاباً بالعمى، وبعضهم الآخر يتقيّأ، وفقد الباقون القدرة على السير.

صدمة الهروب واضطراباتها الرضِّيّة

ثَمّة حدث آخر لا يزال عالقاً في ذاكرة آوارا. في يوم الهروب ذاك،

التقت في الطريق بامرأة مصابة بالسلاح الكيماوي، لكنها كانت مع ذلك تستبسل في التقدم حاملة ابنها بين ذراعيها. كان الطفل يصرخ جائعاً ويطلب خبزاً. راحت أمه تصرخ بدورها مستجدية رغيفاً غير أن ما من أحد اهتم لها. همّت آوارا بإعطائها الخبز لما منعها زوجها قائلاً إنهم قد يتعرضون للقتل إن علم الفارون أنهم يحملون خبزاً، وأمرها بإخفائه. مع ذلك، رمت بقطعة خبز للمرأة. ثم مرت امرأة عجوز أمامها. كان ابنها يضربها ويرفسها لتسرع في السير. سألته آوارا عن السبب فيما يفعل، لكنه لم يجب. فراحت العجوز تتوسّل آوارا حمايتها من ابنها المنهال عليها ضرباً، والذي راحت تتوسّل إليه أن يتركها في الطريق ويمضي لكنه كان يرفض مراراً وتكراراً. وفي الجبال، التقوا بعجوز أخرى أخبرتهم أن أبناءها تخلَّوْا عنها لتلقى حتفَها لأنها تعيق لضعفها تقدّمهم، وأنها لن تسامحهم على ما فعلوه بها لا في الدنيا ولا في الآخرة.

كانت آوارا تحمل بين ذراعيها ابنها البالغ من العمر ثلاثة أشهر والمَغْشِيّ عليه بسبب تنشّقه الغاز. تمنّت في تلك اللحظة لو أنه يموت، لافتقادها إلى القدرة على حمله طول الطريق الصاعدة إلى الجبال. عندما رأت الآخرين يلقون عن ظهورهم الأحمال ليتمكنوا من الجَري بسرعة أكبر، تمنّت لو أن ابنها كان حملاً تتخلص منه، لكنها بالطبع لم تفعل وهي لا تزال حتى اليوم تتساءل كيف أن نفسها استطاعت أن تسوِّل لها مثل هذه الفظاعة.

أخيراً وبعد خمس ساعات من النزوح الجماعي التي انطوت على

مصاعب ومخاطر جمّة في الجبال الوعرة، وصل القوم إلى مكان آمن ولجؤوا إلى كهف واسع أقاموا فيه. في تلك الليلة، هطلت الأمطار مِدراراة. وفي الصباح، عندما همّوا بالخروج منه، فاجأتهم طائرة حربية عراقية، ألقت بقذيفة سقطت في بحيرة صغيرة قريبة. ما كانوا يدرون أن القذيفة محملة بالمواد الكيماوية. بعد ذلك بقليل، أشعلوا ناراً ليتدفئوا ونهلوا من البحيرة ماء ليشربوا ويغتسلوا. راح الدم يسيل من أنف زوج آوارا فيما أُصيب آخرون بالعمى. ولم يمضِ وقت طويل حتى تنبّهوا إلى أن الماء مسمومة، وإلى أن مقامهم في الكهف ما عاد مأموناً، وأن الرحيل بات ضرورة. تمسّكت أخت آوارا بطرف ثوبها، قائلة لها إنها لن تقوى على المسير إن لم تتركها تفعل.

واصل القوم تقدّمهم في الجبال، فوجدوا في أعلاها منزلين عائدين لجنود البشمِركة الإيرانيين، أقاموا فيهما شهرين قبل الفرار مجدداً إلى إيران هذه المرة، حيث كانت الأوضاع بالغة الصعوبة بالنسبة إلى الجميع، والطوابير للحصول على الخبز والماء طويلة. وأثناء وقوفها في أحدها، سقط الحجاب عن رأس آوارا فوبّخها رجل لاستهتارها. قالت آوارا عندما شرحت لنا هذا التفصيل إنها ما كانت تنوي استعمال الحجاب كوسيلة تستدِرُّ بها الماء والخبز. فهي أزيدية ولا تعتمر الحجاب إلاّ من باب التأنق بحيث ينسدل فوق ثوبها التقليدي ملتفاً بدلال حول عنقها. ومع أنه مصنوع في العادة من القماش نفسه الذي يُقْصَب فيه الثوب، إلاّ أنه ليس بالنسبة إليها رمزاً دينياً. لكن، عندما وصلوا إيران، أراد الإسلاميون إلزامها بارتدائه.

آوارا اليوم

آوارا سعيدة اليوم بحياتها في حَلَبْجَة، لكن ما تبتغيه هو مواصلة تحصيلها العلمي، يشجعها عليها اجتيازها بنجاح الصفّ السادس واستمرارها في التمرّس بالقراءة في مركز آمِز ومدارسه المخصّصة للنِّساء. ولا تزال تأمل بارتياد المدرسة كأولادها وبمساعدة الأصغر سنّاً في تحضير فروضهم. تقرأ آوارا اليوم العديد من الكتب، وهي تفضل كتب التاريخ وبشكل خاص تلك المتمحورة حول كليوبترا لأنها في نظرها امرأة قوية تستحق أن تعجَب بها.

ومن جهتِهن، تحتاج النِّساء في حَلَبْجَة إلى أنشطة يزاوِلْنها خارج منازلهن وتكون لهنّ مناسبة للقاء الناس واكتساب مهنة أو حرفة ومزاولتها. وبالنظر إلى القمع الذي كانت نساء حَلَبْجَة خاضعات له في الماضي في هذه المدينة، فإن أوضاعهن تحسّنت اليوم وبِتْن قادرات على الاجتماع في مكان عام تتولى النِّساء إدارته. حتى أن الرجال أنفسهم باتوا أقل تصلباً وصرامة في تعاملهن معهن. وتبشّر آوارا اليوم بالديانة الكاكائية(42) التي تحبّها كثيراً لأنها تدعو إلى ضرورة أن يكون المرء كريمًا مع الفقراء فيتقاسم مقتنياته معهم. يعيش معظم أتباع هذه الديانة في إيران وثَمّة العديد من المتشابهات بين هذه الديانة وتقاليد الإسلام، غير

(42) في هذه الديانة، يفترض بالرجال احترام النِّساء، ولا فوارق بين الفتية والفتيات في كاكو، فهم يستطيعون جميعاً الإفصاح عمّا تختلج به نفوسهم من مشاعر، بل البكاء للتعبير عن دوافنهم. وعندما يكبرون، يعامَلون معاملة تراعى فيها المساواة بين الجنسين، وهو ما تنهج عليه آوارا مع أولادها. ولأنها كانت في صغرها تضرب وتعنّف، فإنها لا تضرب ولا تعنّف أولادها أبداً. (م.)

أن لها نبيّاً آخر هو داوط. وبحسب آوارا، فإن الديانة اليَزْدانِيّة تكتنف على حقوق نِسْوِيَّة أفضل وأكثر عدداً مما هي عليه في الإسلام، وهنّ لا يُلْزَمن بارتداء الحجاب كما باستطاعتهن ارتداء الأثواب القصيرة.

فكّرتُ طويلاً بحياة كل من آوارا وآواز. صحيح أن آواز هي الأخرى أمّية، لكن للنِّساء فيها ثقة كبيرة. فهنّ يستوثقنها في كل شؤونهن، أكانت ذات أهمية أم لم تكن. لقد تزوجت آواز بملء إرادتها من رجل اختارته وأحبّته وجُلّ آمالها هو أن تنجب له الأطفال نظراً إلى شغفها بهم. عقب الهجمات على حَلَبْجَة، افتُقِدَت العناية الصحية الملائمة وراح السّاسة المحليّون ينكرون الآثار التدميرية التي كانت للأسلحة الكيماوية على البيئة، على الرغم من أن الأطباء لفتوا على الدوام إلى أن نسبة الإجهاض والوفيات بين الأطفال أكثر ارتفاعاً في حَلَبْجَة وغيرها من القرى والبلدات التي قصفت بالأسلحة الكيماوية مما هي عليه في أماكن أخرى من المنطقة.

بعد العديد من عمليات الإجهاض والإخصاب الأنبوبي، انتهت أخيراً آواز إلى الحَمْل. لكن وبسبب ما تعرضت له في السابق من صعوبات، فإنه وجب عليها البقاء مستلقية في سريرها طيلة مدة حَمْلها. لكنها عندما أنجبت الطفل، فارق الحياة بعد أيام قليلة. عندما التقيت بها مرّة جديدة، كانت آوارا قد استعادت نشاطها وعادت إلى مدرسة النِّساء. ومن جهتها، أخبرتني آوارا عن الأسلمة التي عقبت الحرب الإيرانية - العراقية، والتي كان الدعاة إليها يتوسلون الخبز والدواء لرشوة الناس، بحيث يحصِّلون أصواتهم لمصلحة الإسلاميين. وكانت

النِّساء ممن رفضن ارتداء الحجاب، يتعرّض للرجم بهدف حَمْلِهن على التكيّف مع الوضع القائم والإذعان للأوامر.

وبالعودة إلى آوارا، فهي الأخرى تريد ارتياد مدرسة الراشدات، وعلى الرغم من مصاعبها، فإنها تشكل دعماً هائلاً لغيرها من بنات جلدتها في مدرسة النِّساء حيث تتشارك وإياهُنّ تجاربها في الحياة. آوارا امرأة قوية وشجاعة، زوِّجَت رغم أنفها وهي لا تزال قاصراً، إلى رجل أكبر منها سِنّاً بكثير. بدأ الزواج بالاغتصاب كغيره من الزيجات الإكراهية حيث يفيد الزوج من السُّنَن الدينية لممارسة الجنس كلما أراد. عقب وضعها ابنها الأول، توقفت آوارا عن المطالبة بالطلاق. لكن، وبسبب هذه الزيجة المبكّرة للغاية، حرمت من المدرسة وهي اليوم وقد أصبحت راشدة، امرأة أمّية. وعلى الرغم من ذلك، أو ربما بسبب من ذلك، تناضل آوارا أمرّ النضال لكي يتمكن جميع أولادها، أيّاً كان نوعهم الاجتماعي، من ارتياد المدرسة. ومن ناحية أخرى، تَمَّ قبول آوارا في الصفوف المعدّة للراشدات من أمثالها ولن يطول بها الأمر حتى ترتاد المدرسة الابتدائية العادية. وللدلالة على شجاعتها ومثابرتها على مكابدة الصعاب، لا بدّ لي من التذكير بأن آوارا هربت مع ولديها، يوم تعرضت حَلَبْجَة للهجمات بالأسلحة الكيمائية، وجسُرت على الوقوف في وجه الإسلاميين في إيران، حيث استقر بها المقام طيلة منفاها. وهي دافعت عن حقّها في العمل والإنتاج على الرغم من سنوات العنف والاستغلال الجنسي خاصة اللذين مارسهما زوجها بحقها، وهي اليوم ناشطة سياسياً، تساعد غيرها من النِّساء على إنتاج مدخولهن الخاص

من خلال إعطائهن دروساً في الخياطة. إنها والحق يُقال امرأة قوية وشجاعة.

تبادل الخُبُرات

في خريف العام 2010، رتَّبتُ بمساعدة مركز آمِز وغيره، اجتماع تبادل خبرات مع المنظمات النسوية في العراق، تمحور حول موضوع حقّ النِّساء في الصحة الإنجابية، وشاركت فيه الطبيبة والباحثة، البروفسورة بريغيتا إيسِن (Brigitta Éssen) بحضور طبيب عراقي. حاضر كلّ منهما في أسطورة عذرية المرأة وهو موضوع خلافي للغاية. لكن الطبيب العراقي أكّد مع ذلك على ما قالته الطبيبة السويدية. فإن فضَّت البكارة وهي مغطاة، أدى ذلك إلى تشويه أو عاهة تقتضي تدخلاً جراحياً، «وإلاّ كيف للدم أن يسيل خارج المهبل؟» كما قالت بريغيتا. أحيينا ثلاث حلقات تَوْعَوِيّة في ثلاثة مواقع مختلفة من كردستان العراق، استهدفت اثنتان منهما المنظمات النِّسائية والسياسيين، ونُظِّمت الثالثة في مدرسة النِّساء القائمة في حَلَبْجَة، شاركت فيها الطبيبة السويدية التي قالت لي في ختام الجلسة إن بعض الحاضرات يبتغَين الكلام عن نشاطهن الجنسي، فكان لهنّ ما أردن. لكن الأسئلة التي طرحنها كانت حميمة لدرجة أحرجَت معها بريغيتا، على الرغم من كونها طبيبة.

من جهته كان الطبيب العراقي لائقاً بما يكفي لكنه قام بمداخلتين أثارتا دهشة بل امتعاض الحاضرات. إذ قال في إحداهما إن مِهبل المرأة الكردية على شكل حَدْوة الحصان. وعندما سئل كيف توصل إلى هذا

التوصيف، ردّ بطريقة مبهمة. وعندما سئل عن التدريب الجراحي والطبي عامة الذي خضع له أثناء تخصصه، أجاب بأنه يصعب العثور على جثث في كردستان، لذا وجب استقدامها من ألمانيا، وإلاّ لاقتضى الأمر من الطلاب الاكتفاء بالتعلّم من كتبهم. أما السبب في عدم العثور على جثث تشرّح لغايات تدريبية طبية، فإنه، كما قال الطبيب العراقي، يكمن في عادة الإسلام الذي ينهج إكرام الميت بدفنه في غضون أربع وعشرين ساعة.

وسرعان ما أتانا طلب إقامة دورة تدريبية للجهاز الصحي أهان النِّساء الحوامل من الحاضرات، إذ قيل لهنّ: «وجب على كل واحدة منكن التفكير بما ينتظرها قبل أن تباعد فَخْذَيْها».

أتوقف أخيراً عند عادة أخرى تنامت عقب الاحتلال، وهي عادة تعدّد الزوجات. لا يزال الرأي في المرأة العازب رأياً منحرفاً إذ بعد الحرب والاحتلال، ارتفع عدد النِّساء الأرامل في وقت تحظِّر القوانين الأسرية الدينية على النِّساء الخروج والتنقل والعمل خارج المنزل. وهذا ما يفسِّر السبب الذي اختارت لأجله الأرامل الزواج حتى في ظلّ تعدد الزوجات، لأنهن بذلك يضمَنَّ حاجتهن إلى مَنْ ينهض بأعبائهن. ومن الشائع أيضاً في هذا السياق، أن يقدِم أحد الأقارب على الاقتران بالأرملة «لحمايتها والنهوض بأعبائها». أما المرأة العزباء التي لها أولاد، فإنها تمثّل حالة لم يُسْمَع بها؛ وإن وجدت في المجتمع الكردستاني، ففي الخفاء لأنها تعتبر مومساً، في حين أن العزباء الصِّرف تعيش في الغالب في منزل ذويها.

الفصل الرابع

الإقليم الكردي في إيران[43]

في مستهل القرن العشرين، كانت هذه المنطقة خاضعة لسيطرة المصالح الروسية والبريطانية. وبين عامي 1921 و1925، قاد زعماء العشيرة الكردية انتفاضة صاخبة ضد المستعمرين. كان الإيمان آنذاك ذات أهمية بالغة في المنطقة، لتديّن معظم السكان بالإسلام على اختلاف مشاربه وأطيافه. وكان ثمانون في المئة من النِّساء في الأرياف أمّيات ولا وصول لهن لا إلى التعليم ولا إلى الرعاية الصحيّة، كما كانت عادة الزيجات المدبّرة عادة شائعة تقوم على ما يسمي «بِربِل» أي تبادل الفتيات بين عائلتين؛ فهن كن يمثّلن «رأس مال» العائلة إذ كان ثمن العروس يشكّل لها دخلاً جيداً. نستنتج من هذا التوصيف للواقع أن البناءات العنفية والأبوية ميّزت حياة النِّساء اللاتي ما كُنّ يتمتَّعن بأي من الحقوق لا في العائلة ولا في المجتمع، حيث كان القول الشائع يفيد بأن «العروس تدخل البيت بالأبيض (أي ثوب العرس) وتخرج منه بالأبيض (أي الكفن)». وفي بعض المناطق، كان تشويه الأعضاء التناسلية الأنثويّة وتعدد الزوجات أمرَيْن شائعين هما الآخران.

بالإضافة إلى ذلك، كانت النِّساء ضحيّة اضطهاد السلطات

---

(43) المقصود به شرقي كردستان. (م.)

الحكومية. فخلال الانتفاضات التي تفجّرت في سبعينيات القرن الماضي، زحفت قوات الأمن الإيرانية باتجاه القرى والبلدات المتنفضة، مغتصبة في الطريق ما يعادل ربما ثلاثة آلاف امرأة كرديّة نازحة. لكن في اللاحق من سنوات السبعينيات، قام حاكم إيران آنذاك، شاه محمد رضا بَهْلَوي، بإدخال التعليم للفتيات أُسوة بالفتيان. غير أن المشاكل المالية التي كانت تعاني منها العائلات وتزمّت الزعماء الروحيين المتمتّعين بنفوذ كبير حالا دون ارتياد العديد من الفتيات الكرديّات المدرسة.

الثورة الإيرانية

عندما اندلعت الثورة الإيرانية، قام العديد من النِّساء باعتمار الحجاب الأسود تعبيراً عن رفضهن لحكم الشّاه؛ وبَقَيْن على اعتماره عندما تشكّلت الجمهورية الإسلامية التي أدخلت الشريعة حيّز التنفيذ فور قيامها، متَّهمة مَنْ لا يمتثل لها من النِّساء بـ «الخيانة». كانت النِّساء في تلك الحقبة تتعرض للاضطهاد والاعتقال والتعذيب والاغتصاب المنتظم. وقد نالت الشابات والعازبات خصوصاً نصيباً كبيراً من هذه الفظائع، لأن الحكّام من أهل تفسير الإسلام والشريعة، أفتَوا بعدم شرعية قتل العذراء. فلكي يُباح إعدامهن كان اغتصابهن في السجن مشروعاً. وما من أحد جرؤ على الشهادة بهذا الانتهاك الصارخ لحرمة المرأة، لتعلّقه بالشرف. وانسحب الأمر عينه على النِّساء الكرديّات، علماً أن الفارق الوحيد مقارنة بينهن وبين الإيرانيات كمن في افتقار الإقليم الكردي في إيران إلى أيّة رعاية صحيّة نسائية. وفي هذا الشأن، يقول الخبراء إنه لو لَقِيَتْ النِّساء علاجاً للصدمات التي تعرضْنَ لها،

لكان عدد حالات الانتحار وإضرام النار في الذات تقلّص جذرياً[44].

(44) بالاستناد على ما ورد في تقرير المؤسة الدولية للنِّساء الحُرّات (IFWF) الصادر في العام 2007.

الفصل الخامس

غربي كردستان أو الإقليم الكردي في سوريا[45]

يقع الإقليم الغربي من كردستان في سوريا على العموم، وهو نتيجة تقسيم المنطقة الكردية. كان الأكراد في سوريا مستقلين نسبياً، غير أن أوضاعهم ساءت للغاية خلال المعارك وما رافقها من اضطرابات. وتجدر الإشارة إلى أن الأكراد يشكلون أقلية صغيرة من شعبٍ يتألف من إثنيات متنوعة وجماعات دينية مختلفة، ما لم يمنع حزب البعث الحاكم في سوريا كما في العراق، من أن يعلن، ومنذ العام 1958، وجوب مشاركة النِّساء في الحياة المدنية، وذلك على قدم المساواة مع الرجال، ومساهمتها في بناء مجتمع اشتراكي. ونلفِت إلى أن حزب البعث بسط نفوذه على كامل التراب العراقي بدءاً من العام 1968، وهو يضرب جذوره في القومية العربية المناهضة للإمبريالية كما في الاشتراكية[46].

كان القانون مدنياً، لكن عندما كانت الأمور تتعلق بالقضايا المدنية أي القانون الأسري أو قانون الأحوال الشخصية، كانت الشريعة الإسلامية هي التي يُرْكَن إليها، ما انعكس تقييداً لحقوق المرأة وحياتها. فجرائم الشرف، التي كانت ترتكب بحقّها كلما خَدَشَت أو انتهكت

(45) يقع في غرب كردستان. (م.)

(46) انظر: ناديا صادق العلي، النِّساء العراقيّات (Iraqi Women, 2008).

قانون الشرف المعمول به، كانت تَفيد مما يسمّى بالظروف التخفيفية فلا يُنْزل بمرتكبيها إلا حكماً بالسجن لمدة ستة أشهر كحدّ أقصى. ومن ناحية أخرى، لا يزال الأكراد غير قادرين على الحصول على الجنسية السورية وهم، لهذا السبب، محرومون من حقوقهم القانونية. وبحسب نشطاء أكراد، تحاول السلطات السورية تقليص عدد الأكراد في المناطق الغنيّة بالنفط ومشتقاته وإحلال العرب مكانهم، تماماً كما يحصل في العراق. ومن بين الطرق التي تنتهجها هذه السلطات لتحقيق هذا النوع من التطهير العرقي، هو دعوة مواطنيها إلى تغيير جوازات سفرهم. وعندما يلبّي الأكراد الدعوة ضنّاً منهم باحترام القانون، لا يُعْطَوْن جوازات سفر جديدة. وبالإضافة إلى ذلك، لا يُعَدّ أولاد الأكراد وأحفادهم في سوريا مواطنين، وهذه مشكلة تتجلّى أيضاً في الزيجات المختلطة، حيث لا يُحَقّ للأم الكردية إعطاء هويتها لابنها. وإذا ما تعرضت النِّساء الكرديات للاستغلال، وبخاصة منه الجنسي النوع، فإنهن لا يفدِن من أية مساعدة قانونية، كما لا يزال شائعاً إكراه ضحايا الاغتصاب على الزواج من مرتكبي هذه الجريمة الشائنة بحقّهن[47].

لقد أوليتُ وضع الشعب الكردي الكثير من التفكير. لكن، عندما يتعلق الأمر بإقليمي كردستان الشرقي والغربي، أي في كل من إيران وسوريا، فإن معلوماتي محدودة. خلال السنوات الخمس الماضية، أقمت

(47) بالاستناد على التقرير الصادر في العام 2007 عن المؤسسة الدولية للنِّساء الحُرّات (IFWF).

لبعض الوقت في شمالي كردستان وجنوبه حيث كوّنت لي تجربة أستطيع الحديث عنها. عرف إقليم كردستان الشمالي حرباً أهلية بين السكان الأكراد والنظام التركي لمدة طالت ثلاثين عاماً. ولا يزال زعيمهم عبد الله أُوجَلان مسجوناً منذ عدة سنوات، علماً أن الاستخبارات السويدية ساعدت بطريقة غير مباشرة على اعتقاله. ولعل السبب يعود في ذلك إلى أن الأكراد في السويد كانوا دائماً هدفاً للاتهامات المرتكزة لا على القرائن والبراهين بل على التعميم والأفكار السَّبقية، التي يكيلها لهم بعض السياسيين والإعلاميين وموظفي القطاع العام. فعندما تعرّض رئيس الوزراء أولوف پالمه (Olof Palme) للاغتيال، انبرى بعض الأكراد وادعوا مسؤوليتهم عن الحادث. لاحقاً، عندما قِتِلت فاديمِه سهيندال (Fadime Sahindal)، وراحت جرائم الشرف تسترعي الانتباه، اتهم الأكراد بتشجيعهم لهذا النوع من الفظائع، علماً أن المسألة ليست كردية بحتة، بل هي ظاهرة تتجلى في كل العالم ولا تتعلق بالهوية الإثنية بل تستند على خلفيات دينية وأخرى موروثة تدخل في باب التقاليد. لكن كلما طالب الأكراد بحقّهم في أرضهم، تألَّب العالم ضدّهم، وهو ما لا نشهده حَيال القضية الفلسطينية. ولا بدّ من الإشارة إلى أن تقسيم الوطن الكردي إلى أقاليم على يدّ البريطانيين والأتراك وغيرهم كان ظلماً أنزِل بحقّ الشعب الكردي الذي يُتّهم بالتشدّد في قوميّته كلما انبرى مطالباً بأمّته وبحقّه في تقرير مصيره.

القسم الثاني

إسرائيل/فلسطين

الفصل السادس

الحرب والنَّسْوِيّة

اضطلعت سينثيا كوكبورن (Cynthia Cockburn)، وهي الباحثة والنَّسْوِيّة المعروفة دولياً، بتحليل مهم لتأثير العَسْكَرَة على حقوق الإنسان عموماً وعلى حقوق النِّساء خصوصاً. وهي تستهل مؤلَّفها الصادر تحت عنوان من حيث نقِف (From where we stand) بِلَفْت انتباه القارئ إلى التأثير الهائل الذي أرخَتْه هجمات الحادي عشر من أيلول/ سبتمبر من العام 2001[48] وما استتبعته من «حرب على الإرهاب»، على نواحٍ مختلفة من حياتنا.

تقول كوكبورن إن المنظمات النِّسائية التي تواصلت معها إبان وضعها لبحثها، أشارت إلى ثلاث مهمّات تؤطّر عملها الميداني: أولاً مهمَّة إعلام الناس بالطابع الجَنْدَري (أي المتعلق بالنوع الاجتماعي) للعَسْكَرة واستخدام العنف وتثقيفهم بشأن هذه وذاك، أي الإضاءة

(48) نذكّر بأن هذه الهجمات المنسَّقة التي استهدفت الولايات المتحدة الأميركية يوم الثلاثاء الموافق فيه الحادي عشر من أيلول/ سبتمبر دمّرت مركز التجارة العالمية في نيويورك وألحقت أضراراً بأقسام من وزارة الدفاع الأميركية في العاصمة واشنطن، متسبِّبة بسقوط العديد من الضحايا بلغ عددهم الإجمالي 2986 شخصاً، كانوا متواجدين في الأبنية التي هوجمت وانهارت كلياً أو جزئياً وفي الطائرات المدنية المشحونة بالوقود، التي اختطفها تسعة عشر عنصراً من منظمة القاعدة للقيام بالهجوم واستعملوها كما لو أنها كانت صواريخ مدفعيّة.

ليس فقط على العذابات التي تكابدها النِّساء خلال الحروب والنزاعات المسلّحة، بل وعلى شجاعتهن وتشبّثهن بضرورة تقدّمهن. ثانياً، مهمّة تحدّي مجتمعاتهن المُعَسْكَرة وتغييرها بواسطة النّشاطِيّة[49] المتمثلة في الاحتجاجات والشهادات والضغط السياسي الداعي إلى النضال نُصْرَةً لحقوق الإنسان ودعماً للمجتمع المدني. ثالثاً، مهمة بناء الجسور التعاضدية والتكافلية بين النِّساء حول العالم بحيث يشكّلْن قوة مضادة يتصدَّيْن بها للحروب التي تؤدي إلى الشِّقاق بين الشعوب. وتشير كوكبورن في بحثها إلى سعي هذه المنظمات إلى إبطال مفاعيل المسألة القومية لما تنطوي عليه من خِلافية تصرِف النظر عن المشاكل الحقيقية التي تعاني منها النِّساء في المناطق المستعرة بالحروب أو الخاضعة للنزاعات المسلحة. ذلك أن هذه المسألة، بتفسيراتها ومضامينها المختلفة، تبرز في كل النقاشات التي تخوضها الناشطات، بطريقة منتظمة دفعت بهنّ إلى ارتضاء البحث في مفهومها، متساءلة ما إذا كانت فعلاً تنطوي على الشرّ.

النُّسَوِيَّة ومفهوم القومية

بالنسبة إليّ، بوصْفِيَ ناشطة في الحقل النُّسوي وداعية إلى المساواة في الحقوق بين النِّساء والرجال ومؤمنة بضرورة التعاون بين دول العالم

---

(49) النشاطِيّة: لفظة تستعمل لتعريب لفظة «activism» الإنكليزية التي تفيد بمذهب الفعّالية وهو ينطوي على موقف مَنْ يؤكدون على ضرورة اتخاذ الإجراءات الفعّالة تحقيقاً لغرض سياسي أو مجتمعي. وفي بعض السياقات، يجيز هذا المذهب بإمكانية اللجوء إلى الإجراءات العنفيّة إن اقتضت الضرورة. غير أن اللفظ في المتن يخصّ الناشطين الذين يقصون العنف عن حراكهم وينهجون السّبل السلمية لتحقيق التغيير المطلوب. (م.)

سياسياً واقتصادياً، تنطوي القومية على شُحْنَة سلبية. غير أن تلك ليست الحال بالنسبة إلى شعب يضحي بأبنائه في القتال في سبيل موطنه وأرضه وعزّته. يزعم بعض الناشطين أن أول حقوق الإنسان يقضي بأن يمتلك الفرد انتماءً قومياً. ومما لا شك فيه أن الأفكار العنصرية تَطْرَح نفسها، وبطريقة لا يمكن اجتنابها، على بساط البحث كلما أُخضعت القومية للنقاش. أما أفكاري في هذا الشأن فهي تتمثل في التساؤلات التالية: كيف يمكن لمنظمة مناهضة للحروب أن تصبح عنصريّة في معرض حمايتها لأمّتها ومصالح شعبها؟ كيف تُلبّى احتياجات اللاجئين والساعين إلى الحصول على اللجوء السياسي، والمهاجرين إن أتت المصالح القومية أولاً؟

في اعتقادي أن التوصيف الذي أتى به العالم بالإثنولوجيا أو علم الأعراق، السويدي فريدريك بارث (Fredrik Barth) في الإثنية، هو غذاء للفكر ويحتل له موقعاً في النقاش الذي أسوقُه هنا. يقول بارث إن الانتساب الديني لا يشبه الانتساب الإثني أبداً، علماً أن باستطاعة الدين أن يشكل مكوناً مهماً في بعض الجماعات الإثنية، لتوقفه على دوره في النظام المجتمعي الخاص بجماعة محدّدة. ويضيف بارث إن الجنسية أي الهوية الوطنية لا تحيل هي الأخرى إلى جماعة إثنية. ذلك أن العديد من الأمم تتشكل من مجموعات إثنية متعددة. من هنا وجب، في الحالة الفردية، تحديد الخط الفاصل بين ما هو متّحد اثني محدّد وما يقع خارج هذا المتّحد، علماً أنه من الصعب تحديد ماهية الجماعة الإثنية. غير أن ثَمّة معايير مهمة تسمح، إن هي اتبعت، بالنجاح في هذه المهمة، وأولها:

الشعور بالانتماء، أي أن ينظر أفراد الجماعة إلى أنفسهم كأعضاء فيها؛ وأن ينظر الآخرون في جماعة ما إلى الآخرين في الجماعة عينها بوصفهم أعضاء فيها؛ وأن يعترف الآخرون من خارج الجماعة بناسها بوصفهم يشكّلون جماعة. وما غير ذلك فهو مبهم. أما المميزات التي تحدّ هوية الجماعة، فهي أولاً اللغة، علماً أن معظم لغات العالم يتم تداولها على لسان جماعات متعددة؛ ثانياً، التاريخ، علماً أن جماعات عدة تستطيع تَشارُك التاريخ الواحد عينه؛ وثالثاً، الدين، علماً أنه بوسع الجماعات المختلفة التديّن بدين واحد. ومن هنا، يتَّضح لنا أن الإثنية على العموم مسألة هُويّتيّة، يحدّد الفرد معناها ويعطيها لنفسه أولاً، ولغيره تالياً. وهي، كما غيرها العديد من المسائل الأخرى، مسألة سيرورة.

أهمية السِّير الذاتية

تقول كوكبورن إنه لا وجود لحقيقة واحدة وأنه لا بدّ للمرء من الإصغاء إلى أقدار وتجارب الأفراد. في العادة، توصَف الحرب وتفسَّر من خلال منظور ذكوري فوقي يستثني أو يقصي النواحي المختلفة الأخرى علماً أن هذه، ومن وجهة النظر النُّسوية، نواح متقاطعة، وهي الطبقة الاجتماعية، والنوع الاجتماعي والهوية الإثنية. وتعني كوكبورن بهذا أنه عندما نضيء على مسألة معقدة من خلال وجهة نظر واحدة، فإننا نتعامى عن الواقع المتمثّل بأن بناءات سلطوية عديدة تفعل مع بعضها البعض في الفرد الواحد. ومن هنا، فإن لكل فرد، رجلاً كان أم امرأة، تجربته الخاصة وخلفيته الشخصية.

بحسب كوكبورن، نشأت دولة إسرائيل، على سبيل المثال، عن حركة صهيونية نجحت خارج فلسطين، وبدأت في الحقيقة خلال الحكم البريطاني على فلسطين التي لم تكن مقفرة من السكان، بل كان الناس يعيشون فيها، أي الفلسطينيين وغيرهم من المتديّنين بالمسيحية أو الإسلام بشكل أساسي. إن عصبة الأمم، التي تحوّلت فيما بعد إلى منظمة الأمم المتحدة، هي التي قسّمت فلسطين، في العام 1947، إلى بلاد يهودية وأخرى فلسطينية.

إن السيرورة التي تصفها كوكبورن في مقابلاتها سيرورة عنيفة مباغتة ائتَمرت بالفكرة القائلة بحصول الدولة اليهودية على سبع وخمسين في المئة من الأرض في حين تحصل الدولة العربية على ثلاث وأربعين في المئة منها، علماً أن السكان العرب كانوا في تلك الحِقبة يعدّون ضِعْفيّ اليهود، وعلماً أن الإسرائيليين وضعوا يدهم على سبع وعشرين في المئة أكثر مما قَسَمَتْهُ لهم المنظمة الأمميّة ووافقوا عليه. ولقد أدى هذا التقسيم إلى الخلاف الذي لا يزال قائماً إلى يومنا هذا وإلى نزاعات من كل نوع ولون لا تزال بلا حلّ.

النِّساء الفلسطينيات في إسرائيل

كل يوم، تواجه النِّساء الفلسطينيات المقيمات في كل من الضّفة الغربية وقطاع غزّة الخاضعَيْن للاحتلال الإسرائيلي تحدّيات مختلفة. فهنّ بوصفهن فلسطينيات الهوية والانتماء، خاضعات لقوة الاحتلال الغاشم؛ وبوصفهن نساء، خاضعات داخل جماعتهن الخاصة للقمع

الأبوي المستقوي بالتقاليد الموروثة؛ وبوصفهن مواطنات، خاضعات للتمييز الصادر عن الدولة والقانون، علماً أن الاضطهاد الذي يمارسه الاحتلال الإسرائيلي فاقم من التمييز الذي يعاني منه الفلسطينيون عموماً والنِّساء خصوصاً، وهو ما خبرناه بأنفسنا في العام 2010، يوم لم نستطع اللقاء بصديقتنا المخرجة السينمائية بُثينة خوري في الضفة الغربية كما كان مقرراً، واضطررنا إلى اللحاق بها إلى القدس حيث وَجَب عليها، هي الأخرى، لإدخال والدتها المريضة على عجل إلى واحد من مشافي هذه المدينة، اتباع طرق ملتوية، وذلك لعدم حصولها على تأشيرة دخول نظاميّة.

في زمن الهجمات على غزّة في العام 2009، بدأت صديقة لي، وهي ناشطة في المنظمة الدولية المعروفة باسم «المبادرة النسوية الأورومتوسطيّة»(50) (EuroMed Feminist Initiative-IFE-EFI) المتخذة من لبنان مقراً لها، بجمع المواد الغذائية والطبية لإرسالها إلى غزّة بالتعاون مع المنظمة الفلسطينية «نجدة» دون غيرها من المنظمات العاملات على الأرض الغزّاوية، وذلك خوفاً من أن تصادر حماس الهبات وتشرع في توزيعها،

---

(50) المبادرة النِّسوية الأورومتوسطيّة (The EuroMed Feminist Initiative-IFE-EFI) شبكةُ سياسات تجمع منظمات حقوق المرأة من ضِفَّتَيْ البحر الأبيض المتوسط، وتدعو إلى المساواة المبنِيّة على النوع الاجتماعي (الجَنْدَر) وحقوق النِّساء كجزء لا يتجزأ من بناء الديمقراطية والمواطنة كما تدعو إلى اعتماد الحلول السياسية لجميع النزاعات وإلى العمل على ضمان حقّ الشعوب في تقرير المصير، مناهِضةً بذلك العَسْكَرة والحرب والاحتلال. وتسعى هذه المبادرة إلى تحسين حقوق المرأة وتعزيزها تماماً كحقوق الإنسان العالمية، ولدى المبادرة معيار وموقف ينسجمان مع القرارات والاتفاقيات الدولية والصكوك الإقليمية التي تعزّز عالمية حقوق المرأة وتدعم تأثيرها وصوتها في حلّ النزاعات بطرق اللاعنفية. (م.)

كما تفعل عادة، على أعضاء تنظيمها ومناصريه، أي على مَن اصطلح على تسميتهم بـ «أهل البِرّ والصلاح». وفي الحِقبة عينها، قامت حماس بالتعاون مع حزب الله بتنظيم تظاهرات ضخمة في بيروت، هتف فيها آلاف المواطنين بشعارات معادية للساميّة. يومذاك، سار الرجال في مقدمة التظاهرة تتبعهن النِّساء المعتمرات الحجاب. وكم كانت دهشة رئيسة «المبادرة النسوية الأورومتوسطية» كبيرة لحظة اكتشافها العداء للساميّة الذي تجاهر به هذه الحركات.

وثَمّة أمر آخر تلفت كوكبورن إليه في دراستها وهو كيفية توصيف النِّساء الفلسطينيات لمنظَّماتهن، وهو توصيف يختلف باختلاف التفسيرات. فمن لم تكن من هذه المنظمات ملتزمة بالأيديولوجية النسوية صراحة، اكتفت بالتعريف بنفسها بصفة «نسائية» وليس بصفة «نِسْوِيّة». ومن ناحية أخرى، أدى التناقض السياسي الداخلي بين الفلسطينيين أنفسهم إلى القِسْمَة بين الحركات النسائية هي الأخرى. فما كان نضالاً يَفيد منه الشعب برمّته، بات «حواراً» مستمراً لا يخلُص إلى أية اقتراحات للحلّ. هذا في الحقيقة ما صرّحت به إحدى الفلسطينيات التي قابلتها كوكبورن. قالت:

- تتطلّع جميع النِّساء الفلسطينيات إلى السلام. لكن ما يمكن تحقيقه بالحوار والمفاوضات مع الحكومة الإسرائيلية لا يعدو إلاّ أموراً قليلة. وكنتيجة لذلك، ثَمّة حاجة إلى حركات موازية للكفاح المسلّح وإلى أجندة استراتيجية للمفاوضات غير الرسمية بانتظار أن تصبح المفاوضات الرسمية ممكنة.

موقف دول الجوار

أود أن ألفِت إلى أمر في إنشاء دولة إسرائيل بقي محجوباً إلى حدّ ما. لقد اخترت الإضاءة على كيفية ترحيل اليهود من الدول العربية المجاورة إلى دولة إسرائيل، وهو ما تجيد ناديا صادق العلي بوصفه في كتابها النِّساء العراقيات، المنطوي على مقابلة أجرتها مع امرأة يهودية تدعى سهام، رحِّلت مع عائلتها إلى إسرائيل وهي كانت في الثالثة عشر من عمرها. تظهر لنا المقابلة أن اليهود في العراق كانوا بعد العام 1948 يتعرّضون للمضايقات من كل نوع ولون. إذ فرضت عليهم قيود حظّرت عليهم السفر وتبوء مناصب حكومية ومزاولة الأعمال التجارية، كما اعتقل العديد من نشطائهم وأودعوا السجون. وبالإضافة إلى ذلك، كانت الجماعات العربية المتشددة ترى في الصهيونية «نتاجاً رديفاً» للشيوعية. كانت سهام وشقيقتاها اللتان تكبرانها سنّاً ناشطات في الحزب الشيوعي العراقي لعدة سنوات وعندما حلّ الانهيار العام، أرخى نتائجه المأساوية على عائلتها. قالت سهام في المقابلة:

- كانت نشأتي في ثلاثينيات وأربعينيات القرن الماضي، وكنت أعيش في مجتمع متعدد الثقافات، حيث يفيد الجميع من تكافؤ فرص التعليم والعمل. لم أفكر يوماً في أن هويتي اليهودية ستجعلني مختلفة عن مواطنيِّ العراقيين. كنا نقيم في كرّاده، وهي منطقة مختلطة من بغداد، حيث كان لي ثلاث شقيقات وأربعة أشقاء. وحتى عندما أسست دولة إسرائيل، رفض العديد من اليهود الانتقال للعيش في كنفها. لكن عندما بدؤوا

بمضايقة الناس وطردهم من وظائفهم، راح اليهود يفكرون جدّياً بمغادرة البلاد. كانت أواصر الصداقة في العراق تربط بيننا على اختلاف أطيافنا ومشاربنا. وما من أحد فكر مرة بالعرق أو الدين أو أيّة ميزة أخرى. أنا نفسي أنتمي إلى عائلة محافظة، وكنت، كما غيري من النِّساء ارتدى العباءة (وقد كانت اللباس النسائي الشائع) أو أي ثوب آخر يغطي الهندام. كان الدين جزءاً من البلاد حيث برز بتنوع معتقداته، وهو ما يفسِّر كثرة الأعياد الدينية التي كنا نحتفل بها جميعها مع بعضنا البعض، أكانت إسلامية، يهودية أم مسيحية.

سمعت الحكاية عينها عن ترحيل اليهود من مصادر أخرى. إذ أخبرتني صديقة حميمة لي، تصدر الجريدة النسوية الكردية المعروفة باسم وارڤين (Warvin)، أنه كان يوجد الكثير من اليهود في العراق، لكنهم رحِّلوا في الباصات إلى دولة إسرائيل ما أن تأسست. ومن جهتها، قالت لي ساندرا فِلْبس (Sandra Phelps)، وقد كانت أستاذة زائرة في جامعة صلاح الدين واستضافتني عدّة مرات قمت فيها بزيارة أربيل/ هولير، إن أستاذاً زائراً حلّ في الجامعة عينها منذ سنوات خلت، لكن طُلِبَ منه عدم الإفصاح عن هويته اليهودية.

في كتابه البلد الضائع (The Lost Country) يسهب الكاتب غوران روزنبرغ (Göran Rosenberg) في شرح حلم الدولة اليهودية قائلاً:

كنا نجتمع في واحدة من ليالي كل أسبوع تقريباً أعلى الهضبة لرؤية صور وسماع قصص عن الأعجوبة الأخيرة وقد كانت

الأعظم: إنشاء دولة إسرائيل اليهودية (Eretz Israel). أعتقد أن الشكّ، إن لم نقل اللامبالاة، شاب ردّ فعل معظمنا على هذا الحلم. لكن بعد مضي عقد ونيّف من الزمن على المحرقة، استكانت يد الإيمان المنطوية على حسن النيَّة بالتطور وتفاءلت بخير ورفاهة أولاد اليهود. إذ، من خلال أطلال معتقل أوشوِتْز (Auschwitz) التي كانت لا تزال تلفظ دخانها المتّشح بالسواد، انفتحت آفاق المجتمع الحديث والدنيوي اللامتناهية.

وبحسب روزنبرغ، انتقلت إسرائيل من مجتمع عقائدي بكل ما في الكلمة من معنى عانق الجماعانِيّة[51] والتضحية بالذات، إلى مجتمع يتملّكه جنون الارتياب والاضطهاد، حيث الفلسطينيون وغيرهم من العرب لا ينتظرون إلاّ فرصة الانقضاض عليه وتدميره. ومن هنا، فإن التهديد بمحرقة جديدة يقوم لليهود مقامَ المسوِّغ للعسكرة المحتَدّة والموسّعة.

الصورة الإعلامية للمرأة في الحرب

ثَمّة أمر فتنني وفي الوقت عينه أحزنني بشكل لا يصدق خلال رحلاتي ولقاءاتي بالنِّساء، تمثّل في الصورة الإعلامية عن الوضع في مناطق الحروب. ففي معظم التقارير الإخبارية التي تبثّها وسائل الإعلام السويدية من مناطق النزاع ومخيّمات اللاجئين، تصوّر النِّساء كضحايا لا حول لها ولا قوة. ونحن نادراً ما نسمع بنضالهن للبقاء على

(51) الجَماعانِيّة (collectivism) هو المبدأ القائل بوجوب سيطرة الدولة أو الشعب ككل على جميع وسائل الإنتاج. (م.)

قيد الحياة وبخاصة عن أولئك اللواتي لا يغادرن أرضهن. في المرة الأولى التي قصدت فيها العراق، سألني العديد من أصدقائي في السويد كيف جرؤت على الذهاب إلى المناطق المستَعِرَة بالحروب. كان جوابي أن التردّد لم ينتابني لحظة واحدة لأنني كنت أجد في العديد من العائلات المقيمة في تلك المناطق الموزَّعة حول العالم ما يشجّعني على الاضطلاع بمهمتي. فإن كان العديد من الأصدقاء الأكراد يقومون برحلات إلى موطنهم الثاني، فلِما تراني أجفل وأتردّد؟ عندما كنت في تلك المناطق، أصبحت تلك القصص، التي أشكر أصحابها على مشاركتي بها، واقعاً أرتبطُ به عوض البحث فيها عن أخبار تنبؤ بالكوارث. في إسرائيل، كانت العَسْكَرة حاضرة بقدر ما كانت حاضرة في العراق. إذ كان المجتمع يعِجُّ بكل أنواع الحراسة المسلحة ونقاط المراقبة والتفتيش، وبخاصة في أورشليم - القدس التي كانت شديدة الانعزال. في إحدى المرات، اضطررنا في أحد المطاعم إلى دفع مبلغ إضافي يعود للحارس الواقف في الباب على أُهبة الاستعداد للتصدّي للهجمات الإرهابية. وفي مرة أخرى، اضطررنا إلى طلب سيارة أجرة لتقلّنا من شرقي أورشليم إلى القسم الأرثوذكسي منها حيث كنا نقيم لكي نقصِد بيتَ لحم والضفّة الغربية، ذلك أن سيارات الأجرة في الجزء حيث كانت إقامتنا ما كانت ترتضي نقل الركاب إلى شرقي أورشليم.

فاطمة، باحثة فلسطينية في إسرائيل

في كتابها بعنوان «النِّساء الفلسطينيات» تظهر الباحثة الفلسطينية الحاملة للجنسية الإسرائيلية فاطمة قاسم وبطريقة مثيرة للاهتمام

وغاية في الوضوح كيف تصف النِّساء اللواتي قابلَتْهن احتلال فلسطين إلى النكبة، مستخدمةً اللغة من منظور نُسْوِيّ. فبحسب العديد من الفلسطينيين، ترمز النكبة إلى اليوم الذي شهد احتلال إسرائيل لفلسطين، علماً أن اللفظ يجد له الشرح التالي في الموسوعة: «اسم يطلق على طرد الفلسطينيين خلال الحرب الأولى بين إسرائيل والدول العربية في عام 1948». غير أن النزاع، وبحسب بعض الأبحاث، يعود إلى مئتي عام أقلّه ويضرِب جذوره في حقبة الاستعمار.

وفي كتابها المذكور عنوانه توّاً، تصف فاطمة قاسم لقاءً كان لها مع أستاذ جامعي. قالت:

- عندما جئت البروفسور رونِن (Ronen) فتح لي الباب المؤدي إلى مكتبه وسألني: «أأنت فاطمة؟». أجبت: «نعم». راح يحدّق بي، ثم طلب مني الدخول، قائلاً على الفور: «إنني أشعر بالإهانة عندما يوازي المواطنون الإسرائيليون بين يوم الاستقلال والنكبة».

بحسب فاطمة قاسم، إن التعليق الذي افتتح به البروفسور رونِن المقابلة هو تعليق يميّز وجهة النظر السياسية الخاصة باليهود الإسرائيليين الذين تربّوا على قبول الوصف الصهيوني للتاريخ. وتتابع قاسم واصفة الحوار الذي دار بينهما، والذي يظهر بوضوح نظرة البروفسور رونِن إلى البلاد وتاريخها. فعندما كانت تلفظ أسماء القرى بالطريقة التي كانت تُلفظ بها قبل العام 1948، منتقدةً ظاهرة «التهويد»، كان الانزعاج يتملّك من مخاطَبها الذي كان يسألها أن تستبدل هذه الألفاظ العربية

بأخرى يهودية المنشأ تفيد بها. كما أنه أراد أن يعيد تشكيل بحثها بحيث يتوافق ووجهة النظر الصهيونية.

وتضيف قاسم إن الأستاذ حاول أن يقود بحثها في الاتجاه الصهيوني عوض أن يطرح عليها أسئلة أكاديمية الطابع في شأنه. وفي ختام اللقاء، قال لها: «إن هذا البحث يتحدّى النظام الأبوي بكل مؤسساته وسلطاته». وهنا، تساءلت فاطمة قاسم مرّة أخرى عن السبب الذي دفع الأستاذ إلى هذا التعليق، عوض إبداء رأي علمي في عملها.

النكبة في نظر النظام الأبوي

باستثناء ثلاث عضوات في الحزب الشيوعي الفلسطيني، فإن النِّساء المسنّات اللواتي قابَلَتْهُن قاسم، لا يشِرن إطلاقاً إلى الاحتلال الإسرائيلي اللاحق لتأسيس دولة إسرائيل، بلفظ «النكبة». في غالب الأحيان، توصَّف النِّساء بضحايا النزاعات والنِّساء على العموم يرفضن هذا الوصف حيث يبرُزْنَ كمخلوقات منزوعات السلطة. أما النِّساء اللواتي كانت ليَ معهن مقابلات، فإنهن يرَيْن إلى اللفظ كتعبير يستخدمه الرجال للتعريف بالحدث في حين ترى فيه النِّساء إهانة ومَذَلَّة، لكنهن لا يشهِرْن استسلامهن. تلك هي الطريقة التي يعتمِدْنَها لإظهار موقفهن داخل المجتمع، حيث تأثيرهن شبه معدوم في بناءات السلطة، وبخاصة في حالة اللجوء وخارجه. وبالتالي، فإن النِّساء المسنّات يستخدمن عبارة «عندما جاء اليهود» أو عبارة «عندما دخلوا علينا» لأن في هذه وتلك رمزية أكبر تتيح لهن توصيف فلسطين

كجسد نسائي انتُهِكَت حرمته وتعرض للاغتصاب على يد دخلاء أجانب. وفي بحثها، تظهر فاطمة قاسم كيف أن النِّساء تستشهد بالشعر الفلسطيني القديم وبالتقليد الإسلامي عندما تصف احتلال البلد، أي أنهن يستخدمن الوصف المعتمد للجماع الأول بين العريس وعروسه الطاهرة من كل دَنَس في نظر التقليد. تقول فاطمة قاسم:

- في السّياق الاجتماعي والثقافي - وهو بلا شك سياسي أيضاً - الذي شكّل المجتمع الفلسطيني، تُستخدم في الغالب عبارات من طراز «دخل عليّ» أو «أخذني» للدلالة على اللحظة التي يجامع الرجل فيها المرأة للمرة الأولى، وتحديداً في ليلة العرس [ويقال لها أيضاً «ليلة الدُّخْلَة»]، وفي التقاليد الفلسطينية المجتمعيّة، يشار إلى هذا الأمر في اللغة العربية بعبارة «دخل العريس» العروس و«أخذ العروس». يتّضح لنا إذن أن اختيار النِّساء لهذه الألفاظ وتلك العبارات بغرض التعبير عن أحداث العام 1948 ولاحقاً بغرض عرض كيفية اختبارهن الحياة اليومية الراهنة، يقوم على أساس مقارنة الحدث التاريخي والتجارب اليوميّة في ظِلّ الاحتلال، بالعلاقة الجنسيّة بين الرجل والمرأة كما يوصّفها المجتمع الفلسطيني.

وبحسب فاطمة قاسم، فإن توصيف النِّساء للحدث [أي الجماع على الصعيد الفردي والاحتلال على الصعيد الوطني] لا يزال يُسْتخدم من قبل الكتاب الفلسطينيين المعاصرين، الذين يحيلون إلى فلسطين المحبوبة بوصفها «جسد امرأة» قائلين إنها [أي فلسطين] «قد اغتُصِبَت

على أيدي الدخلاء الإسرائيليين» في العام 1948. يعني هذا أن القوميين الفلسطينيين الذين اعتمدوا لفظ «النكبة» للدلالة على لحظة الاحتلال الغاشم، حجبوا التوصيف النِّسائي لهذا الحدث عن الأنظار.

عرب إسرائيل

تقول فاطمة قاسم إن السكان الفلسطينيين المقيمين في الأراضي التي احتُلَّت عام 1948، هم جماعة «مهزومة» يشار إليها على الدوام بلفظ «عرب إسرائيل»، ما يعزّز النظر إليهم كمواطنين من الدرجة الثانية أو الثالثة بالنسبة إلى الدولة الصهيونيّة. وبالإضافة إلى ذلك، وجدت قاسم أن أصوات النِّساء الفلسطينيات أقلّ قيمة في الخطاب العام، مقارنةً بأصوات الرجال. وهي تظهر في كتابها ماهيّة هرميّة بناءات السلطة المرتكزة على التمييز لمصلحة النوع الاجتماعي الذكوري، وكيفية عملها في المجتمع الفلسطيني. ومن هنا، يمكن مقارنة العلاقة بين النظام الأبوي السائد فيه بالعلاقة بين المستَعْمِر والمستَعْمَر، وبخاصة أن أصوات المجموعات المهمَّشة (وفي هذه الحالة أصوات النِّساء) في هذا المجتمع بضغط من هذه البناءات، تزداد ضعفاً. وثَمّة أمثلة أخرى تزوّدنا بها صاحبة الدراسة تظهر كيف أن النِّساء الفلسطينيات تتمسك بأصلها ومنبِتها أيّاً كانت الظروف القاهرة.

- ماذا عساي أقول؟ إنني ابنة هذه الأرض ولست مهاجرة إليها من مكان آخر. أنا من هنا. كنا نمتلك مزرعة، وأدوات زراعية، وآلات لصناعة الصابون وزيت الزيتون... كان لدينا عمّال... فجأة تغيّر كل شيء وقُلِب واقعنا رأساً على عَقِب:

كانت أمي مريضة واضطرت إلى الذهاب إلى المستشفى عندما دخل علينا الإسرائيليون. كان أبي يزورها كل يوم حتى عندما كانت الطرقات مقطوعة. في تلك الحِقبة، دامت الفوضى أقلّه خمسة أشهر.

كانت معظم المقابلات التي أجرتها فاطمة قاسم مع نساء فلسطينيات تُستَهَلّ بعبارة «أنا في الأصل من هنا» أو «أصلنا من هنا». وفي تحليل الكاتبة أن هذه العبارة هي الطريقة التي تتوسلها النِّساء للتأكيد على أنهن كُنّ وعائلاتهن يُقِمْن في المنطقة قبل احتلال الإسرائيليين لها عام 1948، بل قبل وصول مجموعات فلسطينية أخرى للإقامة فيها. وفي ما يلي وصف امرأة فلسطينية للنزوح الذي ألزمهم به جيشُ الاحتلال الإسرائيلي:

- جرّدونا من كل مقتنياتنا الثمينة وجمعوها على قطع قماش مطروحة على قارعة الطريق. ثم قامت المجنّدات الإسرائيليات بتفتيش النِّساء فيما فتّش المجنّدون الرجالَ، بحثاً عن أشياء قيمة خبأناها بين ثنِيّات ملابسنا، فلم يُبْقوا (أي اليهود) لنا شيئاً. لم يتبقّ لنا حتى ما يكفي من الخبز والماء لإسكات جوع الأطفال وعطشهم. تركنا الجنود في الجبال، حيث هِمْنا على وجوهنا جياعاً، عراة، حفاة. ومن اليوم الأول للنزوح القسري، بدأنا صَوْم شهر رمضان الذي كان قد استُهِلّ منذ ثلاثة أيام. مات ابن عمي في الطريق ولقِيَت خالة زوجي وأولادها المصير عينه.

وفي تحليلها لهذه التجارب الصادمة والمؤلمة، تقول فاطمة قاسم إنها

أوثقت الرباط بين إسرائيل وفلسطين، وبات على الشعبَيْن التكيّف معها، كزوجين مرتبطين إلى الأبد بالفعل الجنسي. ولا بدّ لنا في هذا السياق من أن نستحضر إلى الذاكرة شعر محمود درويش الذي أرسى ثنائية الوطن والمرأة المعشوقة، فجعل من فلسطين امرأة يستميت لأجلها، ويحميها، ويقتل ذوداً عنها ويفتديها بحياته. إنه وصف أكثر فاعلية وإيجابية من ذاك المطروح عادة في النقاشات العديدة بشأن فلسطين والأراضي المحتلّة منها. فعندما تقول النِّساء «كان علينا أن ننقذ أولادنا وأن نقاتل دفاعاً عن حياتنا»، تصبح الهجرة خِياراً فاعلاً مترافقاً بهدف واضح. ذلك أن إنقاذ حياة الأطفال يمثّل إنقاذاً للعائلة بكاملها. ومع أن النِّساء اضطرِرْنَ إلى النزوح عن أرضهن، إلاّ أنّ نيّتهن بالعودة إليها تبقى ثابتة فيهن لا تتزحزح.

تقاليد مؤذية

كثيرات هنّ النِّساء، ممن أجريتُ معهن مقابلات، اللواتي تزوجن في سنّ مبكرة وعمدن إلى تزويج بناتهن في سنّ الثالثة عشر وأبنائهن في سنّ البلوغ. ويعود السبب في التمسّك بالزيجات المبكّرة بالنسبة إلى الفلسطينيين إلى ضرورة إعادة تشكيل مجتمع فاعل تعرّض أهله للطرد من قراهم وسُلِبَت ممتلكاتهم.

ومن المهم الإشارة إلى أن لزيجات الأطفال علاقة وثيقة بالحرب والاحتلال. ففي العراق المجاورة لفلسطين، خلّف الاحتلال الأميركي مليون أرملة. ولاحقاً، سمعت من الناشطات في المنظمات

النِّسْوِيّة وتلك المعنيّة بالرعاية الاجتماعية أن هذا البلد يكتنف على ثلاثة ملايين أرملة، قام عدد وافر منهن بتزويج بناتهن، حتى ولو كُنّ لا زلن قاصرات، بهدف إعالة العائلة. كما أن الزيجات المبكّرة تجد ما يسوِّغها، بل ما يجعل منها ضرورة، في حماية الفتيات من التعدّيات، بحيث يصلن كَنَفَ أزواجهن «عَذْراوات» فعلاً. ومن ناحية أخرى، نادراً ما تمارس النِّساء عملاً خارج المنزل، بسبب الشرائع الدينية التي تسوس شؤون العائلة وتقيّد مساهمة المرأة في المجتمع. في المقابل، تواصل المنظمات النسوية العمل على اقتراح مشروع قانون يحظِّر الزيجات المبكرة ويرفع السِّن القانونية لزواج الفتيات، وذلك في كافة أرجاء العراق. أما في فلسطين، فإن للزيجات المبكرة وظيفة وطنية تماماً كما هي الحال في المجتمعات اليهودية المتشدّدة المستوطِنَة في إسرائيل. وإن كان مشهد العائلات الفتية الكثيرة الأولاد مشهداً مألوفاً في بعض المناطق، فلأن الرابط بين الدين والسياسة فيها رابط متين للغاية. وفي الضفّة الغربية، حيث كانت ليَ لقاءات مع العديد من النِّساء الفلسطينيات، أُخْبِرْتُ بقصص مروّعة، بقيت واحدة منها عالقةٌ في ذهني لإقبال عائلة الفتاة موضوع القصة، على تزويجها ثلاث مرات متتاليات. وبهدف رفع قيمة مهرها، كانت الفتاة بين الزيجة والأخرى تُخْضَع لعملية جراحية ترميمية لغشاء البكارة.

قصة فاطمة

تعيش فاطمة مع عائلتها في مدينة بئر السبع، الواقعة اليوم في لواء الجنوب الإسرائيلي على بعد أحد وسبعين كيلومتراً جنوب غرب

القدس، وهي فلسطينية متديّنة بالإسلام. تقول فاطمة:

- ولدت في العام 1958 في إباني وهي إحدى قرى شمال فلسطين. ويعود أصل أمي إلى قرية واقعة في الجبال القريبة من الحدود اللبنانية، دمِّرت أُسوة بغيرها في العام 1948، عندما كانت أمي لا تزال في الخامسة عشر. وعندما بلغت السابعة عشر من سنيها؛ تزوجت من أبي وقد كان في الثامنة والعشرين وأقاما في إباني.

كانت فاطمة أول طفلة تولد للزوجين فعاشت حياة هانئة في كنف والدها. وسرعان ما أصبح لها أختان ولاحقاً ستة إخوة. كان أهل القرية يرون في والدها، أبو البنات الثلاث، «رجلاً مسكيناً». لكن فاطمة تتذكر من تلك الأيام جارة للعائلة التي قالت لها إن «الله كافأ والدها على عدم امتعاضه من أمها لأنها أنجبت له بنات، فرزقه ستة صبيان». في البدء، فهمت فاطمة من كلام الجارة أن الله مَنّ على عائلتها بالسلام لاكتنافها على ثلاث بنات. ومع تقدمها في السِّن، أدركت - وقد تراوح سنّها بين تسع وعشر سنوات - القصدَ من كلام الجارة التي، ومع أنها امرأة، لم تكن ترى في ولادة البنات فألاً حسناً أو مأثرة يُعتَدّ بها.

في طفولتها، لم تكن فاطمة على علاقة حميمة بأمها، بل كانت طفلة شقيّة وفوضوية تفضل عالم أبيها على عالم أمها التي مع ذلك علّمتها الاضطلاع بكافة الأعمال المنزلية من طبخ وخَبْز وتنظيف وغسيل وما إلى ذلك. لكن فاطمة، وعلى الرغم من المهام الشاقة الموكَلة إليها، كانت تجد وقتاً تمضيه برفقة أبيها وأترابه وهي لا تزال تذكر تلك الجلسات

التي كان الوالد يقرأ خلالها وبصوت عال مقتطفات من الصحف، سواء أكانت من تلك الناطقة باسم الحكومة أو من تلك الموالية للحزب الشيوعي.

ساحة القرية

كان وجهاء القرية جميعهم يأتون إليه، ومن بينهم الزعماء الروحيين. وتذكر فاطمة يوم طلب والدها من امرأة متدينة بالمسيحية وماهرة في التمريض (وهو ما خبِرَتْه منها عندما قدّمت لأحد إخوتها عناية تمريضية) أن تُحضر إلى الاجتماع المقبل، الكتاب المقدس، ما يدلّ على أن المسيحيين واليهود والمسلمين كانوا يعيشون سوياً بسلام ووئام. كانت في القرية كنيستان، ولكن المساجد كانت أكثر عدداً لكون غالبية سكانها يتديّنون بالإسلام. ولقد لاحظت فاطمة أن العائلات المسيحية ما كانت تعُدُّ الكثير من الأولاد وأنها في غالب الأحيان تتخلى عن القرية للاستقرار في المدن. وتعتقد فاطمة أن السبب في ذلك إنما يعود إلى كون المسيحيين أقليّة وإلى رغبتهم في نوعية حياة أفضل ولعلهم اعتقدوا أنهم سيفيدون من فرص أفضل إن هم حَلّوا في مجتمع تغلِب عليه الديانة المسيحية. لكنهم غالباً ما كانوا يكتشفون، لدى استقرارهم في الخارج، إنهم لا يحملون هوية عربية فلسطينية. في القرية، رأت فاطمة المسيحيين ينفقون الكثير من المال لتأمين التربية والتعليم لأولادهم، وبخاصة منهم البنات، مع أنهم ما كانوا أفضل حالاً من المسلمين اقتصادياً. كان للمسيحيين مدارس مخصّصة للبنات عمد الميسورون من المسلمين إلى إرسال بناتهم إليها. وبالعودة إلى تلك

الأيام، تعتقد فاطمة اليوم أن مدارس البنات ساهمت في نشر المعرفة ولعبت دوراً مهماً في إنشاء المجتمع الحديث. لا تزال فاطمة تذكر بضعة أمور دينية لفتتها في سلوكيات المسيحيين: فهم كانوا يقصِدون الكنيسة للصلاة عند منتصف الليل ويحتسون الخمرة، لكن ذلك كان بداعي الاحتفال بعيد ميلاد المسيح عليه السلام. كان والدها يجيز لها مرافقة صديقاتها المسيحيات، ما يظهر في رأيها سَعة أفقه وانفتاح عقله. وكان لفاطمة مدرّس ينتمي إلى القرية المجاورة حيث كانت غالبية السكان من الدروز والمسيحيين، وهي لا تزال تذكر معاملته الكريمة لها. وفي إحدى المرات، زارت برفقته كنيسة كاثوليكية، وعندما عادت إلى المنزل أخبرت والدها بالأمر، لكنه لم يأتِ بأية ردّة فعل. كانت تعلم أنه كان يقرأ من حين إلى آخر الكتاب المقدس الذي أحضرته له الممرضة، ولم يطل الأمر بفاطمة حتى أصبحت هي الأخرى تقرأ مقتطفات منه في الخفاء. وعندما رآها والدها تفعل لم يؤنّبها بل اكتفى بالقول إن عليها أن تداريه وأن تعيده إلى مكانه ما أن تفرغ من القراءة. في تلك الأيام، لم تدرك فاطمة السبب في تصرّف والدها الذي بدا لها غاية في الغرابة.

إن الانفتاح الثقافي والإنساني الذي نشأت عليه والوئام السائد بين العائلات الروحية في قريتها والجوار، جعلا فاطمة تَسْتغرب أشد الاستغراب، عندما حلّت في بيروت لمتابعة تحصيلها العلمي وإعداد رسالة الدكتوراه، للشّقاقات الدينية التي تنامت بين اللبنانيين خلال الحرب الأهلية (1975 - 1990)، والتي بقيت تولّد التوترات داخل المجتمع اللبناني على الرغم من انقضاء أكثر من أربعة عقود على نهاية

هذه الحرب.

لم تشهد فاطمة خلال طفولتها ومراهقتها مثل هذه التوترات التي تحيلها إلى ما تعتقد أنه مقاومة لتأثير الثقافة العربية، وهذه ظاهرة لم يعرفها جيل والدها البتة، إذا كان حتى لأولاد المسيحيين أسماء ذات أصول عربية ما عادت الأجيال الأفتى تعرفها وهو ما يستدعي البحث والدراسة. إن الأمر، في رأيها الشخصي، مردّه إلى أن المسيحية رديف للحداثة بالنسبة إلى بعض المسيحيين من الفلسطينيين وهو ما يوحي بالتالي بأن المجتمع العربي الإسلامي هو مجتمع «بعيد عن المدنِيَّة». خلال طفولتها التي أمضتها في القرية، كان المسيحيون أُسوة بالمتّحدات الدينية الأخرى، يعيشون في جماعات متباعدة. أما اليوم، فإن المجتمعات أضحت أكثر اختلاطاً، بحيث ما عادت الرموز الدينية تميّز الأفراد المنتمين إليها للعيان.

عندما كانت فاطمة ترتاد المدرسة، كانت تلميذة نجيبة ومتفوقة تُعفى كل عام من الأقساط المدرسية وتنال المكافآت. وعندما بلغت المرحلة الثانوية، أجيز لها، وبلا أية تعقيدات، بارتياد الثانوية في القرية المجاورة وقد كانت واحدة من أفضل المدارس في اللواء العربي من الأراضي المحتلة عام 1948. في البداية، كان عليها السير مدة نصف ساعة للوصول إلى المحطة ومنها كانت تركب الباص إلى المدرسة. وبما أن إقامة العائلة كانت في اللواء الإسرائيلي الذي ما كان يجاز فيه لوسائل النقل العام بالعمل أيام السبت (احتراماً للسَّبت اليهودي بوصفه يوم راحة وعبادة)، كان والدها يقلّها وأترابها في سيارته من دون أي مقابل

وهو ما تزال تقدّره له اليوم. وفي المرات القليلة التي لم يقلّهن فيها، كان المسير يطول بهن ساعات ثلاث. وفي الطريق، كن يَسْرِقْن بعض الفاكهة من البساتين ويَلُذْن بالفرار ضاحكات. وبعد تخرّجها من الثانوية، حصلت فاطمة على عمل في دار بلدية قريتها. تلك كانت أياماً جميلة ما زالت تدخل البهجة إلى قلبها.

تعود فاطمة بالذاكرة إلى الماضي، فترى سِني طفولتها تمرّ بهدوء وسلام. صحيح أن النزوح الذي واكب أيام الحرب الثلاثة في العام 1967 أثّر بهم عميقاً وبخاصة أن أصوات القذائف دفعت بهم إلى النزوح واللجوء إلى مكان آمن. كانت فاطمة وقتذاك في التاسعة من عمرها ولم يحضر في ذهنها إلا سؤال واحد أقلقها: أيعودون إلى منزلهم يا ترى؟ ولأنها عانت هي الأخرى من النزوح، تأثرت فاطمة للغاية بما روته لها اللاجئات الفلسطينيات اللواتي التقت بهن في سياق بحثها الميداني: عندما حلّت نكبة العام 1948، طردت العائلات من منازلها واضطر النِّساء والأطفال إلى المَبيت في الكنائس والمساجد ولم يسمح لهم بالعودة إلى ديارهم.

كانت فاطمة في طفولتها فتاة متمرّدة يتملّكها الفضول وحبّ الاستطلاع وهو ما كان يثير غضب والدتها فتضرِبها. وفي المدرسة، كانت تكثر من القراءة لدرجة لفتت معها أنظار مدرّسيها وأترابها الذين ما كانوا يدركون قدرتها على فهم ما تقرأ، لكنها كانت تفهم فعلاً. فرح بها والدها وخصّها بمعاملة طيبة وكان فخوراً بها، يريد لها مستقبلاً مشرقاً تكون فيه طبيبة أو نائبة في البرلمان، لاقتناعه بأنها لا

تعرف المستحيل.

تلك كانت نقطة مِفصليّة في حياة فاطمة التي حُظِّر على والدتها بعدَها ضربها أو تحقيرها، مع أنها كانت تفعل من وقت إلى آخر. وعندما تتبصّر فاطمة في الأمر اليوم، يتبيّن لها أن والدتها ما كانت تعنّفها إلا لشعورها بالكبت والإحباط حَيال النجاحات التي قدرت ابنتها على تحقيقها وهي بعد صغيرة السِّن، في حين لم تأتِ هي بأي فعل يميّزها أو بأية مأثرة تحقّق ذاتَها بموجبها.

ثَمّة ذكرى لا تزال تؤرق فاطمة اليوم، وهي ذكرى صرخة دوّى بها صوت أمّها في إحدى الصباحات وانفطرت لها قلوب مَنْ في البيت. يومها، كانت فاطمة في السابعة عشر من عمرها. رأت والدتها تخرج على عجل من المنزل الذي لم تعد إليه إلا بعد أسبوع وقد اتشحت بسواد الحداد. لم تفهم فاطمة من الحادثة إلا أن أحد أخوالها لقي حتفه قتلاً على يد أخيه. ولقد اقتضى الأمر بضعة سنوات لتتبيّن فاطمة حقيقة ما جرى في ذلك اليوم المشؤوم. إذ حكت لها إحدى خالاتها أن القتيل كان متهماً بالعمالة لمصلحة الموساد الذين قدروا على تجنيده في خدمتهم وهو الذي كان يعمل بستانياً في واحدة من المستوطنات الجماعية الإسرائيلية الزراعية. أما الأخ الذي قتله، فهرب إلى لبنان وحاول أن يجد له ملاذاً لدى منظمة التحرير الفلسطينية التي، لانعدام ثقتها به، امتنعت عن مساعدته وعمدت إلى تسليمه إلى السلطات اللبنانية، فقامت الأخيرة بترحيله إلى إسرائيل حيث قبع في السجن عشرين عاماً عقاباً على جريمته. كان هذا سرّاً أخجل العائلة لزمن طويل فتكتّمت

عليه. لا تزال فاطمة تذكر الدموع التي ذرفتها الخالة في ذلك اليوم أسفاً على ابنَيْها القاتل لأخيه والمقتول على يد أخيه وعلى أولادهم اليتامى. وعندما طال الحداد بأمها، تذمّر والدها من ثوبها الأسود لافتاً إلى أن العرب والمسلمين لا يرتضونه لأن فيه شيئاً من الاعتراض على القدر الإلهي وهو ما لا يجوز.

تذكر فاطمة أيضاً ذاك الرجل الذي اقترب منها يوماً في الطريق، محاولاً التحرّش بها. لم تسكت على الأمر بل جرؤت على إخبار جدتها لأبيها به، فعزمت الجدة على تلقين صاحب الفعل المشين درساً. راحت تترقب مروره، وما أن رأته حتى تبعته وعاينت تحرّشه ببعض فتيات القرية اللاتي انبرت مدافعةً عنهن بأعلى صوتها فأخجلته وحقّرته أمام الناس. وإن كانت فاطمة عاشقة لجدتها فلأنها تفهّمتها وصانت كرامتها وكانت لها رمزاً يُحتذى في الشجاعة والعِزّة، خلافاً لجدّتها لأمها التي اعتادت الشكوى بمرارة عوض الفعل. مع ذلك، عذرتها فاطمة لعلمها بالمحيط الذي نشأت فيه والتقاليد التي تربّت عليها.

يوم كانت فاطمة في المدرسة المتوسطة، طالعها أستاذ اللغة العربية بسؤال عن اسمها. لماذا أسماها والدها فاطمة؟ أتَيَمُّناً بابنة الرسول أم تمثّلاً بالأديب اللبناني مارون عبود الذي، وهو المتديّن بالمسيحية، أعطى ابنته اسماً مسلماً خالصاً؟ شعرت فاطمة يومها بالفخر، لكون الأستاذ جمع والدها بالأديب الكبير في جملة واحدة[52].

---

(52) إنه مارون بن حنا بن الخوري يوحنا عبود (1886 - 1962)، أبرز أدباء لبنان في العصر الحديث؛ نقّادة عظيم ذو أسلوب ساخر ومحلّل بارع ومعلّم ماهر وصحفي وقاصّ

الحبّ

أخبرتني فاطمة «بالرجل الوحيد في حياتها» وقد التقت به يوم تخرّجت من الثانوية. كان مصرّاً في تودّده إليها لدرجة انتهت معها إلى الموافقة على أن يتقدّم لطلب يدها من أهلها، شريطة أن يساعدها على دخول الجامعة. وافق والدها على زواجها لكنه هو الآخر اشترط على العريس ارتضائه أن تكمل فاطمة تحصيلها الجامعي وهو ما حصل. كان على فاطمة أن تتقدم لامتحان الدخول. يومها كانت والدتها في المستشفى بمعيّة إحدى بناتها المصابة بمرض السكري، فعمد والدها إلى مرافقتها إلى جامعة تل أبيب، وانتظرها طوال ست ساعات حتى فرغت من تقديم الامتحان. وعندما صدرت النتائج، تبيّن قبولها في كليتين لا غير: كلية الآثار وكلية التاريخ في جامعة بئر السبع.

إذ ذاك قصدت فاطمة بئر السبع محمَّلة بمتاعها لتبدأ فيها حياة جديدة مكرّسة للعلم. لم يمرّ الأمر بلا مشاكل، بل إن أحد الأقارب

وكاتب وشاعر. كان مارون عبود مثقّفاً ثقافة عالية، سريع البديهة، شهد له عارفوه بالصفاء والصدق والنزاهة والموضوعية والطُّرْفة الحاضرة. وكان خالص العروبة قولاً وفعلاً، وقد سخّر قلمه وعلمه لهذه القضية. ففي مراسلاته لأدباء العربية شيءٌ غيرَ قليل من ذلك، وقد كان في هذا المجال علَماً يؤخذ برأيه، بل ذهب في عشقه للعروبة حَدّ قوله: «سمّيتُ ولدي محمداً نِكايَةً بوالدي الذي سَمّاني مارون»؛ وسمّى ابنته فاطمة. وقد قال شعراً في هذا المجال:

خَفِّفَ الدهشةَ واخشَع إن ... رأيتَ ابن مارونٍ سَمِيّاً للنّبي

أمُّـــه مــا وضعتــه مسلمـــاً ... أو مسيحيّـــاً ولكـــن عـــربي

حَبَّذا اليـــوم الذي يجمعـــنا ... من ضِفافِ النيل حتى يَثْرِبِ

عن المعرفة وقد زرت موقعها الإلكتروني https://m.marefa.org في 30 أيلول/ سبتمبر 2021، الساعة الرابعة صباحاً. (م.)

لحق بالأب وابنته إلى محطة الباصات محاولاً منع الأخيرة من الذهاب وسائلاً والدها بأعلى صوته: «كيف ترسل ابنتك بعيداً عنك؟» أجابه الوالد بهدوء لا يخلو من الفخر: «اهتم ببناتك ودعني أهتم ببناتي!» تلك كانت كلمة الفصل وغادرت فاطمة على متن الحافلة قاصدة الجامعة في بئر السبع.

مرّت الشهور وحلّ نيسان/ أبريل. وفي أحد أيامه، لحقت فاطمة، وقد كان زواجها مرتقباً في تموز/ يوليو، بخطيبها إلى محطة الباص ونزعت خاتمها قائلة: «إنه لك، خذه!» تُقِرّ اليوم بأن فعلها يومذاك كان قاسياً للغاية. لكن «فَسْخ» الخطوبة حصل بلا مشاكل ولا مشاعر تذكر، لا من قِبل مَنْ كان سيكون لها زوجاً ولا من قبلها، مع أنهما كانا قد اقتنيا كل مستلزمات المنزل الجديد. وفي اليوم التالي، قصدت فاطمة والدها للزيارة، عالمة بأن فعلها سيتسبب بلا شك باضطرابه. أخبرته بما حدث في حضور العائلة المجتمعة للنظر في الأمر. افتتح أخوها الأكبر الكلام بسؤال والده: «ما رأيك؟». أجاب الوالد: «لم أسمع ما قالته». كانت تلك نهاية النقاش. مع ذلك، وجب على فاطمة أن تتكيّف مع زواجها الديني لأكثر من ثلاث سنوات لرفض خطيبها بل زوجها في نظر الشريعة، إلغاءه. لكن في أحد الأيام، قرّر «منحها» الطلاق، لكونه التقى بامرأة أخرى، فتحرّرت فاطمة من عهدها له.

وفي شهر تشرين الثاني/ نوفمبر من ذلك العام، التقت فاطمة بالرجل الذي سيكون لها زوجاً، في صف اللغة الإنجليزية في الجامعة، لكن علاقتهما تطورت لاحقاً. كانت فاطمة تعيش في بئر السبع حياة

امرأة مستقلة. وفي أحد الأيام، ذهبت لزيارة والدها وأبلغته بنيّتها بالزواج، فإذا به يُصْعَق لا للخبر بل لكونها اختارت، وهي التي نشأت في بيئة متحرّرة، رجلاً ينتمي إلى بيئة دينية متشدّدة تقيم في المنطقة الفاصلة بين إسرائيل وفلسطين. عادت فاطمة إلى الجامعة ومضى شهر لم يصلها خلاله أي خبر من والدها. عندما عادت لزيارته، قالت له: «أنت من يقرر منحي البركة أو عدمه. القرار قرارك». كسر هذا القول الجليد بينهما واستسلم والدها لرغبتها. زفّت الخبر إلى زوجها المستقبلي ففرح به ولكنه راح يجتهد هو الآخر في إقناع أهله بصوابية خياره، وهم الذين كانوا يرَوْن في كنّتهم الموعودة امرأة متمدِّنة للغاية ووليدة بيئة متحرّرة لا تناسبهم، وخَشَوْا ألا يتمكنوا من التعايش معها.

دامت الخطوبة سنة كاملة، وكان القران في العام 1984. وسرعان ما ولدت فاطمة ثلاثة أبناء على التلاحق. وفي يوم كانت فيه حاملاً بطفلها الثاني، قصدت فاطمة القابلة، التي سألتها ما إذا كان لها أولاد. فأجابتها بأن لديها طفل ينتظر عودتها إلى المنزل. فقالت القابلة لزميلتها: «هؤلاء البدو مباركون دائماً بالصِّبية». فردّت فاطمة قائلة إنها ليست بدويّة، غير أن القابلة اعتقدت ذلك لأن اسمها «فاطمة». وعندما رزقت بابنها الثالث، كانت الانتفاضة الأولى (1987) تعصِف بالأراضي الفلسطينية المحتلة، التي كان كل يوم فيها يشهد سقوط أكثر من عشرة قتلى ويصطخب بعشرات التظاهرات التي كانت تغُصّ بها الطرقات حول الجامعة. أمضت فاطمة تلك الحِقبة بالبكاء المرير.

وقتذاك، كانت عائلة فاطمة تقيم في منطقة يهودية عادية في بئر

السبع، حيث رأت يوماً جنوداً إسرائيليين يسحقون النوافذ ويدمرون الممتلكات، فأيقنت أن العنف بات على قاب قوسَيْن أو أدنى من الحيّ الذي تقطنه، حيث درجت كل عائلة يهودية على تعليق إشارة ترحيب على بابها. كان باب فاطمة يحمل الشارة عينها. إذ عندما حلّت بمعيّة زوجها في البيت، وقد كان ملكاً لعائلة فلسطينية وكانت الشارة على الباب، لم يزعجهما الأمر ولم يبادرا إلى رفعها. وفي أحد الأيام، فوجئت بالحاخام محاولاً تمزيق الشّارة. ولما سألته التوقف أتاها جوابه سريعاً، إذ قال لها قبل أن يمضي غير آبه باعتراضها: «إنه من العار على اليهود أن تبقى شارتهم الترحيبية على باب عائلة فلسطينية». تندمُ فاطمة اليوم لكونها لم تصِرّ على الحاخام بما يضمن بقاء الشارة فوق بابها وتدركُ أن تصرفه كان تعسفياً، ملؤه التعصب العنصري والديني الأعمى.

وعندما كانت على وشك وضع ابنتها، قصدت مستشفى التوليد بمعيّة زوجها ووجب عليهما الجلوس في غرفة الانتظار. وسرعان ما دخل زوجان يهوديان وراحا يتسببان لفاطمة بالإزعاج. فما كان من زوجها إلا أن طلب منهما برفق وتهذيب التزام الهدوء وانتظار دورهما. لكن اليهودي رفض الطلب وانبرى صارخاً بأعلى صوته: «متى نال الفلسطينيون حقّ رفع صوتهم في حضرتنا؟». لم يكن أمام فاطمة إلا أن تطلب من الممرضة إحضار عناصر أمن المستشفى، وبخاصة أن دورها بات قريباً. لبّت الممرضة طلبها وحضر عنصر الأمن وسألها ما إذا تودّ التقدّم بشكوى ضدّ الرجل، مما قد يعرّضه للمحاكمة. ردّت فاطمة أن تقريراً يصف ما حدث إجراء كاف. غير أن الشرطي كتب في التقرير

إن المستدعية (أي فاطمة) تريد من السلطات تحذير الرجل. وبعد ولادة ابنتها، عادت فاطمة إلى منزلها ونسيت أمر التقرير. لكن في يوم من الأيام، وصلتها رسالة من الشرطة، فيها تأكيد على أن الرجل نال التحذير بناء على رغبتها. أثارت الرسالة في نفسها الاستياء والارتياح في آن: الاستياء لتجاهل رغبتها (فهي ودّت الاكتفاء برفع تقرير) والارتياح لأن شكواها لقيت آذاناً صاغية، فأُنّب الرجل ولم يتسبب بأي ضرر لها أو لأسرتها.

صحيح إن كل هذه الأمور حوادث لا يعتَدّ بها لكنها، على بساطتها، علَّمت فاطمة الكثير بشأن النزاع القائم، ما ذكّرها بتلك الحادثة المشؤومة التي قَتَلَ خلالها أخٌ أخاه. أدّى بها الماضي والحاضر إلى الإقرار بخُبْث الأقدار التي تفاجئك في بعض الأحيان بحدوث ما لم تتنبأ به.

بقاء فاطمة وأسرتها في إسرائيل

في العام 1948، كانت والدتها في الثلاثين من عمرها. حضر الجنود وعلى رأسهم قائدهم. قال إنهم جوعى وسألها أن تحضّر لهم ما يأكلونه. التقطت من القِنّ بضعة دجاجات مسنّات اقتضى طَهْوُها ساعات. عندما فرغ الجنود من الطعام، أمروا مجمل أهالي القرية بمغادرة البلاد وبالتوجّه إلى لبنان. قال قائدهم: «ارحلوا ولن يصيبكم مكروه!». نصحت الجدة صهرها بالاختباء وزوجته في الجبال بمعية أصدقاء دروز ثم اصطحبت أولادها وقصدت مخيّم الرشيدية في لبنان الذي دخلته بعد أن زوّرت إمضاء زوجها. هكذا بقي والدا فاطمة في تلك

الأرض التي كانت إسرائيل ماضية في احتلالها. لم يبقَ في ذهن فاطمة إلا فتاتاً من هذه القصة التي حَكَوْها لها، وهي تسعى اليوم إلى التحقق منها من خلال لقائها بخالتها المقيمة في مخيّم الرشيدية، حيث لن تنسى مقابلة خالها، ذاك الذي حكم عليه بالسجن لقتل أخيه، وسؤاله عما جرى معه حقّاً، علماً أن ابن الرجل أدّى خدمته العسكرية في جيش الاحتلال الإسرائيلي، وهو ما تعتبره فاطمة ضرباً من الجنون. إذ كيف له أن يفعل ذلك ووالده محكوم بالسجن المؤبّد عقاباً له على اقترافه خيانة بحقّ الدولة الإسرائيلية يوم قتل أخاه وقد كان أحد عملاء الموساد.

تنامي الوعي

في العام 1991، ذهبت فاطمة إلى واشنطن برفقة زوجها الذي قُبِلَ طلبه بإجراء دراسات متقدمة في الطِّب بعد حيازته شهادة الدكتوراه. في البدء لم تصدق إدارة جامعة بئر السبع الخبر، بما أنه لم يكن لفاطمة أو لزوجها أي أصدقاء في الولايات المتحدة، وبما أن الأهل، باستثناء والد فاطمة، كانوا جميعهم أمّيين. بعد عام على متابعته دراسة الطب، أراد زوج فاطمة العودة للإقامة مع أهله في بئر السبع، حيث حاول الحصول على عمل. لكن مساعيه باءت كلها بالفشل، ما عنى بالنسبة إلى فاطمة ضرورة العيش سنة إضافية في الولايات المتحدة، والبقاء وحدها في المنزل تُعنى بأولادها لاثنتي عشرة ساعة في اليوم كان زوجها يمضيها في المستشفى الجامعي.

غير أن السنوات التي أمضتها في الولايات المتحدة الأميركية سنحت

لها التفكير عميقاً بالوضع المعقّد الذي كانوا يعيشونه كما عزّزت من وعيها السياسي. إذ بدأت تنظر إلى القضية الفلسطينية من خلال منظور أوسع سمح لها بوضعها في السياق السياسي الأشمل للشرق الأوسط والعالم. وسرعان ما راحت تلتقي بالسياسيين من كل أنحاء العالم، ما ساعدها على فهم وضع سوريا للمرة الأولى، وعلى إدراك ماهية المَحْجر الذي كانت تعيش فيه مقارنة بالآخرين المحيطين بها. كما أن هذه السنوات «الأميركية» استرعت اهتمامها بكيفية عمل السلطة على العموم، وتلك النَّافذة في المجتمع الإسرائيلي على الخصوص. وفي تلك الحِقبة من حياتها، تزامن تنامي وعيها السياسي وشعورها بالكبت حَيال الوضع السياسي الشائك في منطقة الشرق الأوسط وما يرخيه من تداعيات على القضية الفلسطينية.

بعد مضي ثلاث سنوات من العمل في الولايات المتحدة حيث كان لفاطمة أصدقاء يهود، حصل زوجها أخيراً على فرصة عمل في مستشفى بئر السبع وعادت الأسرة لتستقر في هذه المدينة، حيث باتت تعدّ خمسة أطفال.

الانتفاضة

تعود فاطمة بالذاكرة إلى النزوح الثاني الذي تعرّض له أهلها، أي إلى حِقبة الانتفاضة. في تلك الأيام، كانت تعمل مدرّسة في الثانوية، حيث قام اثنان من تلامذتها بكتابة شعارات على الجدران، ومنها «عاشت الانتفاضة؛ عاش الشعب الفلسطيني»، أدّت بهما إلى الاعتقال

والاستجواب على يد عناصر الأمن الإسرائيلي الذين أرسلوا في طلبها هي الأخرى للاستجواب. رفضت فاطمة الامتثال للطلب وقالت لمدير الثانوية إن عليهم المجيء إليها إن كانت لديهم أسئلة. غير أنه نصحها بعدم استثارة المشاكل وبقصد المركز، حيث ما لبثت أن أُخضِعت للاستجواب. قالت فاطمة إنها تدرّس مادتيّ التاريخ والعلوم الاجتماعية وأنها تلتزم بالمحاذير «الأمنية» التي تضبِط الكلام في هذه وتلك. طمأنها عناصر الأمن إلى أن طريقتها في التدريس لا تستثير ارتيابهم ولكنهم يريدون معرفة ما يقوله زملاؤها وما يدرّسونه من مواضيع. ثارت ثائرة فاطمة وراحت تصرخ في المحقّق: «ماذا تقول؟ أتريدني أن أتجسّس على زملائي؟ هل جنِنْت؟». خرجت من المديرية على عجل وقصدت رئيس بلدية المدينة وشكت له غاضبة ما طلبه منها عناصر شرطته.

تذكر فاطمة كذلك أن زوجها، أيام شبابه، عمل مدرّساً في مدرسة يهودية حيث نال إعجاب المدير الذي أوصى به مركزاً عربياً أعطاه فرصة عمل. لكنه سرعان ما طُرِدَ من المدرسة اليهودية والمركز العربي على السواء. غير أن عمله في هذه وذاك سمح له بجمع بعض المال لاستكمال تخصّصه في الطب. وتقول فاطمة مازحة إن الموساد هو الذي منح زوجها شهادة الدكتوراه. ومنذ سنوات قليلة، كتبت فاطمة في الموضوع مقالة ضمّنتها نقداً للسياسة الفلسطينية التي أجازت بقسمة المجتمع الفلسطيني بين الموالين للسلطة الفلسطينية والمعارضين لها، لكن المقالة لم تنشر.

أخبرتني فاطمة عن أولادها الذين يرتادون مدرسة يهودية، عادت منها ابنتها في أحد الأيام بفرض في التاريخ. كان موضوع النص معركة إنتيبيه (Entebbe) وفيه أن الجنود البواسل أنقذوا الأطفال من القتل. سألت فاطمة ابنتها عمّن يريد قتلهم، فأجابت: «العرب والمسلمون». ثم سألتها: «وهل أنت مسيحية؟» قالت: «لا ولكنهم مختلفون عنا». وسرعان ما طالعتها ابنتها الثانية بخبر مفاده أن أستاذ اللغة العربية قال لهم عقب الهجوم على غزّة أنهم إن درسوا العربية جيداً فإن فرصهم في الحصول على عمل يجنون منه المال الكثير لدى وكالة الاستخبارات الأميركية كبيرة. سألت الابنة أمها: «إن استطعت العمل لدى وكالة الاستخبارات الأميركية وجني الكثير من المال فهل هذا يعني أنه سيتوجّب عليّ التجسّس على عرب مثلنا؟». ثم أخبرتها ما تعلّمته في صفّ التاريخ، قائلة إن «اليهود كانوا في هذه الأرض عندما احتلها العرب». صعق زوج فاطمة بما أخبرته وقصد المدرسة في اليوم التالي طالباً مقابلة المدير الذي استمع إلى شكواه وقال له: «هذه بلادنا وهذا هو تعليمنا. إننا ندرّس ما ينبغي تدريسه للتلامذة سواء ارتضيتَه أنت الفلسطيني أو لم ترتضِه!».

فاطمة وأبحاثها

تدرّس فاطمة مقرّر «الجَنْدَر [أو النوع الاجتماعي] والنزاعات» في الجامعة وهذا وضع جيد تقِرّ بأنها تُحْسَد عليه. وفي هذا السّياق، انضمت بموجب مشروع بحثي إلى باحثة يهودية تعمل في مركز للأبحاث في أورشليم/ القدس. وعلى امتداد عامين، قامتا بمقابلة ثماني عشرة امرأة

فلسطينية ويهودية سَرَدْنَ لهما سِيَرَهُنّ. كان الهدف من البحث بناء الجسور بين النِّساء في المجمع الإسرائيلي - الفلسطيني بما يضمن تنامي فهمِن لبعضهن بعض على الصعيدَيْن النفسي والفلسفي. ما لبثت فاطمة أن عزمت على إعداد كتاب تعرِض فيه لتجاربها كامرأة فلسطينية تعيش في أراضي 48 ولسرديات النِّساء. وفي هذا الكتاب، تشرح فاطمة كيف تعيش النِّساء الفلسطينيات واليهوديات سويّاً في مجتمع كمجتمعهن تكثر فيه النزاعات الداخلية، وذلك بهدف استخلاص العِبر من تجاربهن الناجحة. وأضافت فاطمة أنه لا بدّ للناس في هذه المنطقة من القَبول بالعيش جنباً إلى جنب، في الحيّز الجغرافي عينه، أيّاً كانت أصولهم وانتماءاتهم وخلفياتهم العقائدية الدينية والسياسية، وأيّاً كان الحلّ الذي سينتهي إليه النزاع، علماً أن العيش المشترك هو الحلّ الوحيد وكل ما غيره باطل. وتتوقف فاطمة عند جماعة من اليهود المتشدّدين للغاية الذين يفرِضون على مَن يزور أحيائهم احترام القوانين المحلّية التي تسوسها.

لكن في نظر فاطمة، ينبغي على السكان جميعهم احترام القواعد والقوانين التي أرسيت بالتوافق لضمان حُسن إدارة شؤون المجتمع، وهذا ليس أمراً صعب التحقيق إن تضافرت النوايا الطيبة والجهود الحثيثة.

شعب منزوع التاريخ

غالباً ما تحيل فاطمة إلى ما حصل مع ابنتها في المدرسة، التي عادت

منها يوماً قائلة لها إن المدرّس لفتها إلى أن الأرض حيث تقيم ليست وطنها، بما أنها تعيش في دولة يهودية، وإلى أن هذه الأرض وطن لليهود وليس للفلسطينيين. استاءت فاطمة جداً لما سمعته من ابنتها، وانبرت تقنعها بأن هذه الأرض وطنهم أيضاً وبأن ليس لهم أي وطن آخر. صحيح أن فاطمة ربَّت أولادها على المحبة والشغف بالحياة، لكنها لم تعلمهم يوماً بأنهم بلا وطن... وتقول فاطمة إن إحدى المشاكل الأساسية في البلاد هي تلك التي يطرحها حق المدرّس في تدريس وجهة نظره الخاصة في المواضيع، وذلك عملاً بقانون التعليم المدرسي. ومع أن الحادثة أثارت امتعاضها الشديد، لا بل أرّقتها لوقت طويل، إلا أنها سمحت لها بإدراك فشلها كأمّ في حماية ابنتها من المجتمع الذي تعيش فيه. ولكنها سرعان ما أيقنت أن لا مسؤولية شخصية لها ولا ذنب فيما تعلّمته ابنتها في المدرسة.

وثَمَّة حادثة أخرى تذكرها فاطمة: في أحد الأيام، دخل ابنها وقد كان في الثالثة والنصف من عمره، في نزاع مع أحد أولاد الجيران، الذي صرخ فيه قائلاً: «إنك عربي وسخ!». فإذا بابن فاطمة يضع يديه على خاصرتَيْه في وِقفة تأهُّبِيّة للهجوم، ويصرخ بغريمه قائلاً: «أنت هو العربي الوسخ!» ولقد أوضحت هذه الحادثة لفاطمة كيف أن التعصّب العنصري في المجتمع هو أمر وجب عليهم دائماً مواجهته والردّ عليه، وهذا ما جعل من ابنها، عندما بلغ سنّ الرشد، شاباً يعتمل عقله بالنقد والشكّ. زِدْ على ذلك، أنه رافق أمّه مرتين إلى برلين حيث أقاما كل مرة لِحقبة طويلة نسبياً تلبية لضرورات إعدادها لرسالة الدكتوراه، وهو

ما ساهم في انفتاح عقله وفي تنمية حسّه النقدي. وفي برلين، لاحظت فاطمة أن الرجال يضطلعون بمسؤولياتهم الأبوية، وأسفت لرؤية النِّساء العربيّات عموماً تدفع ثمن هذا التقصير لعدم احتكامهن على أي نفوذ في المجتمع.

الحقّ في الوطن

في آخر يوم من الزيارة، طِفْت بمعية فاطمة في أرجاء بئر السبع وجوارها. كانت تلك مناسبة أفادت منها لتعود بالذاكرة إلى التاريخ وتتوقف عند الجنرال إدموند ألنبي (1861 – 1936)، الضابط الذي قاد الاحتلال البريطاني لفلسطين (1917 – 1920) ودخل الأراضي المقدسة في القدس، وكان ضالعاً، وإن جزئياً، في التحضير للدولة الصهيونية، وذلك قبل إعلان تأسيسها في العام 1948 بسنوات عديدة، بموجب الانتداب البريطاني على فلسطين في العام 1920 والعهد الذي قطعه رئيس الوزراء البريطاني آرثر بلفور (Arthur Balfour) لروتشيلد.

أثناء تجوالنا في بئر السبع، مررنا بمسجد كان قِبلة المصلّين خلال الاحتلال البريطاني، لكنه تحوّل بقرار من الحكومة الإسرائيلية إلى متحف، ما أدّى إلى نشوب نزاع قانوني بين الفلسطينيين الذين طالبوا باستعادته كمكان للصلاة بينما أصرّ اليهود على إبقائه متحفاً. من حيث المبدأ، لا تجد فاطمة ضَيْراً في استخدام أماكن العبادة لغايات أخرى غير تلك الإيمانية، كتلك الكنائس التي زارتها في أوروبا وتركت في نفسها أجمل انطباع. لكن انتهاك الحكومة الإسرائيلية حُرْمَة المساجد وسلبها

قيمتها الرمزية بهدف فرض هيمنة قواتها العسكرية على الفلسطينيين والإمعان في إذلالهم، فهذا ما لا ترتضيه فاطمة البتّة.

خلال هذا الاستذكار للماضي المتزامن وتجوالنا في حاضر بئر السبع، توقفت فاطمة عند تلك الحِقبة التي شهدت عودتها وزوجها من الولايات المتحدة الأميركية وسعيهما إلى إنشاء مدرسة للأولاد الفلسطينيين تدرّس المقررات بالعربية لا باليهودية، وهي لغة إسرائيل الرسمية. وبمعيّة مجموعة من الأولياء الفلسطينيين، بادرا إلى الاتصال بالسلطات المعنيّة في المدينة بغرض استملاك بناء عربي قديم والعمل على إعادة تأهيله بحيث يصلح لاستضافة مدرسة. لكن كل المساعي التي بذلوها باءت بالفشل، بسبب رفض آريئيل شارون القاطع، وهو كان وقتذاك يشغل منصب رئيس البلدية ويرى في المشروع محاولة لإعادة الاستيلاء على بئر السبع التي كانت لها مدرسة ناطقة بالعربية في العام 1948. ونتيجة المتابعة الحثيثة، نجحوا في تحقيق المشروع، وأضحى لبئر السبع مدرسة تعتمد الضّاد لغة للتربية والتعليم. وفي سياق الحديث، لفتتني فاطمة إلى أن بئر السبع كانت، لدى عودتهم من الولايات المتحدة، مدينة فلسطينية وإن لم يكن فيها وجود للدولة الفلسطينية. أما اليوم، فإنها تَعُدّ مئتي ألف نسمة، من بينها أربعة آلاف عائلة فلسطينية.

وفي الطريق، مررنا بمنطقة كان الفلسطينيون يقيمون فيها لكنها استأصلت عن بِكْرة أبيها لتحلّ مكانها أبنية ومنشئات جديدة. وبهذا التدمير المنهجي للأبنية الفلسطينية القديمة، جرّدت إسرائيل أهل بئر السبع من تاريخهم وذاكرتهم وأحلّت مكانهما شيئاً جديداً كما لو أنهما

ما كانا موجودَيْن أبداً. ومردّ هذا بحسب فاطمة إنما هو تحقيق هدف إسرائيل الأول والأخير، أي إنشاء مجتمع يهودي أكثر فأكثر أصالة.

وفي نهاية تطوافنا في بئر السبع، أسرّت لي فاطمة بأنها على الدوام غرض لتحقير زملائها في الحياة اليومية العملية. فالهيمنة اليهودية أمر شائع في الجامعة حيث يقدّمها زملاؤها بوصفها «عربية إسرائيلية» مع أنها لا تنفكّ تصحّح زعمهم هذا مشدّدة على أنها «فلسطينية حاملة للمواطنية الإسرائيلية». ومرة جديدة، عادت فاطمة بالذاكرة إلى سنوات خلت عاشتها في برلين حيث أتتها طالبة يهودية نضج وجهها بالاضطراب، ولما سألتها فاطمة عن السبب فيه، أجابتها: «لا عهد لي بأستاذة جامعيّة تحمل اسم فاطمة. ففاطمة بالنسبة إليّ الخادمة التي تنظّف منزلنا».

قصة فرانسيس، باحثة يهودية في إسرائيل

ولدَت في العام 1944 واسمها فرانسيس ليڤيغستون (Frances Livingstone)، وعندما تزوجت اقترن اسمها الأول باسم عائلة زوجها راداي (Raday). لكنها تقول اليوم إنها لو كانت آنذاك على دراية بالفكر النُّسوي لكانت تمسّكت باسمها الأول. تنتمي فرانسيس إلى الطبقة الوسطى. كان والدها طبيباً ووالدتها صاحبة اختصاص في القانون والمحاماة، لكنها لم تزاول المهنة قطّ. تعود فرانسيس في منبتها إلى مدينة مانشستر الواقعة شمال شرق بريطانيا، وبحكم عمل الوالد، لم تقطُن العائلة في أحد الأحياء اليهودية التقليدية بل في منطقة مختلطة، حيث

كان المرضى العائدون في معظمهم إلى الطبقة العاملة، يؤمّون عيادته.

في بداية مسيرتها لتحقيق ذاتها، لم تَلْقَ فرانسيس أي تقدير من عائلتها التي رفضت الإقرار بأحقيّة مطامحها وشكّكت في أن نتائجها المدرسية تجيز لها الدخول إلى الجامعة. لكن فرانسيس تمسّكت بحلمها وثابرت في جهودها حتى كان لها ما أرادت، فأصبحت أفتى نساء عائلتها تحرّراً، بل ربما المرأة الوحيدة التي شقَّت لها طريقاً واعداً خارج بيئتها الأصلية. في تلك الأيام، أي في العام 1961، لم تكن فرانسيس ترتضي الانتماء إلى أية مجموعة محددة، لا عرقية ولا دينية ولا قومية. وعندما دخلت رحاب جامعة لندن وجدتها مصطخبة بالحياة متّسِعة للتعدّد الثقافي ومرحّبة بلقاء الناس بعضهم ببعض، أيّاً كانت أصولهم ومواطنهم. وكانت الجامعة تعيش تحت تأثيرات اشتراكية راديكالية قوية، وتعترف بالاختلاف أكان عرقياً أو دينياً أو ثقافياً، بل وبكل ألوان البشر. لذا وجد أهل الإلحاد فيها موقعاً يُعمِلون فيه فكرهم بلا حرج ولا خجل. ومن جهتها، لم تشعر فرانسيس يوماً بفوقية جماعة على أخرى أو بهيمنة هذه على تلك، بل إن الفضاء الجامعي كان مُتّسعاً للجميع، مُخْتلجاً بالطاقة الإيجابية التي عزّزت من اندفاعة فرانسيس باتجاه الانفتاح على الغيريّة والانتفاع بالعلم.

تفسّخ العلاقة العائلية

تقول فرانسيس إن الأسباب الكامنة وراء تمرّدها كثيرة ومختلفة. كانت سنّها تتراوح بين الحادية عشرة والثانية عشرة عندما اكتشفت

أن اليهود يعامَلون بطريقة مختلفة، فبحثت عن الأمر في الكتب التي أعلمتها بانتمائها إلى مجموعة كان يُنْظَر إليها بوصفها من غير البشر، كالديدان الطفيلية. ومنذ هذا الاكتشاف الذي صدمها، راحت فرانسيس تختبئ في خزانة الملابس، وتعاني أثناء نومها من كوابيس تظهر لها أولاداً في سنّها يُخْضَعون للفظائع. غير أن الأمر أثّر فيها بطريقة مختلفة إذ دفعها إلى إدراك وجوب التعاطي مع المختلفين عنها بطريقة متأنية. لم تخبر أهلها بما قرأته ولا بما تذهَّنت به. ولعل تلك هي اللحظة التي بدأ فيها تمرّدها. وهي اليوم لا تزال تستغرب كيف أنها، يوم فهمت تاريخ قومها، لم تفاتح أحداً بما اكتشفته بشأنهم. وثَمّة سبب آخر دفعها إلى التخلّي عن العادات والتقاليد التي نشأت عليها، كمن في البيئة التي كانت تنتمي إليها، وهي بيئة الطبقة الوسطى اليهودية الصارمة التنظيم والخالية من أية حوافز فكرية وثقافية.

عندما وصلت فرانسيس إلى خواتيم تدريبها كمحامية في مجال الأعمال، أُرسلت للعمل في فنادق راقية غير أنها وجدتها فاجرة كريهة تزخر بالأفكار النمطيّة والسَّبقية التي كانت تمقتُها، ومن بينها ذاك السلوك المحتقِر للناس القادمين من المستعمرات البريطانية القديمة. لذا، بدأت بالبحث عن شيء آخر تفعله بحياتها وأخذت تفكّر جدّياً بالعمل والدراسة خارج بريطانيا.

الإقامة في دار السلام

أدّت الأحداث والتجارب بفرانسيس إلى الذهاب لتدريس مادة

قانون العمل في جامعة دار السلام التي فَتَنَتْها بحُسنِها لتموضعها على مَطَلّ على المحيط. كانت فرانسيس وزميلتها الآتية من ترينيداد والأكبر منها سِنّاً، المرأتَيْن الوحيدتَيْن في كل الجامعة، فتوطّدت بينهما أواصِر الصداقة. كانت السنتان اللتان أمضتهما في دار السلام حافلتَيْن بالتحدّيات بالنسبة إلى فرانسيس التي، يوم وصلت الجامعة، وجدت خادِماً بانتظارها. قالت له إنها لا تحتاج إلى أية مساعدة، لكنه أجاب إنه يعتبرها بمثابة أمّه، وإنه لا يجد حرجاً في خدمتها، وأنه يحتاج العمل ليعيل عائلته. ارتضت فرانسيس الأمر، وانصرف الخادم إلى العناية بشؤون البيت وتحضير الوجبات وهو ما امتعضت له فرانسيس؛ إذ كيف لرجل في الأربعين أن يطهوَ الطعام ويقدّمه لامرأة في عقدها الثاني.

خلال السنتين اللتين أمضتهما في دار السلام، تعلّمت فرانسيس معنى «الوحدة عندما تعيش على بعد أميال مؤلّفة عن أولئك المفترض بهم محبتك ورعايتك. ولكن الوحدة ليست بهذا السوء. إذ يمكن للمرء الشعور بوحدة قاتلة حتى وإن كان بين أهله وأترابه، وبخاصة إن هم ارتكبوا خيانة بحقّه. يسهل عليك إذاً التعامل مع النوع الأول من الوحدة بما أنه لا يتعلق بكيفية تعامل الناس معك، لكن بكيفية تعاملك مع الحياة في المكان الذي تشغله».

تجربة فرانسيس مع التحرّش

من جملة ما روته لي فرانسيس تعرضها للتحرّش السافر من قبل وزير

العمل التنزاني. كان ذلك عقب مشاركتها في حفلة دعا إليها الوزير أفراد الهيئة الأكاديمية. وبما أن الحرم الجامعي كان بعيداً، عرض عليهم المبيت في منزله. وخلال الليل، أفاقت فرانسيس مذعورة لسماعها الوزير يطرق بابها طالباً منها بصوت عال موافاته، غير أنها لم تجب وتسلّلت إلى غرفة زميلتها. وفي اليوم التالي، أصرّ الوزير على استضافتها على مَتْن يَخْتِه الخاص، لكنها رفضت طلبه متذرّعة بأسباب مختلفة، مع علمها أن الرفض المتكرر لن يطول حتى يؤدّي إلى طردها من الجامعة ومن تنزانيا كلها. وفي آخر المطاف، نفذت منها كل الأعذار، فاضطرت إلى قَبول الدعوة، لكنها اشترطت على معاليه أن يجيز لعائلتها (علماً أنها كانت في تنزانيا بمفردها) الحضور بمعيّتها. عندها، كفّ عن دعوتها.

أدركت فرانسيس جراء هذه التجربة استحالة أن تقيم امرأة عزباء بمفردها في تنزانيا: «في العادة، تقصي بك الوحدة بعيداً عن الأحكام السَّبقية التي يصدرها بحقّك أفراد العائلة والأصدقاء؛ لكنها تعرّضك لتحدّيات أخرى، مختلفة تماماً». كان لهذه التجربة أن شجعتها على مغادرة تنزانيا والتوجه إلى إسرائيل، حيث كرّست السنتين اللاحقتين للعلم ولتوسيع بحثها بحيث يضُمّ الفلسفة وعلم النفس، لإدراكها أن الدراسات القانونية، وهي ميدان اختصاصها، تبقى ضيّقة الآفاق. كانت أيامها خلال هاتين السنتين مخصّصة للقراءة والتنزّه في أرجاء الطبيعة الجميلة، كما أنها طوّرت لها علاقات اجتماعية، كانت معظمها مع طلاب آخرين يكبرونها سنّاً. وفي السنة الثانية من إقامتها في الجامعة، حلّت طالبات مسجّلات حديثاً لدراسة الحقوق. فرأت فرانسيس في

هذا الأمر فرصة تتعرف من خلالها على الصعوبات التي يكابِدْنَها في تعاطيهن مع بيئتهن المزدوجة، أي تلك الخاضعة للنظام العشائري وتلك الجامعية الشبيهة بالفقّاعة، لانعزالها عن الجوار، حيث يُتَوقّع منهن التصرّف على طريقة الغربيّة.

أثناء إقامة فرانسيس في تنزانيا، نشبت حرب الأيام الستة في العام 1967[53]. كانت الجامعة تحتضن وقتذاك مجموعة من المثقفين من ذوي الاختصاصات المختلفة، حلّوا فيها من دول متنوعة مثل: أوروبا الغربية، أوروبا الشرقية، الولايات المتحدة الأميركية، وأميركا اللاتينية. وكانوا جميعهم ملتزمين بما أطلق عليه اسم «اليسار الجديد».

في اليوم الأول للحرب، جلسوا للنقاش فيها. وبوحي من ماركسيّتهم، عَجَبوا لقيامها، متسائلين كيف يمكن للديمقراطية الوحيدة في الشرق الأوسط التي أنشأت عقب المحرقة ودامت خمسة

---

(53) إنها حرب وقعت في العام 1967، وهي تُعرف في كل من سوريا والأردن باسم «نكسة حزيران»، وفي مصر باسم «نكسة 67»، وتسمى في إسرائيل «حرب الأيام الستة». نشبت هذه الحرب بين إسرائيل وكل من العراق ومصر وسوريا والأردن في الخامس من حزيران/ يونيو واستمرت حتى العاشر منه، من العام 1967، لتنتهي باحتلال إسرائيل لسيناء وقطاع غَزَّة والضّفة الغربية والجولان، واعتبرت ثالث حرب ضمن الصراع العربي الإسرائيلي. أدّت حرب الأيام الستة إلى سقوط عدد كبير من الضحايا في كل الدول العربية التي شاركت فيها وأنتجت صدور قرار مجلس الأمن التابع للأمم المتحدة رقم 242، وانعقاد قِمّة اللاءات الثلاثة («لا صلح ولا اعتراف ولا تفاوض مع العدو الصهيوني قبل أن يعود الحقّ لأصحابه») أو قِمّة الخرطوم، وتهجير معظم سكان مدن قناة السويس ومعظم مدنيّي محافظة القنيطرة في سوريا، وعشرات آلاف الفلسطينيين حيث زالت قرى بكاملها، وفتح باب الاستيطان في كل من القدس الشرقية والضّفة الغربية. (انظر: حرب 1967، الأمانة العامة لرئاسة مجلس الوزراء الفلسطينية، 20 مارس 2012 والموقع الإلكتروني https://ar.movikipedia.org وقد زرْته في 12 أيلول/ سبتمبر، الساعة الرابعة والربع فجراً. (حاشية توسّعت فيها المترجمة بإذن من المؤلفة).

وعشرين عاماً أن تتحول إلى ديمقراطية «بيضاء»، ضعيفة سياسياً واجتماعياً. بكت فرانسيس عندما سمعت رأيهم وخشيت من تطور التطرف في الشرق الأوسط. ومع أنها لم تعتبر نفسها معنية بالأمر مباشرة، إلا أنها حاولت التبصّر في الوضع من أقصاه إلى أقصاه، فتبيّن لها أن القدر المشؤوم يلاحق بني قومها الذين خرجوا من الحرب العالمية الثانية خاسرين وما لبثوا أن خسروا من جديد لدى انضمامهم إلى قافلة المستَعْمِرين.

لكن سرعان ما انبرى أحد أفراد المجموعة، وقد كان أستاذاً جامعياً مرموقاً، قائلاً إن هذه الحرب، موضوع النقاش، ليست حرباً بين المستَعْمَرين والمستَعْمِرين، بل إن الأمر يتعلّق بشعب تعرّض للتمزيق المأساوي على مرّ التاريخ وهام على وجهه بلا وطن يستقرّ فيه، وهو الآن يقاتل في سبيل الحصول على قطعة من الأرض يُنشأ فيها كيانه. كان لهذه الكلمات على فرانسيس وقعاً صادماً غيّر مجرى حياتها.

اصطخبت الجامعة خلال حرب الأيام الستة بنقاش مستَغْلِق قاسٍ مما دفع فرانسيس إلى الغوص أكثر في مجرياتها والأسباب الكامنة وراءها. لكن سرعان ما أتاها أحد طلابها قائلاً: «لقد كان هتلر على حقٍّ فيما فعل؛ لا دخان بلا نار؛ انظري كيف يقوم اليهود بقتل السود مجدداً». حاولت فرانسيس أن تشرح له أن اليهود والعرب شكلوا تاريخياً شعباً واحداً وأنهم ساميّون، وأن الصراع بينهم لا علاقة له بالصراع العِرقي. لكنه كان من المستحيل أن يُسمع صوتها في النقاش نظراً للجهالة والانفعالية المسيطرتَيْن عليه. وفي تلك الحِقبة، حَلّ على

تنزانيا ضيفاً ستوكلي كارمايكل (Stokely Carmichael)[54]- وقد كان عضواً في حزب الفهود السود - ترافقه زوجته ميريام ماكيبا (Miriam Makeba). وفي هذه المناسبة، اكتشفت فرانسيس ببالغ الأسى كم يسهل استثارة الكرامة العنيفة في نفوس الناس. إذ خلال محاضرته الأولى في «القوة السوداء» (Black Power)، ضحك منه الحاضرون. وقبيل بدئه بالمحاضرة الثانية، رفض الطلاب إدخال البيض إلى القاعة، بل إنهم منعوا من الدخول كل مَنْ كانت بشرته أقل سُمْرَةً من المطلوب. فاضطرت فرانسيس وزملاؤها البيض إلى الوقوف خارج النافذة والاستماع إلى مقال كارمايكل الذي قطاعه بعض الطلاب صارخين: «لا بدّ لنا من تسليح أنفسنا وقتال البيض الذين حَلّوا في أرضنا ودمّروا قارتنا». صعقت فرانسيس لهول ما سمعت وأدركت أن للناس قدرة على ارتكاب الفظائع حتى ولو ارتكزت على الأكاذيب. أما هي، فإنها لم تشأ الاصطفاف في أية مجموعة محدّدة لأنها مزيج من مجموعات عرقية مختلفة.

فكرتُ كثيراً في السبب الذي كان يحمل فرانسيس على استخدام لفظ «العرب» عوض لفظ «الفلسطينيين» للدلالة على شريحة واسعة من السكان في إسرائيل، مع أنها كانت تحرُص دائماً على الإشارة إلى

(54) كان ستوكلي كارمايكل (1941 - 1998) المعروف باسم كُوامي توري، ثورياً أميركياً عاد في منبته إلى ترينيداد الواقعة جنوبي الكاريبي، ونشط في حركة الحقوق المدنية الخاصة بالسّود في الولايات المتحدة الأميركية، ولاحقاً في الحركة الإفريقية العالمية، مروراً بحزب «القوة السوداء»، بداية كقائد للجنة التنسيق الطلابيّة اللاعنفية ثم بوصفه «رئيس وزراء فخري» لحزب النمور السّود، وأخيراً كقائد للحزب الثوري للشعب الإفريقي. (م.)

الهوية الساميّة لكل من الشعبَيْن. في تفسيري، هذا قول جائز سياسياً في إسرائيل، ولكنه يعطي الانطباع بأن ما من أحد كان يسكن تلك الأرض قبل حلول اليهود فيها.

على خُطى المحرقة

قررت فرانسيس أن تمضي بقية حياتها في إسرائيل وأنها كيهودية لها الحق بذلك كأي شخص آخر. في الماضي، كان اليهود ضحايا حقد ارتكز على فكرة الغيرية بالتلازم مع قوة سياسية ضعيفة المقاومة نصرةً لحقوق الآخر المختلف. وثَمّة تماثل بين اليهود والغجر وهما أقليّتان كانتا على الدوام عرضة للحقد عينه. وفي هذا السياق، تطلق فرانسيس على بني قومها «غجر أهل الكتاب». ولعل هتلر رأى التماثل بين الأقليَّتَيْن، فافرد لهذه وتلك القدر الشنيع عينه. غير أن فرانسيس لم ترتضِ أبداً اقتناع أولادها بصورة الضحيّة التي تسوِّقها الدولة الإسرائيلية بشأن اليهود، بل ربّتهم على فكرة بديلة تقول بالمساواة في مجتمع اشتراكي يتّسع للجميع.

إذاً، حلّت فرانسيس في إسرائيل في العام 1968، لدى انتهاء عقدها مع الجامعة في دار السلام، حيث شكّلت لها قناعة راسخة بوجوب الدفاع عن حقوق الشعوب السمراء، وحقوق الشعوب المستعمَرَة وحقوق اليهود، وبضرورة مقارعة الفقر والتشرّد. واختصار القول، أنها حلّت في إسرائيل يحفوها شعور قوي بالعدالة وبضرورة أن يكون لكل شعب رؤاه وأحلامه بشأن ما يطمح إليه من تغيير في واقعه.

الوعي النُّسوي

إن فرانسيس اليوم جزء من الغالبية في إسرائيل حيث تتحمَّل تبعات ما تأتي به هذه الغالبية من أقوال وأفعال، وهي التي باتت، بحسب فرانسيس، متلبّدة الذهن، ذات حساسية مفرطة - من باب الغباء ليس إلا - حَيال كل ما يمثّل في إسرائيل المُثَل الأساسية. وبفضل حسِّها النقدي الذي نما وتطور بفعل أسفارها وتعرّفها على العالم وثقافاته، نجحت فرانسيس في تغيير نفسها مع أن العملية، لصعوبتها، اقتضت منها الكثير من الجهد لكنها عزّزت قناعتها بضرورة الدفاع عن حقوق الإنسان ضدّ السلطة الإسرائيلية، كما شجعتها على الانفصال عن أقصى اليسار في إسرائيل الذي كلما طرأت مشكلة أو ظهرت أزمة في البلاد، سارع إلى إلقاء اللوم على الحكومة، عوض اقتراح حلول ناجعة لها.

عندما وصلتْ إسرائيل، وجدتْ فرانسيس أن مناخاً من العقلانية المترافقة بالإلحاد يسودها، كما لاحظت غياباً كلياً للفكر النُّسوي عن أي نقاش. غير أنها كانت على أتَمّ الاقتناع بأن ما من أحد سيحول دون تحقيقها لمطامحها فقط لأنها امرأة. لكن سرعان ما تبيّن لها أن قناعتها هذه كانت ضرباً من السذاجة لم تتنبّه له إلا بعد أن طال بها المقام في إسرائيل وخبِرت الحياة اليومية فيها.

عقب فراغها من إعداد رسالتها في حقوق العمل في الجامعة العبرية في القدس، بدأت فرانسيس تدرّس الفكر النُّسوي من بين مواد أخرى. وما لبثت أن حلّت في صفِّها طالبة عربية حملتها على الاهتمام بالقوانين

الأسرية الدينية، المسيحية منها والإسلامية، ولفتَتْها إلى التأثير القمعي الذي ترخيه هذه القوانين على حياة النِّساء والأطفال، وبخاصة عندما يتعلق الأمر بمسائل الطلاق. أثارت هذه الأمور في نفسها الارتباك وأظهرت لها أن الوعي النُّسوي قادر، بما يستحثُّه من نقد للوضع الذي تكابده النِّساء في المجتمع ومن معارضة لكل ما يقوِّض حقوقها ومن مطالبة بالمساواة مع الرجال، على تحقيق العدالة للجميع. وكم كانت صدمتها كبيرة عندما أيقنت أن «النِّساء، حتى ولو عاشت في أجمل بلاد العالم، تبقى منتقَصَة الحقوق، خاضعةً للتمييز على أساس النوع الاجتماعي». فعلى سبيل المثال، اكتشفت أن للطالبات حقّ في نصف قيمة المنحة الجامعية التي يَفيد منها الطلاب وأن الفوارق في الرواتب التي تتقاضاها النِّساء في الحرم الجامعي مجحفة بحقِّهن. ولدى تبصّرها بالقوانين الأسرية الدينية خدمة لأبحاثها الراهنة، أدركت أكثر فأكثر أن الدين، أيّاً كان، يلجم تطور المرأة ويبقيها في الصفوف الخلفية في المجتمع، وهو ما دفعها إلى الزعم بأن الدين لا يساهم عامة في تحرّر النِّساء بل إنه في غالب الأحيان، يتصدّى له ويحول دون تحقّقه.

سلبيّة التطور في إسرائيل

لدى معايشتها اليومية للوضع السياسي القائم في إسرائيل، تبيّن لفرانسيس أن السلطات تتصرف كما لو أن عليها أن تستعيد، وبأي ثمن، أرضاً فقدتها، ناسية أو متناسية أن هذه الأرض أرضاً قامت هي نفسها باحتلالها، وكما لو أن العرب يتمسّكون بعدم الانخراط في صناعة السلام وبعدم الاعتراف بإسرائيل، وبتقويض مسار المفاوضات.

وبطريقة ما، بدا لها كما لو أن الحكومة الإسرائيلية كانت تُغَذي الأمل في أن يؤدي اعتراف العرب بأصولها وأسلافها إلى التفاوض وصولاً إلى التصالح.

أُنشئت المستعمرات الأولى في سبعينيات القرن العشرين، وهو ما تصدّت له فرانسيس وغيرها الكثير، بالتظاهرات المعارضة. ونتيجة لذلك، قامت المحكمة العليا مَتْبوعة بمناحيم بيغين، وقد كان آنذاك رئيساً للوزراء، بالتعهد بالاكتفاء بالمستعمرات الضرورية للدواعي الأمنية لا غير. يومها، وعقب لقائه بالتيار المعارض لإنشاء المستعمرات، أعلن بيغين - الذي أثار تعيينه في منصبه، توجّس فرانسيس، قائلاً: «لدينا قوانين يهودية لا بدّ لنا من العمل بمقتضياتها». وعلى الرغم من ذلك، شعرت فرانسيس أنَّ اليمين نفسه يتطلّع بصدق إلى تحقيق السلام وينتظر موافقة «الجيران» على مفاوضات مشروعة تضمن السلام للطرفين واعتراف العرب بإسرائيل. إذ كانت المفاوضات في نظرها هي الطريق الوحيد الضامن للخروج من هذه «المأساة الإغريقية» المدمِّرة، حيث كانت السلطات الدينية تدفع باتجاه إنشاء المستوطنات وأماكن العبادة المنوط بها إحياء الذاكرة الجماعية اليهودية وما فيها من اضطهاد لحق باليهود على مَرّ التاريخ. وثَمّة أمر آخر سَوَّغ التصدي لعملية إنشاء المستعمرات - التي ارتضاها اليمين كما حزب العمال، وهذا أمر لا بدّ من الإقرار به - كمن في التكاليف التمويلية التي دفعت بستة قادة أمنيين إلى توجيه رسالة إلى السلطات الحكومية يحثّونها فيها على الانسحاب من المستوطنات، والكفّ عن إنشاء المزيد

منها، خشية أن يؤدي ذلك إلى انفجار لن تحمد عقباه، خصوصاً وأن ما يقتضيه هذا الإنشاء من تكاليف لن يكون في مصلحتها لا على المدى القصير ولا على ذاك الطويل. ومع أن هؤلاء القادة كانوا متبصّرين في واقع المستعمرات ومستشرفين لمستقبلها، إلا أنهم أسكِتوا، فلم يُجز لهم بدقّ نفير الخطر الداهم. وفي اللاحق من الأيام، خرج المستوطنون كليّاً عن السيطرة وصدقت نبوءة القادة الستة. ومن جهتها، شرحت لي فرانسيس السبب الذي انبرت لأجله متصدّية لبناء المستوطنات، قائلة إن «الآباء يفرحون بلا شك بتشييدها، لكن الأبناء سينتهون إلى كرهها!» وذلك لأن الفوائد المالية التي يحصّلها الآباء اليوم ستصرف غداً على أيدي الأبناء في صيانة كلية البُنى التحتية مع ما تشتمل عليه من شبكات مياه وكهرباء وطرقات. فالمستعمرات هي جزء لا يتجزأ من التاريخ الاستعماري هو عينه، علاوة عن أن المستوطنين يعيشون في المستوطنات الإسرائيلية كما لو أنها كانت فقّاعات، لأنهم يفتقرون إلى لغة مشتركة تعينهم على التواصل فيما بينهم. وإن كان لهم ما يوحدهم نوعاً ما، فإنه يكمن في الخلفية العِبْريّة التوراتية لا غير.

مع ذلك، لا ترتضي فرانسيس إلقاء اللوم في كارثة اللاجئين على إسرائيل وحدها، لأن الجيران العرب ساهموا هم أيضاً في إدانة الفلسطينيين يوم قبلوا التفاوض بشأن القدس.

الوضع العالِق للاجئين

أثارت فرانسيس اهتمامي عندما تطرّقت إلى وضع اللاجئين

الكارثي، إذ أتى وصفها للأمر مختلفاً جذرياً عن ذاك الذي تعطيه الفلسطينيات عن اللاجئين في لبنان. وفي هذا السياق، تجدر الإشارة إلى أن المصادر الفلسطينية وتلك الإسرائيلية الرسمية لم تتطرق يوماً إلى الكيفية التي ستعتمدها لحلّ مسألة اللاجئين الذين يعدّون ستة ملايين نسمة مشتّتة في دول العالم قاطبة.

لا تؤمن فرانسيس بالمذنونية الجماعية بل بالمسؤولية الجماعية، وبخاصة إن تصدّت للسياسة السائدة، وهذا تحرّك مشروع لا بل مطلوب في ظل النظام الديمقراطي. وهي لا تنتمي إلى الجناح اليهودي في إسرائيل المتمسك بأوهام منها أن كل الأمور كانت لتشهد تحسناً ملحوظاً لو أن العالم الإسلامي ما كان واقعاً في جوار إسرائيل. وحتى لو ساد الاعتقاد لدى البعض أن العالم العربي قد أذِلّ نتيجة تأسيس دولة إسرائيل، فإن فرانسيس لا تظنّ البتّة أن «طالبان في أفغانستان قد تأثروا بقيامها». حتى أسامة بن لادن، زعيم القاعدة، لم يأتِ قطُّ على ذكر إسرائيل، بل إنه (والكلام لفرانسيس) أسماها لاحقاً «بذنب الأفعى». ومن هنا، فإن المسألة أوسع من هذه بكثير، حيث لا تشكّل دولة إسرائيل إلا سبباً هامشياً في الصراع في المنطقة وحيث يعدّ اليهود ستة ملايين نسمة مقابل مليار من المسلمين؛ وهذا واقع بديهي لا يحتاج إلى التفسير الذي يجب أن يتبصّر مَنْ يضْطَّلع به، في جذور الصراع ليخلُص إلى أنها تعود إلى حقبة قديمة برز فيها الصليبيون الذين اجتاحوا أجزاء من العالم العربي، ونكّلوا بأهلها وأوجدوا كُرْهاً عميقاً حَيال المسيحيين في وقت لم يستهدفهم المسلمون بأية هجمات.

وثَمّة أمر آخر لفتتني فرانسيس إليه وهو التقاليد العقائدية التي تحول دون التغيير. وللتمثيل عليه، ذكرت لي لقاءً كان لها مع صديقة إندونيسية، باحثة هي الأخرى، على هامش النقاشات الموصولة في إطار «اتفاقية القضاء على جميع أشكال التمييز ضد المرأة» (CEDAW). كانت الصديقة في طريق العودة إلى المنزل بعد يوم طويل أَمْضَتْهُ في العمل، عندما انفجرت حافلة على مقربة منها. قالت:

- يحصل هذا دائماً. إذ في كل مرة يحاول أحدهم إدخال تغيير ما إلى الدستور في إندونيسيا، يخرج انتحارياً إلى الشارع ويدلي بتصريح. هذا ما يحدث بانتظام في الجزائر وباكستان وإندونيسيا والعراق. قرأت مؤخراً تصريحاً لمثقّف مصري يتبوأ منصباً رفيعاً تساءل فيه: «ماذا حَلّ بالإسلام؟ لماذا نعلّم شبابنا حبّ الموت عوض حبّ الحياة؟».

عقَّبت فرانسيس على كلام صديقتها قائلة: «لا أعرف ماذا يقول القرآن في شأن التغيير، لكن كل الديانات التوحيدية تجهد للحؤول دونه».

غادة الختان

ساقنا الحديث في الأعراف والتقاليد الدينية اليهودية المناوئة للتغيير إلى موضوع الخِتان الذكوري أو تشويه الأعضاء التناسلية الذكورية، وذلك على ضوء الاتفاقيات الأممية المعنية بالأطفال، بما فيهم الفتيان، والتي تحظّر العمل بموجب العادات والتقاليد المؤذية بحقّهم وتدعو

إلى إلغائها، لافتة إلى حقّ الأطفال بحرية المعتقد أُسوة بحقّهم في التحرّر منه.

يخضع الفتيان للخِتان بأعمار مختلفة يختلف تحديدها باختلاف الدين والتقليد المعمول بهما في مجتمع أو في آخر، حيث يقوم، أُسوة بتشويه الأعضاء التناسلية الأنثوية، مقام الطقس التطهيري. فإن لم تُخْتَن المرأة في صِغَرِها عُدَّت نَجِسَة وانخفضت منزلتها في «سوق الزواج» في المجتمعات حيث يسود النظام العشائري. وتجدر الإشارة إلى أن بريغيتا إيسِّن، أستاذة الصحة النِّسائية، قد راكمت خبرة طويلة من البحث العلمي والميداني في هذا المجال ولها كتابات في موضوع الختان الأنثوي، أذكر منها على سبيل المثال لا الحصر، التقرير الذي أعدته بطلب من إحدى المؤسسات المهتمة بهذه المسألة.

ثَمَّة تركيز على تشويه الأعضاء التناسلية الأنثوية في عدد كبير من دول العالم حيث نشهد تقصيراً في تطبيق القوانين التي تحظِّره ونقصاً في المعرفة بكيفياته وتبعاته على صحة الفتيات والنِّساء كما بدوره في المجتمعات التي تمارسه. لكن، عندما يتعلق الأمر بالختان الذكوري، فإننا نعجب للصمت الذي يلفّه، علماً أن للفتيات والفتيان الحقّ بالتمامِيّة الجسمانية، أي الحقّ بألا تتعرض أجسامهم لتدخّلات جراحية، بدائية كانت أم متطورة، تشوهها أو تحدّ من وظائفها الفسيولوجية. وإن كانت بعض الدول قد أقرّت قوانين تحظِّر تشويه الأعضاء التناسلية الأنثوية (كالسويد في العام 1982)، إلا أن غياب القوانين المحظِّرة للختان الذكوري يبقى لافتاً.

في الواقع، لَفّ الصمت هذه المسألة لسنوات طويلة. لكن في العام 2016، طرحت الدكتورة نوال السعداوي الموضوع على بساط البحث، علماً أنها سبقت، قبل هذا التاريخ، إلى التطرّق بجدّية إلى الختان الأنثوي واضطرت نتيجة لذلك إلى اللجوء إلى المنفى. وفي إطار مهنتها، عاينت الدكتورة السعداوي العديد من الفتيان والرجال الذين يعانون أضراراً خطيرة نتيجة إخضاعهم في صغرهم للخِتان. ويعود أصل هذه الممارسة إلى العهد القديم حيث تكثر طقوس تقديم الأضاحي والقرابين والذبائح الإلهية التي تتغذى بالذكور. وبما أن للديانات التوحيدية الثلاث علائق بالعهد القديم، فلا عجب إن وجد الختان في كل من اليهودية والمسيحية والإسلام. ويسجّل التاريخ انتشار هذه الممارسة بالتزامن مع العمل بمقتضيات الأنظمة الأخلاقية الضابطة للجنس التي وضعها المبشّرون والمستعمرون. ولقد كان لي أن أجريت مقابلات مع رجال قالوا لي إن الختان كان بالنسبة إليهم تجربة مؤلمة تسبّبت لهم بصدمة لا يزالون يعانون من تأثيراتها النفسية والجسدية السلبية. وفي إحدى المرات، قابلتُ سامِح إجِبْتسون (Sameh Egyptson)، وهو باحث في جامعة لوند (Lund University)، بشأن الأقليات الدينية، وفي هذه الحالة تحديداً، الأقلية القِبطية، وهي أقدم المتّحدات المسيحية. وفي الحديث، تطرّقنا إلى عادة الخِتان الذكوري، فأكّد لي أنها تعود في الأصل إلى العهد القديم وهو ما يعزّز صدقيّة المعلومات التي يزخر به مؤلَّف اللوزة (L'Amande) للكاتبة الجزائرية نجمة[55] التي تعالج فيه مسألة

(55) إنه كتاب في الجنسانيّة الإسلامية وضعته مؤلفة مغربية آثرت التستّر على هويتها تحت اسم

الجنس في الإسلام. وبما أن تشويه الأعضاء التناسلية الأنثوية هو في الغالب أكثر انتشاراً، مع ما يرافقه من تشوّهات تناسلية داخلية، من الخِتان الذكوري، فإن الأضرار التي يتسبّب بها هي بلا شكّ أكثر سوءاً. وإن كان موضوع الختان الأنثوي يسترعي انتباه الباحثين الناشطين في البحث الميداني، يبقى العالم صامتاً حَيال الخِتان الذكوري.

المستوطنات

وبالعودة إلى موضوع إسرائيل، تقول فرانسيس إن المستَوْطنين الذين يدّعون حقّهم المتوارث عبر الأجيال في الأرض الفلسطينية يوازون جنوناً الحَبر الأعظم المعارض لاستعمال الواقي الذكري بحجّة أنه ليس ذي فائدة في الحدّ من انتشار مرض الإيدز أو السيدا. وهي تشكر الأقدار التي لم تؤدِ بهذا الجنون بعد إلى مبالغة استفزازية تستدعي الردّ عليها بتفجيرات انتحارية. وإن كانت فرانسيس لا ترى خيراً يُرتجى من هذه المستوطنات فإنها تجزم أن للانتحاريين غايات أخرى غير تلك التي يفصحون عنها في العلن، علماً أن التفجيرات الانتحارية ليست إلا نوعاً من العدائية الفوضوية.

وللتمثيل على هذا الأمر، تتطرّق فرانسيس إلى غزّة بوصفها مستَقراً لحركة حماس، قائلة إن النزاع مع هذا القطاع بدأ يوم استولت حماس على السلطة فيه، وإن الهجمات الصاروخية التي قادتها على المستوطنات والمدن الإسرائيلية سبقت أية خطة عسكرية وضعتها الحكومة

مستعار هو نجمة، ونشرته باللغة الفرنسية في العام 2004، لدى دار پلون (Plon) في باريس. (م.)

الإسرائيلية للمنطقة. وأيّاً كانت الجهة التي ينطلق العنف منها، فإن المنظمات غير الحكومية، وليس أقلها تلك الدولية العاملة في مجال الإسعاف، تلعب دوراً مهماً في الكشف عن المظالم والمجازر المنتهِكَة للاتفاقيات الدولية.

المحاكم الدينية

تقول فرانسيس إن إسرائيل هي التي جعلت منها نصيرة للفكر النُّسوي؛ ويعود السبب في ذلك إلى ما رأته فيها من تأثير سلبي ترخيه المحاكم الشرعية القائمة في كل المتحدات، أكانت يهودية أم مسيحية أم إسلامية، على النِّساء. صحيح أن هذه المحاكم هي من مخلّفات الحكم العثماني، لكن فرانسيس تعتقد أيضاً أن في وجود هذه الهيئات ما يعزّز الهوية القومية. أطلعتُها إذ ذاك على النتائج التي أفضت إليها المقابلات التي أجريتها مع العديد من المواليات للفكر النُّسوي معبّرة لها عن استغرابي حَيال تشديدهن جميعاً، أكُنَّ مؤمنات أم ملحدات، على ضرورة بناء المجتمع المدني غير الديني لأن فيه محاكم مدنية تجيز بالطلاق، في حين أن قانون الأحوال الشخصية للمذاهب، وبخاصة حيث يكون رسمياً، يسعى إلى الإبقاء على النِّساء حبيساتَ زيجاتٍ مدمِّرة، كان معظمها في الأساس مدبَّراً أو مُكْرهاً. زِدْ على ذلك أن المجتمع الموالي للفحولة مَبني على الأخوية الذكورية وذلك بغضّ النظر عن الدين، وهو بالتالي يُقصي النِّساء عن الحياة العامة حيث الرجل يساند الرجل، ويرى في الكنف الأبوي والمنزل الزوجي مكاناً تُضْمَن لهن فيه الرعاية والحماية.

تعود فرانسيس بالذاكرة إلى سبعينيات القرن العشرين عندما ثارت ثائرة النِّساء الأميركيات على النظام الأبوي سعياً منها إلى تحقيق المساواة بين الرجل والمرأة، في حين أن المرأة في إسرائيل لا تفيد من العناية الأبوية ولا تجد لها في المجتمع مساواة مع الرجل، علماً أن المساواة لا تكفي حيثما تكون المرأة أكثر عرضة للعنف الجنسي، سواء أكانت عزباء أم أرملة مع أو بلا أولاد. ما تحتاج المرأة إليه حقاً هو مجتمع يتفهّم حاجاتها ويجيز لها بتنمية قدراتها ويحمي كيانها ويضمن لها حقوقها تماماً كما يضمن حقوق الرجل. هذا يعني أن مهمة الفكر النُّسوي هي على التوالي: العمل على الحدّ من الامتيازات التي يتمتع بها الرجل على حساب المرأة؛ وابتداع لغة لا تفرِّق الألفاظ فيها بين الرجل والمرأة، أيّاً كان الانتماء الديني أو المجتمعي لهذا وتلك؛ وتنظيم حراك مجتمعي مناهض لكل أشكال التمييز القائمة على النوع الاجتماعي. واختصار القول، إن المجتمع المطلوب بناؤه، هو مجتمع مؤمن بالفكر النُّسوي.

أما الكلمات التي ختمت بها فرانسيس لقاءنا فتمحورت حول أولادها الذين تخشى عليهم من البقاء في إسرائيل حيث لا مستقبل لهم يرتجى، وحيث الأوضاع المأزومة تنذِر بالأسوأ.

القسم الثالث

لبنان

الفصل السابع

مخيّما برج البراجنة وشاتيلا

في خريف أحد الأعوام التالية لمجازر صبرا وشاتيلا، حَلَلْتُ في بيروت لبضعة أسابيع كرّستها لمقابلة النِّساء الفلسطينيات المقيمات في مخيّمات اللاجئين. ولهذا الغرض، تلقيت العون من صديقة لي، نصيرة هي الأخرى للفكر النُّسْوي، واسمها ليلى العلي التي، وبموجب عضويتها في جمعية النجدة الاجتماعية[56]، نشطت لعشرين عاماً في توزيع الإعانات على جميع مخيمات اللاجئين في لبنان. كانت رحلتي بتمويل من مستفيدين سويديين، لكن النجدة الشعبية أمّنت لي مكاناً أبيت فيه ومترجماً يتقن الإنجليزية والعربية يرافقني في تجوالي بين المخيمات وداخل كل منها. دأبت أولاً على زيارة مخيّم برج البراجنة كل يوم، كما قابلت العديد من نساء مخيّم شاتيلا.

---

(56) هي جمعية نُسوِيّة، علمانية، ديمقراطية، تأسّست في العام 1976، وتسجّلت لدى وزارة الداخلية والبلديات اللبنانية (تحت علم وخبر رقم 169./أد) كجمعية أهلية غير حكومية. تعمل هذه الجمعية بشكل رئيس مع النِّساء والفتيات اللاجئات الفلسطينيات، ومن خلالهن مع سائر فئات المجتمع الفلسطيني المهمشة، كما تستهدف الفئات الفقيرة من الجنسيات الأخرى التي تعيش في المخيمات والتجمعات في لبنان. وتتنوع برامجها بين برنامج التعلّم والتعليم وبرنامج التمكين الاقتصادي والاجتماعي وبرنامج حقوق المرأة. وللمزيد من المعلومات باستطاعة القارئ زيارة موقع الجمعية على وسائل التواصل الاجتماعي المتاحة. (م.)

إن برج البراجنة محلّة تقع جنوبي العاصمة اللبنانية بيروت، ممتدَّةً بين مطار بيروت الدولي ومنطقة حارة حريك، وهي مأهولة في معظمها بالمسلمين الشيعة. ولأن كلفة الحياة فيها متدنّية، فإنها تجتذب المسلمين السّنة والأكراد والعراقيين. ويشكل اللاجئون الشريحة السكانية الأكبر داخل المخيمات الفلسطينية التي تضمها هذه المحلّة، وفي جواراتها.

تاريخ مخيّميّ برج البراجنة وشاتيلا

يقع مخيّم برج البراجنة في ضواحي المحلّة التي سمِّي باسمها. ولقد كان للمنظمة الدولية للصليب الأحمر أن أنشأه في العام 1948 ليؤمن ملاذاً يلجأ إليه النازحون الفلسطينيون من الجليل الواقعة اليوم شمالي إسرائيل. وعلى امتداد تاريخه، تعرّض المخيّم لغزو تشارك فيه الجيش الإسرائيلي والقوات اللبنانية (المسيحية) في العام 1982، عقب اجتياح إسرائيل للبنان ذلك العام. ومن جهتها، قامت ميليشيات أمل (أفواج المقاومة اللبنانية)[57] هي الأخرى باجتياح المخيّم أُسوة بغيره من المخيمات الفلسطينية بين شباط/ فبراير من العام 1984 وشباط/ فبراير من العام 1987 وذلك لتضمن بَسْط نفوذها على بيروت الغربية. ويقول مسؤولون في وكالة الأمم المتحدة للإغاثة وتشغيل اللاجئين الفلسطينيين أي الأونروا إن المخيّم يأوي خمس عشرة ألف لاجئ فلسطيني تقريباً مع أن مساحته تعادل كيلومتراً مربعاً واحداً وتتسع

(57) حركة أمل أو حركة أفواج المقاومة اللبنانية، حزب سياسي لبناني مرتبط بالطائفة الشيعية في لبنان، تأسس سنة 1974 على يدّ الإمام موسى الصدر تحت مسمى حركة المحرومين. ازدادت شعبية الحركة خصوصاً بعد الغزو الإسرائيلي للبنان في العام 1978، مفيدة كذلك من زخم الثورة الإسلامية في إيران. (م.)

لعشرة آلاف نسمة لا غير. وبالإضافة إلى اللاجئين الفلسطينيين، يضمّ المخيّم بين جنباته ما يقارب خمسة آلاف لاجئ ينتمون إلى مجموعات أخرى.

من جهته، فإن مخيّم شاتيلا هو الآخر مخيّم مخصّص للاجئين الفلسطينيين، أنشأته الأونروا في العام 1949 وهو يقع وسط بيروت تقريباً ومأهول بأكثر من اثني عشر لاجئ فلسطيني. ولقد اكتسب له شهرة ملحوظة بسبب المجازر التي وقعت فيه في أيلول/ سبتمبر من العام 1982، لكنه لعب دوراً مميّزاً خلال الحرب الأهلية في لبنان عموماً وخلال حرب المخيمات خصوصاً، بين عامي 1985 و1987.

تتولى الأونروا بعنايتها وتدبيرها الرعاية الصحية في المخيّم الذي يأوي مدرستين ابتدائيتين. كما أن للمنظمات غير الحكومية، من أمثال جمعية النجدة الاجتماعية وبيت أطفال الصمود ومنظمة غوث الشعوب النروجية والهلال الأحمر الفلسطيني، نشاطاً إغاثياً وتنموياً على مستويات مختلفة في المخيّم.

وبحجّة أن المخيم يأوي ميليشيات منظمة التحرير الفلسطينية، قامت ميليشيات القوات اللبنانية بمؤازرة إسرائيل، بإمطار المخيّم بالقذائف في صيف العام 1982، ما تسبّب بمعاناة اللاجئين فيه. وغداة اغتيال رئيس الجمهورية المنتخب حديثاً (أي بشير الجميّل)، تعرّض كل من مخيّم صبرا القريب من بيروت الشرقية ومخيّم شاتيلا إلى هجوم شنّته عليهما الميليشيات المسيحية، وأسفر عن مجزرة ذهب ضحيتها ما

يقارب ثمانية آلاف قتيل، معظمهم من المدنيين.

وفي العام 1982، أثبتت لجنة الأمم المتحدة برئاسة شين ماكبرايد (Sean MacBride) مسؤولية إسرائيل عن هذه الفظائع. وفي العام التالي، شكّلت لجنة خان الإسرائيلية للتحقيق في الحدث وخَلُصت إلى أن الجيش الإسرائيلي كان عالماً بوشوك المجزرة لكنه فشل في اتخاذ ما يلزم من إجراءات للحؤول دونها. وبما أن إسرائيل كانت مسؤولة على نحو غير مباشر عن جميع الارتكابات في المخيّم، أُكْرِه رئيس الوزراء الإسرائيلي آنذاك، أريئيل شارون، على الاستقالة من منصبه.

رحلت إسرائيل عن بيروت بعد وقت قصير على المجازر وتركت حماية المخيّم لقوات حفظ السلام الإيطالية. ولكن عندما تعرضت هذه القوات لهجمات مسلّحة، غادر الطليان بيروت وأوكِلت حماية المخيّم إلى حركة أمل.

وجهة نظر نصيرة للفكر النِّسوي

ولدت إيفلين عقّاد ونشأت في لبنان، وهي في كتاباتها تحيل دوماً إلى الوضع في الشرق الأوسط، وبالتالي إلى لبنان خاصة. التقيتها على هامش مؤتمر عقد في القاهرة، قبيل بَدء الربيع العربي.

أما اليوم، فإن إيفلين عقّاد تدير، بالتعاون مع شقيقتها جاكلين حجّار، «بيتاً» تغلب عليه التعددية الثقافية ويستضيف النِّساء المعنّفات في عائلاتهن وبيئتهن، هو «بيت الحنان». خلال إقامتي في الشرق الأوسط، قدمت للشقيقتَيْن بعض العون، تمثّل في التركيز والنِّساء

المقيمات في «بيت الحنان»، أي اللواتي لجأن إليه هرباً من المظالم الذكورية واللواتي يواكِبْنَهُنَّ في التغلّب على آثارها الرَّضيَّة، أي فريق العمل، على الحلول العلاجية التي تتوسّل العروض المسرحيّة التفاعليّة لما لها من فاعلية في حمل أولئك النُّسْوة وأولادهن على تجاوز الاضطراب السيكولوجي الناتج عما أُخضعوا له من تعنيف متنوع الأشكال وعلى العودة إلى الأمل بحياة أفضل ومستقبل أرحب.

قصة آمِنة

عمِلت آمِنة خالد كمستشارة في جمعية النجدة اللبنانية لسبع أو ثماني سنوات، كانت قبلها ناشطة في منظمة أخرى، علماً أن لها في الحقل الاجتماعي مِراساً راكمته مذْ كانت في سِنّ المراهقة. تحبّ آمنة عملها المتمثِّل في مساعدة النِّساء على الوعي بحقوقهن وتدريبهن على التعاطي مع المجتمع من خلال إطلاعهن على ماهية النظام الاجتماعي السائد خصوصاً في دول العالم العربي، أي شبكة العلاقات النمطية التي تشكّل رابطة قوية بين الأفراد والجماعات والمؤسسات، وتتأثر بالمكان والوضع الاقتصادي والاجتماعي والعرق والدين والوظائف الاجتماعية وغيرها من العوامل المشتركة وآليات عملها، وبخاصة في المجتمعات الذكورية الهرمية البناء. ولقد تنبَّهت آمنة إلى ضرورة هذا النوع من التدريب في عملها مع النِّساء عندما كانت تتابع دراستها في روسيا.

ولدت آمنة في لبنان، في رحاب عائلة تعُدّ ثمانية أولاد، ست بنات وصبيّان. وبما أنها كانت أصغر إخوتها سِنّاً، فلقد حظيت بطفولة

سعيدة، أفرطت العائلة على امتداد سنواتها بتدليلها، كما حرصت على أن تُؤمّن لأولادها جميعاً الرعاية والتعليم. لذا فإن إخوة وأخوات آمنة هم اليوم من حَمَلة الشهادات. قبل نكبة العام 1948، كانت العائلة تعيش في فلسطين حيث كان والدها المتميّز بسَعَة المعرفة وانفتاح العقل، يعمل ممرضاً مساعداً لطبيب يهودي، علماً أن مهنة التمريض كانت خِيار أخواته (أي عمّات آمنة) أيضاً. لكن الاحتلال الإسرائيلي للأراضي الفلسطينية دفع بالعائلة إلى النزوح إلى لبنان، حيث حرص الوالد على تعليم بناته بقدر حِرْصِه على تعليم ابنَيْه.

بدأت آمِنة مسارها التربوي في مدرسة رسمية وأتمّت تعليمها الثانوي في مدرسة خاصة مرموقة. وعندما بلغت السابعة عشر من عمرها، حَظِيَت بفرصة الذهاب إلى الاتحاد السوفياتي في عداد بعثة سياسية الطابع. كانت تلك رحلتها الأولى إلى بلد أجنبي عادت منه بذكريات طيّبة ومشاهدات لافتة شجّعتها على عقد العزم على متابعة تحصيلها العلمي في روسيا في مجال الطب، وهو ما لم يعترض عليه والدها قطّ. فقصدت موسكو وهي في التاسعة عشر من عمرها، حيث درست الهندسة عوض الطب عملاً بنصيحة العائلة. ولكونها لم تَسْتَسِغ هذا الحقل، اكتفت منه بسنة تحضيرية واحدة أفادت منها لتعلّم اللغة الروسية، لتعود في نهايتها إلى لبنان.

عندما عُرِض عليها الزواج وافقت آمِنة شريطة استكمال تحصيلها الجامعي، الذي أنجبت خلال سنواته الأولى بنتَيْن على التلاحق. أما ولدها الثالث، فأنجبته خلال العام الجامعي الأخير. كانت فاطمة في

تلك الحِقبة أنموذجاً يُحتذى بالنسبة إلى زميلاتها لأنها، وعلى الرغم من حَمْلها ومسؤولياتها العائلية، لم تنقطع يوماً عن ارتياد الجامعة التي تخرّجت منها بتفوّق في العلوم الاجتماعية. لم يكن من السّهل عليها التوفيق بين عائلتها وجامعتها، لكنها نجحت فيه بفضل حسِّها التنظيمي والتدبيري، فهي على سبيل المثال كانت تحضِّر الطعام في المساء بحيث تكتفي بتسخينه في اليوم التالي. ولقد كان لزوجها فضل لا تنكره البتّة في ما هي عليه اليوم، إذ كان، بما يتمتع به من انفتاح عقلي تماماً كوالدها، يتقاسم وإيّاها المسؤوليات ويسدّد أقساطها الجامعة وعندما حصلت على عمل، شجعها على المضيّ فيه، فالتحقت على امتداد السنوات بمنظمات عدة، منها المحليّة ومنها الدولية؛ وهي منذ عدة سنوات تعمل أمينة عامة للشؤون الاجتماعية في جمعية النجدة اللبنانية. كَبُر أولاد فاطمة وهم اليوم متزوجون ولديهم أولاد. أما ابنها الأصغر فلا يزال يرتاد الجامعة فيما تدرس ابنتها الصغرى التصميم الجرافيكي (أو تصميم الرسوم البيانية – graphic design).

طفولة آمِنة

اعتمرت آمِنة الحجاب عندما خطف الموت أقرب شقيقاتها إلى قلبها. في البداية، عارض زوجها الأمر لكنه ما لبث أن ارتضاه عندما أدرك أنها لم تُقْبِل عليه إلا بمَحْض إرادتها. وعندما تُسأل عن حجابها، تقول فاطمة إنه يمثّل جزءاً من حزنها على رحيل شقيقتها وافتقادها لها، مشدّدة على أنه ليس بالنسبة إليها دلالة على الرجعية المحافِظة بل إنه قرار اتخذته كراشدة.

تعود آمِنة بالذاكرة إلى طفولتها فتجدها سعيدة هانئة، في كنف عائلة محبّة متسامحة متفهّمة، تجيز لها بمتابعة آخر صيحات الموضة وبارتياد صالات السينما. ولقد أدركت حَظْوَتها منذ نعومة أظفارها، إذ كان إخوتها وأخواتها يفرطون في تدليلها ويحملون لها الهدايا من أسفارهم ورحلاتهم. وبالعودة إلى الأخت التي فقدتها، تقول آمِنة إنهما كانتا كالتوأمَيْن، على الرغم من فارق السنّ بينهما، إذ كانت الفقيدة تكبرها بعشر سنوات. وهي لا تزال حتى اليوم، كما جميع أفراد العائلة، غير فاهمة السبب الذي أدى إلى وفاتها، خلال إجازة كانت تمضيها في لبنان إثر عودتها من كندا حيث كانت تعيش مع زوجها. هل أصيبت بعارض صحيّ أو تراها تعرضت لحادث أودى بحياتها؟ وتستذكر آمِنة أيضاً أحد شقيقَيْها الذي كان مقرباً منها والذي اختفى خلال الحرب الأهلية اللبنانية، وقد كان في الخامسة والعشرين من عمره، ولا زالت العائلة حتى اليوم جاهلة بما حَلّ به. كان هذا الشقيق المتمتّع كأبيه بانفتاح العقل، يعود إلى المنزل محملاً بالهدايا يغدقها على آمِنة ويفرح لابتهاجها بها. أما والدها، الذي عنى لها الكثير وكان بالنسبة إليها مثالاً يحتذى في كل شيء، فإنه هو الآخر رحل قبل عام، حزناً على ضياع ولدَيْه.

دمّر الاجتياح الإسرائيلي للبنان منزل أهل آمِنة تدميراً كاملاً، وهذه ذكرى أليمة لا تزال تحتفظ بها من تلك الأيام المريرة التي اضطروا خلالها إلى إعادة بنائه، ولكنه لم يعد أبداً إلى ما كان عليه. وفي هذا البيت الذي استضاف لقائي بها، قالت آمِنة إن أهمّ ما يمكن تحقيقه بالنسبة إلى وضع المرأة هو الاعتراف لها، بحقوقها وبحريتها. وهي لذلك

ترفض التمييز بين الفتيان والفتيات، محيلة إلى النهج الذي اتَّبعه والدها في تربية أولاده، وقد كان نهجاً فريداً من نوعه في مجتمع يعطي على العموم امتيازات للفتيان على حساب الفتيات. وللدلالة على الأمر، تقول فاطمة إن الفتيان غالباً ما يحظَوْن بفرصة التعليم في حين تحرم الفتيات من ارتياد المدرسة، وهذا في نظر آمِنة مسيء لاقتصاد البلاد، بما أن للعديد من الفتيات ملكات يمكن استثمارها في تنمية المجتمع الذي إن لم يفِد منها ضيّع عليه كمّاً هائلاً من القدرات. وبسبب ضيق الأحوال الاقتصادية، يُضطر عدد كبير من الفتيات إلى التخلي عن أحلامهن بالاكتساب العلمي لمصلحة إخوتهم الذين يجاز لهم به وإن كانوا أقلّ موهبة منهن. وهذا في نظر آمِنة «هَدْر» للطاقات البشرية الواعدة ببناء مجتمع الرفاهة والمساواة.

وفي السياق عينه، تشير آمِنة إلى أنه كلما نال الضعف من مُسِنّ في العائلة، يُتَوقع من الابنة أو الأخت التخلي عن المدرسة للاعتناء به والاضطلاع بالأعمال المنزلية. ومن هنا، ينظر المجتمع إلى عمل الرجل بوصفه أكثر أهمية من عمل المرأة التي لا يجاز لها بالمشاركة في صنع القرار. ويعود هذا الإجحاف بحقّ المرأة وذاك الازدراء بقدراتها وبدورها المجتمعي، إلى العادات والتقاليد التي يُرَبّى عليها الأولاد، بل وإلى القانون الذي غالباً ما يَنْصُر الرجل عليها وبخاصة إن ارتكز على الدين واستقوى به. فعندما يتعلّق النزاع بين المرأة والرجل بالطلاق، يعطي قانون الأحوال الشخصية للطوائف والمذاهب في لبنان الرجل حقاً بالملكية وآخر بحضانة الأطفال. وفي زعم آمِنة أن الدين الحقيقي

لا يرمي بالمرأة المطلقة في الطريق ولا يجيز بحرمانها من أولادها، بل إن المجتمع الذكوري هو الذي يفسِّر النصوص المقدّسة بما يخدم مصلحته ويضمن ديمومته. وفي هذا السياق، تقول آمِنة:

- يضع الرجال القانون لمصلحة الرجال. وعندما يُلْجأ إلى الدين لحلّ أي نزاع بين الرجل والمرأة، تُفَسَّر نصوصه بما يضمن للرجل أفضلية على المرأة وهو ما يتجلّى في مسألة تعدّد الزوجات. صحيح أن القرآن يجيز للرجل بأربع زوجات ولكنه يشترط عليه معاملتهن بالحسنى والمساواة بينهن. أي رجل يقدر على تحقيق هذا النوع من العدالة المطلقة؟! لكن الرجال لا يتبنَّوْن إلا الجزء الأول من السّنة القرآنية. ويعود ذلك إلى غياب العنصر النُّسوي عن التشريع وعن المحاكم الروحية حيث يُكْتَب قدر المرأة ويُشَرَّع لمصلحة الرجل. لذا لا بدّ للقانون، وبخاصة إن كان وضْعِياً، أن يستضيء بالفكر النُّسوي.

ومن ناحية أخرى، ترى آمِنة ضرورة قصوى في متابعة العمل على توعية النِّساء بحقوقهن وقدراتهن وذلك للحدّ من التأثير الذكوري الهادف إلى إبعادهن عن السلطة. وهذه غاية جعلت منها فاطمة مهمّة حياتها. صحيح أنه لم تكن لها، في شبابها الأول، معرفة بحقوقها كفتاة ولاحقاً كامرأة، وصحيح أنها خضعت لتربية تقليدية شبه صارمة، غير أن أيّاً من أفراد عائلتها لم يمَسّ كيانها بأذى ولم يُلْحِق بها أي ظلم. لكنها عندما دخلت المعترك الاجتماعي وعملت عن قرب مع النِّساء، تنبَّهت

إلى أن العدد الأكبر منهن لا وعي له بالحقوق المقسومة له. وثَمّة من ترتضي أن يضربها زوجها لاعتقادها أن ضربها حقّ له، فلا تعترض ولا تثور. تلك كانت حال جدّتها وغيرها كثيرات ممن عانَيْن زجْرَ أزواجهن لهن وتحمّلن سوء المعاملة بصمت، إذ لم يكن اللجوء إلى الحما مضمون الفائدة. فإن كان منصفاً أَنصَفَهُنَّ، وإن كان على شاكلة ابنه ظالماً، غضّ الطّرف عن سلوكه العنيف ولم يكترث. وللأمهات مسؤولية في الدونيّة التي تقبع فيها بناتهن، فهن يُؤْثِرْن عليهن الأبناء. وبالإضافة إلى ذلك كله، فإن النِّساء قلَّما يَعْمَلن في السياسة أو يتبوأن منصباً في البرلمان حيث الرجال كثرة ساحقة. وإن أجيز لهن بالعمل فإن خِياراتهن محدّدة بالتعليم والرعاية الاجتماعية والتمريض.

عملت آمِنة لسبع سنوات مع منظمة محافظة إسلامياً للغاية، وتعلّمت فيها كيفية مقاربة المسائل الدقيقة التي قد لا ترتضي الجماعة نقاشها أو حتى التطرّق إليها. وعندما انتقلت إلى العمل مع جمعية النجدة اللبنانية، اعترضتها وزميلاتها صعوبات حالت دون المضيّ في مشروعهن الهادف إلى إلغاء «العنف ضد النِّساء»، لأن الاسم وحده كان قادراً على استفزاز الجماعات الإسلامية التي طالت الجمعية بتهديدات غير مباشرة. عندئذ اقترحت آمِنة على الإدارة استبدال الاسم بآخر هو «العنف المنزلي»، فسلك المشروع طريقه إلى التنفيذ لما فيه الخير العام. وخلال السنوات السبع، حقق المشروع تقدماً ملحوظاً وإن كان بطيئاً، إذ كان الرجال يحضرون المحترفات والندوات التي كانت آمِنة تحييها، وهو ما فرحت له لاقتناعها بأن للرجال دور بنّاء في حلّ مسألة العنف ضدّ النِّساء. فإن

كان الزوجان يواجهان مشكلة ما، لا يكفي دور المرأة وحدها لحلّها. لذا لا بد لهما من التباحث في سُبل الحلّ والتوافق عليها. وكنتيجة لذلك، صمّمت الجمعية محترفات للنِّساء وأخرى للرجال وأخرى مشتركة بين النِّساء والرجال وهي لا تزال تذكر ذلك الرجل الذي أتاها مرة وسألها التحدّث مع زوجته علّها تخفّف من غيرتها المُفْرِطة. فإن جرؤ على إلقاء التحية على امرأة في الطريق، ثارت ثائرتها ونكّدت عليه عيشه لدرجة بات معها يفكّر جدّياً بالطلاق. قبلت آمِنة برحابة صدر. كان النقاش مضنياً ومعقّداً ولكن الزوجان توصّلا بمواكبتها إلى حلٍّ أعاد راحة البال إلى منزلهما. وعندما سأله أصدقاؤه عما فعله لحلّ المعضلة، أجاب: «تحدثت مع آمِنة في الأمر فساعدتني». ولا تزال آمِنة تعتزّ بهذا الإنجاز.

لفتتني آمِنة أخيراً إلى أنها حين أقامت في الاتحاد السوفياتي، كوَّنت لها فكراً علمانياً. لكن، عند انهياره، تنبّهت إلى أن المنظمات العلمانية لا تساعد الناس بقدر ما ينبغي عليها أن تفعل. لذا تخلّت جزئياً عن تطرّفها وباتت تُعِدّ نفسها علمانية معتدلة. وثَمّة سبب آخر دفعها إلى هذا التحوّل وقد تمثل في الوجود النادر للنِّساء حتى في الحركات العلمانية والمدنية في لبنان. وهي لا تزال تذكر واحداً من النقاشات التي حضرتها في الاتحاد السوفياتي، والذي تمحور حول وجود الله. يومها، لم يستطع الأساتذة الجامعيون المشاركون فيه الإجابة عن المسألة بطريقة مقنعة.

الحاجة إلى الدولة الفلسطينية

عندما يتعلق الأمر بالوضع السياسي بالنسبة إلى الفلسطينيين عموماً وإلى النِّساء خصوصاً، تقول آمِنة إن حَلّ مسألة الدولة الفلسطينية بات أمراً ملحّاً.

توطدت أواصر الصداقة بيني وبين آمِنة التي رعتني خلال إقامتي في لبنان، ويسّرت لي ظروف عملي الميداني في المخيمات التي يستضيفها. ولتظهر لي مودّتها، دعتني إلى منزلها، حيث تعرّفتُ على كل من زوجها وولديها اللذين كانا لا يزالان يقيمان مع والديهما، وبخاصة منهما ابنتها الشابة صاحبة القول الصريح والشَّغف بالتصميم الجرافيكي.

وما لبثت آمِنة أن دعتني إلى إحدى القرى اللبنانية القريبة من الحدود السورية حيث كانت تعمل مع زميلاتها على مشروع يتمثّل في منتدىً مسرحي جعلت له من حقوق النِّساء محوراً، وأدّى المشاركون والمشاركات فيه عرضاً تجلّى فيه العنف المرتكز على النوع الاجتماعي. كان الحضور يعدّ نحو مئتي مشاهد فلسطيني توزعوا بين نساء ورجال من شرائح عمرية متنوعة، بالإضافة إلى الأطفال. تناول العرض ذاك اليوم العنف الذكوري ضد النِّساء وكيفية تفاعله في العلاقات الزوجية الضيّقة، حيث الرجل متسلّط وميّال إلى استخدام العنف. وعقِب العرض، دعي الحضور عموماً والرجال الذين كانوا يحتلّون الصف الأول خصوصاً، إلى اقتراح حلول للمشكلة سواء بالمشاركة في العرض أو بإدارة أداء الممثلين. ولقد كان لهذه الدعوة أن حملت الحضور على

الانخراط في اللعبة المسرحية الممثّلة لواقع مرير تعانيه النِّساء في الأحرام. أعجبتُ بالفكرة وبكيفيات تجسيدها المسرحي، فعمدت إلى اعتمادها نهجاً أطبّقه كلما واجهتني الصعوبات في تحقيق الوعي بالمشاكل التي يتسبب بها العنف المرتكز على النوع الاجتماعي، وذلك في المحترفات التي نظَّمتُها وأحيَيْتُها في كل من العراق ولبنان بل والسويد أيضاً. وثَمّة مواضيع أخرى كانت تحظى بالاهتمام والتجسيد المسرحي في سياق المشروع، ومنها الزيجات الإكراهية واستغلال الأطفال بطرق مختلفة، وهما مشكلتان معهودتان في تلك البيئة.

وفي طريق عودتنا إلى بيروت، أخبرتني آمِنة أن خِيارها في اعتمار الحجاب جعلها هدفاً للضغائن داخل جمعية النجدة اللبنانية (وهي علمانية)، لكنها لم تتنازل عنه، بل شدَّدت على أنها لا تزال المرأة نفسها التي تدافع عن حقوق النِّساء قبل اعتمارها الحجاب وبعده. وفي سياق الحديث، انتقدت آمِنة الحركات العلمانية في لبنان مشيرة إلى شائبتين فيها: تبعيّتها للنظام الأبوي التي لم تتخلّص منها بعد، وضعفها في الدفاع عن حقوق المرأة بالحجّة المقنعة. مع ذلك، لم تغادر فاطمة جمعية النجدة لأنها أقرب إليها أيديولوجياً من غيرها، فهي خبِرت العمل مع منظمة إسلامية متشدّدة وخرجت منها مقتنعة بضرورة فصل الدين عن السياسة.

كانت تجربة آمِنة بالنسبة إليّ درساً ثلاثي الأبعاد، إذ تعلمت منها أن للمرأة قدرة على إحداث تغيير في الواقع القائم إن هي اعتمدت أساليب مبتكرة غير تقليدية، وتابعت تحصيلها الجامعي وإن كانت

حامِلاً وربّة أسرة، واعتمرت الحجاب بقرار شخصي حُرّ لا يحول دون مواصلتها النضال نُصْرةً لحقوق المرأة والفكر النُّسوي. وكان آخر ما طلبته مني آمِنة ساعة الوداع، إهداء السلام لأقاربها في السّويد.

قصة خديجة

خديجة أحمد امرأة فلسطينية، قدمت عائلتها إلى بيروت في العام 1948، حيث استأجرت لها بيتاً في مخيّم للاجئين، ثم انتقلت للعيش في قرية واقعة في منطقة وادعة، أقامت فيها لنحو خمس سنوات، قبل أن تنتقل مرة جديدة إلى مخيّم للاجئين في الجنوب حيث كان يعيش العديد من أقاربها. وبعد سنة، استأنفت العائلة ترحالها لتحلّ في مخيّم باش، مسقط رأس خديجة، التي لها خمسة إخوة وثلاث أخوات. تعتبر خديجة أنها حظيت بطفولة أكثر سعادة من تلك التي قسمتها الأقدار لغيرها من أبناء جلدتها. إذ كانت ولفيف إخوتها وأخواتها لا يخرجون من فناء البيت لامتلاك العائلة حديقة يلعبون فيها. تذكر خديجة جدّتها لأبيها وقد كانت امرأة قوية وحكيمة، تحكي لهم عن فلسطين وعن الحياة التي كانت للعائلة فيها قبل النكبة وما استتبعته من نزوح. ومن خلال سردياتها الموصولة، كانت الجدّة تبتغي تعريف أحفادها بجذورهم وبتاريخ شعبهم، الذي احتفظت منه بعادات تعين العائلة النازحة على الاكتفاء الذاتي والاستمرار في الحياة الكريمة. ومن هذه العادات التقليدية، شراء الحليب صباح كل يوم وتحضير اللبن والزبدة على الطريقة الفلسطينية، أمام عيون الأطفال الذين علّمتهم أيضاً كيفية تجفيف الفواكه الموسميّة والإفادة منها في تحضير المُربّيات

والحلويات متّبِعة الوصفات التقليدية الموروثة التي أسهبت خديجة في شرحها لي بدقّة متناهية. ولقد أبقت خديجة من تلك الأيام في ذاكرتها مشهداً لا يزال يبهجها، تتجلّى فيه شقاوة الأولاد التسعة في ترصّدهم لخروج الجدّة من المطبخ لتذوّق المربّى اللذيذة في السِّر. كانت والدتها تعنى بالأعمال المنزلية اليومية تاركة للجدّة حسن المحافظة على التقاليد وحسن تربية الأولاد. إذ كانت الجدّة تعلّمهم على سبيل المثال كيفية الركض، والفارق بين الطريقة التي يعتمدها الفتى وتلك التي ينبغي على الفتيات اتباعها. إذ لا يجوز للفتاة أن تركض في الطريق وهي منفرجة الساقَيْن وذلك مراعاةً للحِشمة وحفاظاً على الكرامة. أما إن وضع أي ولد عِلكة في فمه، فعليه مَضْغَها برفْق واجتناب فتح فمه أثناء العَلْك وإلا قيل فيه إنه بلا أدب. كبر الأطفال إذاً في رعاية امرأتين، الأم والجدّة التي كانت في بعض الأحيان تنوب عن كِنّتها في الاعتناء بهم قلباً وقالباً. لذا، لم يفلح النسيان في إلغاء صورة الجدّة، التي عَنَت لهم الكثير، من ذاكرتهم.

العمل السياسي وكَسْب الرزق

كانت عائلة خديجة أفضل حالاً اقتصاديةً من غيرها من العائلات الفلسطينية النازحة، لانتمائها إلى مجموعة نجحت في الحلول في لبنان وفي جيوبها بعض المال. كانت جدّة فاطمة لأمها امرأة قوية رفضت بحزم الاستثمار في أي شيء في الأماكن التي اضطرت إلى اللجوء إليها، حيث لم تقتني منزلاً ولم تشتري أرضاً، بل وفّرت كل إيرادات العائلة ليوم تعود فيه إلى فلسطين. لكنها مع ذلك أجازت لابنها بشراء جرّار

أوكلته استعماله في العمل الزراعي، وهو كان في بعض الأيام يؤجّره للمزارعين. أما والد فاطمة فكان منهمكاً بالنشاط السياسي، إذ كان عضواً في اللجنة العربية ويستضيف في المنزل العديد من الاجتماعات السياسية، التي ما كانت والدتها تعلم عنها شيئاً، إذ كانت الجدّة ترسل بها والأولاد إلى منزل أحد الأقارب، كلما أحسّت بتوتر الأجواء نظراً لدقّة الأوضاع التي كان يتمحور النقاش حولها. ومع أنه كان ناشطاً في العمل السياسي المقاوم، إلا أن والدها لم يدخل السجن مرة واحدة. في أحد الأيام، قتل أحد النشطاء في السجن، فتوارى والدها عن الأنظار فيما اعتقل معظم أصدقائه. غير أن الوالد عاد في اليوم التالي وجَدّ حتى وجد محامٍ في صيدا توسّطه للإفراج عن أصدقائه جميعهم وقد عدّوا عشرين شخصاً.

كان والد خديجة رجلاً متمتعاً بالذكاء وحسن تدبير الأمور والروح القيادية، يَحِلّ الفلسطينيون في منزله من كل حَدْب وأَوْب: طرابلس، بيروت وصيدا، فيعقدون الاجتماعات مع اللجنة، ومن اضطر منهم إلى المبيت في منزل العائلة، وجد فيه الرَّحْب والسَّعة.

لم تكن سِنّ فاطمة اليافعة في تلك الأيام لتسمح لها بإدراك أهميّة والدها وتعلّق الناس به. فهو عندما أصيب بمرض ألزمه بدخول مستشفى الجامعة الأميركية في بيروت، عاده العديد منهم لدرجة اضطر معها إلى تغيير غرفته. وخلال إقامته الاستشفائية، كانت أمها في المنزل تستقبل الزائرين وهم في طريقهم إلى بيروت ثم تستضيفهم عندما يعودون منها، هذا بالإضافة إلى اضطلاعها بمسؤولية عائلتها

الوافرة الأولاد والأنسباء، كالجدّة والعمّة التي حلّت في دارها للولادة وما لبثت أن توفّيت تاركة خمسة أطفال آخرين بقَوْا بصحبة والدهم في الكويت. اضطرت عندها أمّ الفقيدة أي الجدّة، إلى الذهاب إلى تلك البلاد لتُعين صهرها المترمِّل حديثاً على تحمّل مصابه، وبقيت في داره طوال ستة أشهر كانت غاية في الإجهاد والتعب. وعندما عادت الجدّة إلى لبنان، اصطحبت صهرها وأولاده، فعاشوا جميعاً في منزل عائلة خديجة، حيث تولّت والدتها رعاية خمسة عشر طفلاً، وهو ما لم يَسْتَسِغْه والدها لأنه بالكاد كان يجد وقتاً يقضيه برفقة زوجته، التي ما كانت تنام إلا أربع ساعات في اليوم، إذ كانت تبدأه عند الثالثة فجراً بالعجين يَليه كل من الخبيز والغسيل وإعداد الأولاد للمدرسة التي كانوا يعودون منها عند الواحدة من بعد الظهر ليجدوا طعامهم وملابسهم النظيفة بانتظارهم. وثَمّة شقاء آخر كابدته والدتها في تلك الأيام تمثل في عدم وجود الكهرباء في المخيّم، مما كان يضطرها إلى إنجاز كل الأعمال المنزلية يدوياً. أما الماء، فلم تكن هي الأخرى متوفرة داخل المنزل، بل كان على أمّ العيال تلك سحبها يومياً من البئر القريبة، فيما يذهب الوالد إلى نقاط مياه الشفة العمومية ليملأ المستوعبات الصغيرة بما تيسّر له منها. ولقد وجب على العائلة انتظار أوائل الستينيات، لرؤية مياه الشفة تجري في المنزل.

أهل خديجة

كانت والدة خديجة في السابعة عشر من عمرها عندما تزوجت بمَنْ كانت الأقدار ستجعل منه والدها، وقد كان في الثلاثين. كان الزواج

مدبّراً إذا تقدم لخطبتها وأثار فيها انطباعاً جيداً فوافقت. ولم يعترض أهلها لتحدّر الصهر المستقبلي من عائلة ثرية ومؤثرة في المنطقة. مع ذلك، لم يحسم الأمر نهائياً إلا بعد أن قامت كل من العائلتين بالتحقق، عبر سؤال القاصي والداني، عن سلوكيّات الشاب والفتاة.

توفِّي والد خديجة جراء جَلْطَة دماغية أصابته في العام 1996 خاتمة سنواته الطويلة من المعاناة من القصور الكَلَوي، وهو الذي كان دائم التشنُّج لإخفاقه في تجاوز نزوحهم عن فلسطين التي كان يرتقب العودة إليها: «سنعود». هذا ما كان يكرره في كل يوم من أيام حياته على مسامع أهل بيته وأصدقائه. عقب رحيل والدها، أخذت والدتها على عاتقها منفردة الاضطلاع بأعباء العائلة، وبين ذراعيها رضيع بالكاد بلغ شهراً من العمر هو أخ خديجة الأصغر. تبلغ والدتها اليوم الثامنة والثمانين من عمرها وهي لا تزال قوية العود والشَّكيمة، تمضي النهار لتديّنها في قراءة القرآن، مؤدِّيةً الفرائض والعبادات، كالحجّ إلى مكّة المكَرَّمة مرتين. وعلى الرغم من إيمانها الخالص بالإسلام إلا أنها لا تُؤمن بطابعه السياسي كما تفعل حركة حماس ونصراؤها. واللافت في هذه المرأة المسِنَّة انفتاحها، فهي، وإن كانت ملتزمة باعتمار الحجاب، لم تفرضه يوماً على بناتها، بل هن ارتضَيْنَه بمَحْض إرادتهن، باستثناء خديجة التي ترى فيه عادة تقليدية أكثر من واجب ديني، مع أن واحدة من بناتها تلبَسه.

خضعت والدة خديجة لجراحة في العين ولم يطل الأمر بأختها حتى خضعت هي الأخرى لجراحة مماثلة، وفي المرتين عاد الفضل إلى مساعدة

خديجة التي تجد لدى أخواتها حبّاً جمّاً، دفع بإحداهن إلى عقد العزم، بعد زواج آخر بناتها، على مغادرة منزلها والإقامة مع خديجة والوالدة.

في غالب الأحيان، تطال والدة خديجة حركةَ حماس بالنقد لإقدام عناصرها على إلزام النِّساء في قطاع غزّة بارتداء الحجاب وهو ما يثير حفيظتها ويحملها على القول إن القرار الأول والأخير في هذا الأمر يعود إلى النِّساء أنفسهن. وهي تزعم أن حماس ليست حركة إسلامية بل حركة سياسية وأن فلسطين ليست هي الأخرى بلاداً إسلامية بل إن أهلها مسلمون ومسيحيون ودروز، وهي ستبقى على انفتاحها وتعدّديتها مهما حصل. ومن جهتها، تعتقد خديجة، المؤمنة بالمجتمع المدني العلماني كوالدتها، أن للضغط الذي تمارسه النسيبات تأثير كبير في حمل المرأة على اعتمار الحجاب الذي تقبل المسِنّات عليه بموجب التقاليد، وأن النّقاب الذي يغطي كامل جسد المرأة من رأسها حتى أخمص قدمَيْها لا علاقة له بالإسلام البتّة. صحيح أن والدها كان يفضل أن تلتزم المرأة المسِنّة باعتمار الحجاب، لكنه كان منفتح العقل يدعم بقوة تعليم المرأة. فهو كان على الدوام يشجّع خديجة على الدراسة وعلى الذهاب إلى الجامعة، رافضاً انقطاعها عن المدرسة بعد الصف السادس بهدف الزواج؛ كما أنه كان مستعداً لإرسالها إلى رام الله إن وجدت في لبنان عوائق تحول دون انتسابها إلى الجامعة فيه. وهو كان دائم التشديد على ضرورة أن تجد لها عملاً لأنه كان يرغب في رؤيتها امرأة قويةً متعلّمةً ومستقلةً. لذا، فإنه كان يتابع عن قرب أدائها وأداء أخواتها المدرسي ويقدم لهنّ العون كلما اقتضت الحاجة ذلك.

سعي النظام الأبوي إلى الهيمنة على الخيارات النِّسْوية الحرّة

لم يكن في المخيّم مدرسة ثانوية، فالتحقت خديجة بتشجيع من والدها بمدرسة خاصة في المدينة، كان فلسطينيون يتولَّوْن إدارتها، لكنها كانت مفتوحة الأبواب لكل مَنْ شاء ارتيادها، وهذا ما يفسِّر تعدديتها المتّحدية. خلال السنة الثانوية الثانية، بدأت مشاكل خديجة مع خالها الذي كان يتذمّر من ذهابها إلى المدرسة، لكن جدتها أنصفتها ووقفت في جانبها، تماماً كما فعل كل من والدتها وشقيقها. وفي السنة التالية، رفض الخال رفضاً قاطعاً ذهابها إلى سوريا للخضوع لامتحان الدخول إلى الجامعة وفاقاً للعادة السائدة، فاضطرت إلى التخلي عن المدرسة. كانت يومها في السابعة عشر من عمرها، فأصيبت باكتئاب ذهب بنصف وزنها تقريباً.

في هذا الوقت، كان شقيقاها يكملان تحصيلهما الجامعي، واحد في مصر والآخر في تركيا، علماً أن شقيقها الأكبر كان قد نال شهادته الجامعية في لبنان. طوال تلك الحقبة، لم يكفّ الخال يوماً عن التبرّم والتذمّر، إذ لم يكن للتعليم العالي أية أهمية في نظره، بل إن العمل هو الذي يجب أن يكون مبتغى الشبان. كان الخال قد باع الجرار، واكتفى باقتناء حانوت صغير جعل منه مقهى، راح الرجال من الفلسطينيين يرتادونه لارتشاف القهوة وللنقاش في السياسة. لكن الميليشيات السائدة في تلك المنطقة آنذاك ألزمته بإقفاله، فامتثل لأمرهم في العلن، لكنه أعاد فتح المقهى في منزله هذه المرة وفي الخفاء.

تعود خديجة بالذاكرة إلى الخوالي من الأيام لتخبرني بيوميات عائلتها التي كانت تفرِض على الأولاد، وأيّاً كانت سنّهم، البقاء في المنزل عندما لا يرتادون المدرسة، وما عدا ذلك ممنوع. لا مجال للتسكّع في الحي أو خارجه. عندما دخلت خديجة المدرسة الخاصة، كان عليها أن تقصدها سيراً على الأقدام، فسألتها والدتها ألا ترخي شعرها الطويل بل أن تَعْقِصَه. لم تفهم يومها خديجة القصد من هذا التدبير، لكنها في اللاحق من الأيام، أدركت أن السبب فيه إنما كان حمايتها من ألسنة الناس التي قد تلوك سمعتها بالسوء، وهذا ما لم تكن العائلة لترتضيه البتّة لأن للشائعات، وإن كانت كاذبة مغرِضة، عواقب وخيمة على سمعتها. صحيح أن الأمر ما كان مطروحاً داخل المخيّم، حيث يعيش اللاجئون كأسرة، لكن خارجه كان محفوفاً بسوء الظنّ الذي ما أن يرى شابة في الطريق مع رجل غريب، حتى يبدأ باتهامها بالانحلال الأخلاقي وبنشر الشائعات المغرِضة بحقّها وحقّ أهلها. ومن هنا، ثَمّة عنف شائع مرتبط بالشرف وقمع النِّساء في الأراضي الفلسطينية المحتلة أو في المخيمات ضَمناً به، علماً أن القوانين الأسرية تبرر «جرائم الشرف» وتعطي لمرتكبيها أسباباً تخفيفيّة فلا يعاقبون على فعلتهم، وإن عوقبوا فبالتوبيخ ليس إلاّ. لذا كان على أهل المخيم التكاتف والتنبّه إلى أي غريب يدخل المخيّم بغرض التواصل مع إحدى بناته.

في الماضي، ما كانت تلك هي الحال وما كان أهل المخيّم يفرّقون بين الرجال والنِّساء، بل إن الأولاد أنفسهم ما كانوا يفهمون معنى أن يكون المرء رجلاً أو امرأة. لكن الأمور تغيّرت في ظلّ وجود الجماعات

الإسلامية التي تعمل، ومنذ عشرين عاماً، على تلقين الشباب والشابات، بل حتى الأولاد، تعاليم تقضي بالفصل بين الذكور والإناث، فما عاد في استطاعة الفتاة أو الشابة التحدث مع الفتى أو الشاب إلا في الخفاء، وهو ما يحزن خديجة لأنها ترى فيه تقهقراً للمجتمع حيث نشأ الفتيان جنباً إلى جنب مع الفتيات؛ فما الذي يحول عندما يكبرون دون تقاربهم. ترى خديجة أن السياسيين الإسلاميين يرتكبون خطأ فادحاً بفصلهم الذكور عن الإناث وأن حَلّ المشكلة يكمن في نقاشها داخل المخيمات وفي المدارس. أخبرتني خديجة عن مدير مدرسة ينتمي إلى الإسلاميين، قام بتطبيق هذا الإجراء في ظلّ رفض الأولاد وأوليائهم ومدرّسيهم له، قائلاً إن في جمع الجنسين «حرام» يعاقب عليه الله. لا تعلم خديجة ما إذا كان نقاش المسألة مع الإسلاميين سيؤتي ثماره، لكن المحاولة تبقى مع ذلك واجبة.

تقول خديجة إن الفصل على أساس النوع الاجتماعي أصبح أسوأ خلال السنوات القليلة المنصرمة، وإن له تداعيات سلبية للغاية على التعلّم والتعليم. فعوض التركيز على تحصيل العلم وتحقيق الإنجازات فيه، يتلهّى الشباب والشابات بالبحث عن وسائل تضمن لهم الاتصال والتواصل. وبالإضافة إلى ذلك، ما عاد النقاش داخل الصفوف المدرسية، التي باتت أحادية النوع، يعتني بالآراء والتجارب المتنوعة. وبالتالي، أصيب المجتمع بالركود، واقتصر التقدّم على الإسلاميين الباسطين لنفوذهم أكثر فأكثر، مع أنهم لا يفقهون من القرآن وتعاليمه إلا القليل، وهم يستقوون به للتصدي للناس وقمعها والحدّ

من مطامح أولادها. ولا يَسَعُ خديجة والحالة هي هذه إلا الأمل في أن تدرك السلطات في كل من لبنان وسوريا والأردن والأراضي الفلسطينية المحتلّة أن لا وجود للبلاد الإسلامية المتشددة والخالصة، وأن هذه الدول تتشكل من شرائح سكانيّة مختلطة، ذات خلفيات دينية وإثنية متنوعة. لذا وجب على هذه السلطات أن تتخذ قراراً حاسماً بفصل الدين عن السياسة وباعتماد القانون المدني نِبْراساً عوض الشرائع الدينية.

في الطريق إلى الوعي السياسي

كانت الوالدة عاجزة وغاضبة حَيال اضطرار خديجة، ابنة السابعة عشر، إلى التخلي عن المدرسة، لكنها سرعان ما شجعتها على زيارة مدرّستها القديمة المقيمة في الجوار، ومحاولة الحصول من خلالها على فرصة عمل في مدرسة خاصة. وعندما سألت بعد حين عن السبب، قيل لها إن المدرسة كانت تخضع لزيارة تفتيشية رسمية؛ ولأن الفلسطينيين ممنوعين من العمل في لبنان في المؤسسات العامة، وجب إخفاءها عن أنظار المفتّشين في حين استُثنِيت مدرّستها من المساءلة لأنها تلبّي حاجة الإدارة التي لم تجد أفضل منها بين اللبنانيين في المنطقة لتدريس اللغة الإنجليزية. هكذا فقدت خديجة فرصة عمل مفيدة واضطرت إلى ملازمة البيت لسنتين قصدت خلالها الجارة وقد كانت خيّاطة. لم تجرؤ أيامها إطلاع خالها على ما تفعله كما أخفت الأمر عن الجيران. كانت شغوفة بالتطريز وبما أنها كانت نحيلة القوام، درجت على خياطة ملابسها بنفسها.

في العام 1972، شرع الإسرائيليون بالقصف وهو ما أشَّرَ إلى بداية الحرب في لبنان، حيث نشب نزاع بين فصيل من الجيش اللبناني والمخيّمات، فاضطرت عائلة خديجة إلى النزوح عن المخيّم والإقامة في صيدا. لكن، وبسبب اكتظاظ المنزل الجديد بساكنيه، غادرت خديجة إلى بيروت حيث أقامت بمعيّة خالة لها تعيش وحيدة وتكسَب الرزق في المدينة. وبما أن بيروت ما كانت بعيدة جداً عن صيدا، بقيت خديجة عند خالتها وطالت إقامتها في ضيافتها ثلاث سنوات. وفي العام 1973، عادت الأجواء إلى التشنّج والاضطراب الذي تفاقم حتى انفجرت الحرب في العام 1975 وبدأت الثورة في المخيمات الفلسطينية، التي قصدها عدد كبير من الناس للمساعدة.

في السنة التالية، حضرت نُسوة لمقابلة خديجة وعَرَضْنَ عليها العمل في روضة أطفال، لكنها تردّدت في القبول لضعف صحتها، فقدّمن لها فرصة أخرى تمثّلت في حضور أعمال محترف في بيروت مرتين في الأسبوع. وجب عليها إذ ذاك الدخول في صراع مع خالها بشأن الذهاب إلى بيروت وتعلم مهنة الحادِقة. لم يقل شيئاً مع أنه كان يستشيط غيظاً، فصَبّ جامّ غضبه على والدتها. تطوّعت خديجة للعمل في روضة الأطفال، لكن ليس كموظفة دائمة لأنها لم تشأ تحمل مسؤولية التلامذة الصّغار وهي غير مختصّة في هذا النوع من التربية بعد.

قصدت خديجة بيروت بمعزل عن إذن خالها. وبعد شهر، جاءتها نساء النجدة اللبنانية وزفّت لها بشرى اختيارها لتكون في عداد الحادقات العاملات بإشراف الجمعية. راحت خديجة تبكي لشدّة تأثّرها، ومع أنها

لم ترتضِ الوظيفة رسمياً، إلا أن النِّساء أقنعنها بالمحاولة أولاً والتقرير لاحقاً إثر تقييم أدائها.

تأسيس روضة الأطفال

بدأت خديجة العمل في مخيّم الرشيدية ضمن مشروع تأسيس روضة للأطفال فيه. فقامت وزميلاتها بطلاء الجدران وتأثيث الغرف وتحضير المواد التعليمية ووسائل الإيضاح. وبما أنهن كُنَّ يفتقرن إلى المال، قمن بكل ما يلزم بأنفسهن وطِفْنَ بحثاً عمن يقدم لهن أثاثاً ومواداً. وعندما زارتهن حادقات عاملات في روضات أخرى، دهشن لما نَجَحْن في تحقيقه بلا أية موارد تذكر. بدأت خديجة وزميلاتها بتسجيل الأطفال فانتَهَيْن إلى جمع أربعين منهم، ذكوراً وإناثاً، تراوحت أعمارهم بين الثالثة والرابعة.

كان العمل صعباً في ظِلّ بكاء الأطفال في الأيام الأولى، لكن خديجة قسَّت قلبها وانكَّبت على العناية بهم. وبعد زمن قصير، اضطرت الروضة إلى الانتقال إلى مكان كان هو الآخر ضيقاً وبالكاد يتسع للتلامذة وقد تنامى عددهم فبلغ اثنين وخمسين. مع ذلك، استمرت الحادقات في العمل بكل الوسائل المتاحة لتحقيق أفضل النتائج واكتساب ثقة أولياء الأطفال في المخيّم حيث كان الهدف الأول من الروضة رعاية الأطفال فيما تذهب أمهاتهم للعمل. لكن سرعان ما تنبّه الأولياء إلى فائدة الروضة في تحضير أولادهم للمدرسة الابتدائية، فإذا بالأمهات العاطلات عن العمل خارج المنزل، ترسل بصغارها إليها.

انتشرت الفكرة فوصلت مخيّمات أخرى ونجحت خديجة في جمع المواد التربوية ووسائل الإيضاح فأضحت «مُكْتَبِة» الروضة. كما أنها تسلَّمت رسالة ثناء وتقدير من صُنّاع القرار في المخيّم الذين ألزموا المدارس الأخرى بإمداد الروضة بما تحتاجه من مستلزمات تربوية وذلك من باب المشاركة والتكافل. وإذ نالها التحسّن، سارت الأمور على خير ما يرام وفرح فريق العمل بإنجازاته وعبَّر عن امتنانه للعون الذي وصله من الناس ومدارس المخيّم. وفي الروضة، أدخلت خديجة حيّز التطبيق دروساً اكتسبتها من عائلتها، كأن يكون لكل طفل خصوصيّة فيمتلك قرطاسيّته وصحنه وكوبه ويكون مسؤولاً عنها جميعاً، وكأن يُعنى بمظهره ونظافته وأناقته، فَسَرَت هذه العادات الطيّبة بين الأولاد والأولياء.

عملت خديجة في روضة الأطفال بإشراف مدرّسة ضالعة في العمل الحزبي، سألتها المساعدة على رعاية اللاجئين وفيهم العدد الكبير من النِّساء والأطفال والعجَّز، الذين نزحوا عن مخيّم في صيدا شنّ عليه الإسرائيليون غارة جوية دمّرته بالكامل. لم تتأخر خديجة في التطوع وانضمت إلى فريق المغيثين وراحت توزّع على اللاجئين البطّانيات والمواد الغذائية التي وصلت من النجدة الشعبية الفلسطينية، علماً أن جميع المنضويين في منظمة التحرير الفلسطينية آنذاك هبّوا للمساعدة. وبالتزامن مع الهجوم الإسرائيلي الآثم، لقي العديد من الرجال مصرعهم على أيدي عناصر إحدى الميليشيات اللبنانية، أمام عائلاتهم في بعض المرات، بينما تعرّض آخرون للخطف ثم القتل. ولا تزال

بعض العائلات تجهل ما حَلّ بأبنائها وتنتظر عودتهم.

في العام 1982، توقفت خديجة عن العمل في روضة الأطفال عَقِب الغارات الجوية الإسرائيلية التي دمّرتها أُسوة بالملاجئ جميعها. غير أن أيّاً من الأطفال لم يُصبْ بأذى. وخلال الحصار، تجمّع أهل المخيّم في «دار الجماعة» الذي حَلّ فيه الإسرائيليون بعد بضعة أيام وأمروا الرجال بالخروج منه، فاعتقلوا بعضهم وسمحوا للآخرين بالبقاء فيه؛ وما لبثوا أن أجازوا للعائلات بالعودة إلى منازلها. كان العديد من الأهالي مصابين جراء القصف، فانكبّت خديجة على تقديم العناية التمريضية الأوليّة لهم، معتمدة في تضميد الجروح الطفيفة على الدورات الإسعافية التدريبية التي تابعتها، بينما امتنع أحد الأطباء عن المساعدة، على الرغم من الاستغاثات التي كانت تصل مَسْمَعَه من كل زاوية من «دار الجماعة». وبالنظر إلى اندفاعها، ظنَّها البعض طبيبة، فراحوا ينادون عليها بـ «الدكتورة»، لكنها كانت في كل مرة تجيبهم قائلة: «ليست دكتورة؛ أنا حادقة في روضة الأطفال وأفعل ما في وسعي». تبتسم خديجة اليوم لطَيْف الذكرى، لكنها وقتذاك كانت تجهد في إسعاف الجرحى، على امتداد الليل والنهار، ولا تتوقف، في بعض الأيام، إلا عند الثالثة أو الرابعة فجراً.

أرادت مرةً إحدى صديقاتها زيارة منزلها في المخيّم. وفي الطريق، باغتهما القصف بست قذائف، سقطت اثنتان منها أمامهما واثنتان ورائهما. وخلال هذا القصف، صُرِع العديد من الناس أمام عينيها وجرح آخرون. ومع أنها أصيبت بشظايا في ساقها، إلا أنها لم

تتأخر في إسعاف من استطاعت إلى إسعافه سبيلاً، إذ كانت تلك «مَهمّتها» الجديدة.

مرة أخرى، جمع الإسرائيليون الناس في «دار الجماعة». كانت التجربة بالنسبة إلى خديجة سرياليّة؛ حاولت التقدم، لكن الإصابة في ساقها منعتها من ذلك. وسرعان ما وصلت إلى المكان سيارة إسعاف تابعة للصليب الأحمر، راحت تلمّ الجرحى، فضمّد المسعفون جرحها. ولم يطل الأمر بالإسرائيليين حتى عادوا واعتقلوا بعض الشبان. عقب ذلك بقليل، همّت العائلات بالعودة إلى ما تبقى من منازلها، فيما بقيت خديجة لمساعدة مُسْعِفي الصليب الأحمر والهلال الأحمر الفلسطيني.

الوعي السياسي

عادت خديجة بمعيّة شقيقتها إلى منزل العائلة في صيدا لتجد والدتها، التي ما كانت تعرف بالهجوم ولا بما حَلّ بابنتَيْها، وقد عصف بها الخوف وتملّك منها القلق. وبعد مضي بضعة أيام، قصدت خديجة مركز الصليب الأحمر للمساعدة، ففرح الطبيب الذي سبق لها أن ساندته، لقدومها، مُثْنِياً على حسِّها بالمسؤولية التكافلية. ثم، عندما انتفت الحاجة إلى بقائها، عادت إلى منزلها لتمكثَ فيه منصرفةً إلى التأمل في مستقبل كانت تجهله تماماً.

خلال الهجوم، فقدت خديجة الاتصال بأقرب إخوتها إلى قلبها، لكنه اتصل بها من بيروت طالباً منها موافاته إليها، حيث كان العديد من المتطوعين الفلسطينيين قد وصلوا المطار قبل إقفاله. كان على وشك

الانضمام إلى منظمة التحرير الفلسطينية ويحتاج إلى جواز سفر سألها المساعدة على تأمينه وإن بطريقة غير شريعة، وهو ما كان ممكناً في تلك الأيام إن امتلك السائل ما يكفي من المال. ذهبت خديجة برفقته إلى سوريا حيث أمضيا يومين ثم قصدت بلغاريا لاستكمال تخصّصها في التربية الحضانيّة، وذلك بفضل منحة حصلت عليها من اتحاد النِّساء. وعندما عادت أخيراً إلى لبنان، اضطرت إلى اختيار العلوم السياسية لعدم وجود الاختصاص الذي كانت بدأته.

لكن، وبما أن الأوضاع في لبنان كانت مضطربة، قررت خديجة التخلي عن الجامعة ومزاولة النشاط السياسي على الأرض بالتزامن مع عملها كحادقة في جمعية النجدة التي عادت إليها، وذلك قبل أن تقرر أخيراً الانضمام إلى منظمة التحرير الفلسطينية.

في قصة خديجة العديد من النواحي المثيرة للاهتمام، ليس أقلّها كيفية انتقال فتاة من الحياة القاسية في واحد من مخيّمات اللاجئين في لبنان إلى امرأة ملتزمة سياسياً فاعلةٍ في الميدان، لا سيما وأن الفلسطينيين يعَدّون في هذا البلد، وذلك بحسب ما أفادتني به الفلسطينيات اللواتي قابلتُهن، مواطنين من الدرجة الثانية يفتقرون في غالبيتهم العظمى إلى الهوية اللبنانية، ما يعني خضوعهم للقوانين الأسرية الدينية المتضمّنة مادة تسري مفاعيلها على الأراضي الفلسطينية المحتلة كما على مخيّمات اللاجئين، وتقضي بتسويغ جرائم الشرف بالظروف التخفيفية، فلا تُنْزَل العقوبات الصارمة بحقّ مرتكبيها، هذا إن لم يُعْفَ عنهم صراحة. وثَمّة من سعى من القادة السياسيين إلى إلغاء هذه المادة من مدوّنة

تلك القوانين، غير أن جهوده لم تؤتِ ثمارها. وثَمّة أمر آخر يثقل كاهل الفلسطينيين، وهو ذاك الكامن في التمييز العنصري بينهم وبين اللبنانيين، بحيث يحول دون دخول أبنائهم إلى مدارس القطاع العام في لبنان، وبحيث يضطر شبابهم إلى الاعتماد على المنح الدراسية التي تزوّدهم بها الدول الداعمة للقضية الفلسطينية، كروسيا وبلغاريا، لمتابعة تحصيلهم الجامعي فيها. أما المرأة الفلسطينية اللاجئة، فإنها تعاني الأَمَرَّيْن، إذ تحتّم عليها كَينونتها الأنثوية الدخول في صراع مع النظام ابوي لانتزاع حقِّها بالتعليم، وتحتّم عليها كينونتها السياسية كلاجئة الدخول في صراع مع الدولة اللبنانية التي لا تعدّ اللاجئين مواطنين لهم الحقّ في الإفادة من التعليم في القطاع المدرسي والجامعي العام. وإن أمكن لخديجة النجاح في تنمية قدراتها فلوقوف امرأتين استثنائيتين في صفها: جدتها لأبيها التي لم تلزمها باعتمار الحجاب، ووالدتها التي كانت لها سنداً وذخراً في تصدّيها للتحكّم الذكوري بخِياراتها ومستقبلها الذي مارسه خالها بحقّها، وذلك كله في مجتمع غلب عليه التمييز على أساس النوع الاجتماعي، فباعد بين الإناث والذكور في المدرسة، وحدّد الأدوار المنوطة بهاذي وأولئك في المجتمع، بما يضمن بقاء المرأة في مرتبة أدنى من تلك المقسومَة للرجل. ولقد كان للتجارب التي خاضتها خلال القصف الإسرائيلي للمخيّمات الفلسطينية وما اضْطُلِعَ به أو غُضَّ الطَّرْفُ عنه من تنكيل بحقّ أهلها، أن ساهم في تنمية وعي خديجة السياسي الذي ما كان ليكتمل لولا تبصّر والدتها في الإسلام السياسي وإدانتها المكرورة لاستقواء حركة حماس بالدين

بهدف التضييق على النِّساء وإلباسهن الحجاب بالإكراه.

قصة مريم

ما من شيء في حياة مريم يدعوها إلى الشعور بالسعادة. فهي ابنة مخيّم برج البراجنة التي عرفت وأهلها مرارة الحلّ والتَّرحال من مكان إلى آخر، سعياً إلى ملاذ يحتجبون فيه عن ويلات الحروب التي شهدوا عليها وقد كان آخرها الحرب الإسرائيلية على لبنان في تموز/ يوليو من العام 2006.

ولدت مريم لإحدى وستين سنة خَلَت في قطاع عكا من الأراضي الفلسطينية المحتلّة. كانت رضيعة في شهرها السابع، عندما اضطر أهلها إلى النزوح بسبب النكبة. وفي خِضم الاهتياج الذي ساد مدينتها إبان إفراغها من أهلها بالقوة على أيدي الجنود الإسرائيليين، نَسِيَت والدة مريم ابنتها الغافية في البيت وراحت تركض مع الراكضين ولم تَفْطَن إلى رضيعتها إلا عندما وصلت الحدود. فأخذت بالعويل طالبة العودة لإغاثتها، لكن الجنود منعوها بصرامة أعقاب بنادقهم. غير أن أحد إخوتها تدبّر أمره، وعاد لإحضار مريم، معرّضاً حياته للخطر. لا أعرف إن كانت هذه الحادثة حقيقة أم أسطورة، فأنا غالباً ما سمعت بمثيلاتها خلال عملي الميداني في مناطق النزاع، ولم أتمكن يوماً من التحقّق من صِدْقِيَّتها. لكن ما استرعى انتباهي على الدوام هو ذاك الاضطراب الرَّضِّي الذي يعصِف بالعائلة على نحو مؤلم، عندما يُفصل الآباء عن الأبناء، وبخاصة في الحروب والاحتلالات، مع ما ترخيه

هذه وتلك من عواقب وخيمة على الأفراد كما على الجماعات، وبالتالي على المجتمع ككل. لذا تراني لا أكفّ عن التشديد على ضرورة التصدّي للعنف الذي يطال الأطفال جراء النزاعات المسلّحة.

وبالعودة إلى مريم، فلقد سار النزوح الأول بأهلها حتى وصل بهم إلى جنوبي لبنان حيث مكثوا لزمن قبل أن يضطروا إلى الرحيل مجدداً إلى بلدة قريبة من صيدا، لا يزالون يقيمون فيها إلى اليوم.

في طفولتها، حُرِمَت مريم من المدرسة نظراً لسنّها المتقدمة مقارنة بباقي الأطفال، فهي كانت في السابعة من عمرها عندما أمكن لأهلها العناية بتعليمها، ونظراً للأكلاف الباهظة التي ما كانوا قادرين على تأمينها سنوياً لتغطية مستلزماته. ولأنها الابنة الكبرى، بقيت مريم في المنزل، وأُرسلَ بإخوتها إلى المدرسة.

التاريخ يعيد نفسه

كانت مريم إذاً طفلة رضيعة عندما حلّت النكبة بفلسطين وأهلها فلم تشهد فظائعها. لكن، على امتداد سنوات اللجوء المستمر حتى الساعة، كان ما يتداول به أفراد العائلة من ذكريات بقيت لهم من تلك الأيام العصيبة، يقع في أذنها فحفظته ولما قابلتُها استحضرت بعضاً منه. تتمحور الذكرى الأولى حول جنود الاحتلال الذين اجتاحوا عكا وأمروا بعضاً من رجالها، من بينهم أحد أعمامها، بالتجمّع، ثم شرعوا يطلقون النار عليهم من بنادقهم الرشّاشة، فأرْدَوْهم قتلى إلا واحداً تمكّن من الهروب فنجا من المجزرة ووصل العائلة فأخبرها بما حدث.

وفي الذكرى الثانية، منزل كان الإسرائيليون يسوقون إليه الرجال الفلسطينيين بانتظام ثم يعلّقون لهم فيه مشانقهم. وفي الذكرى الثالثة، قُبض على أحد أعمامها، فوضعه الجنود أمام خِيارين: إما أن يقتلوه إما أن يقتلوا أبناءه الأربعة. لم يتردد الرجل في الاختيار، قائلاً: «أُقْتلوني»، فقتلوا أبناءه. أما الذكرى الرابعة، فعن خال احتجزه الجنود كرهينة وربطوه بالدبابة وسحلوه طوال تمشيطهم لشوارع أحد المخيمات.

عقب هذه الوقفة التاريخية، عادت مريم إلى سرديّتها وفيها أنها كانت، بين عامها السابع وعامها التاسع عشر، تعنى بكافة الأعمال المنزلية وتساعد أمها العاملة في الخياطة. ونظراً لامتلاك العائلة مزرعة صغيرة، كانت الابنة الكبرى تساهم في بَذْر الحَبّ وأعمال القطاف والحصاد. وتجدر الإشارة إلى أن بقاء الابنة الكبرى في خدمة أهلها والاضطلاع بالأعباء المنزلية، ورعاية مَنْ يصاب منهم بالمرض أو العَجْز أمر شائع في العديد من العائلات المتمسّكة بالتقاليد. وعندما بلغت سنّها التاسعة عشر، زوِّجَت مريم مُكْرَهَةً بابن عمّها، الذي ما كان يبتغي هو الآخر الاقتران بها. لكنهما اضطرا إلى هذا القِران، لأنه كان وليد تدبير اضطلع به أبوها وأخوها تماشياً مع التقاليد السَّارِية القاضية بتزويج أبناء وبنات العمومة من بعضهم بعض، ورغماً عن أنف إخوتها الآخرين الذين انبرى أحدهم مهدداً بقتل «العريس» بالمسدّس إن هو جرؤَ على أخذها، فحضر عناصر الشرطة وأوقفوه. وفي يوم الزفاف، رفضت مريم الخروج من المنزل إن بقي ابن عمِّها واقفاً داخله، فخرج. ثم رفضت مجدداً إن لم يكن بصحبتها أخوها الذي

أوقفته الشرطة. توسّط الأقارب إذ ذاك لإخراجه من النّظارة، فحضر وكان برفقتها لحظة خروجها من المنزل.

التعنيف والطلاق

كان الرجل عاملاً عادياً، لكنه كان سيئ الطباع، قاسي القلب، يابِس الرأس، ذا غيرة عمياء سوّغت له، طوال سنين زواجه، ضرب زوجته بالعصا التي تركت في جسدها آثاراً لا تزال تُرى حتى اليوم، وإهانتها بالسّباب والشتائم، وتعنيف أولاده الذين ألزم واحدهم مرةً بالركوع على فتات الزجاج طوال الليل. والغريب في أمر هذا العنف هو أن مريم لم تكن تستحقه، فهي كانت زوجة صالحة أنجبت لابن عمها ذريّة وافرة عدّت عشرين من البنات والبنين، عُنِيَت بتربيتهم على أكمل وجه. كم من مرة قصدت أهلها وسألت أباها السماح لها بالطلاق، ولكنه في كل مرة كان يرفض بعناد قائلاً: «لا بنات لديّ يَطْلُبْنَ الطلاق من أزواجهن!». ومن ناحية أخرى، كانت مريم تخشى في الحقيقة، إن وافق والدها على طلاقها، أن تعود حضانة الأولاد إلى زوجها فيحرمها منهم، وهو ما كان يحذّرها أقرباؤه منه، قائلين لها: «إن رحلت، بقي أولادك مع أبيهم!»، وهذا أمر ما كانت لتقوى على تحمله لشدّة تعلّقها بهم. ولعل هذا التعلّق هو واحد من أسباب غيرة زوجها عليها، وبخاصة من ابنها البكر الذي كان يحبّ أمّه حبّاً جمّاً. توالت الأيام والسنون، وانتظم العنف المنزلي المترافق بأنواع مختلفة من سوء المعاملة. وعندما أصبحت الحياة لا تطاق، رفعت مريم طلباً بالطلاق إلى السلطات الشرعية المعنِيّة، مستقوية بأخيها الأكبر الذي أكرهها في

الماضي على الزواج بابن عمّها وندم على ما فعل لما رأى معاناتها، وبابنها البكر الذي وقف في صفّها في المحكمة أُسوة بجميع إخوته وأخواته. ولما سألهم القاضي، في حضرة أبيهم وأمهم، ما إذا كانوا يودّون البقاء مع أبيهم أو الرحيل مع أمهم، أجمعوا على الخِيار الثاني. فاستشاط والدهم غيظاً وهجم على أمهم يريد ضربها، فمنحها القاضي الطلاق على الفور.

تركت مريم منزل الزوجية بصحبة أولادها العشرين منذ ثلاثين عاماً وراحت تعمل بجدٍّ في تنظيف البيوت والقطاف والحصاد في المزارع، وذلك طيلة عشر سنوات، تمكنت خلالها من الحصول على بعض المال من أحد الأحزاب السياسية لتنهض بأعباء إحدى بناتها الدراسية. وما لبث أن طلب الأولاد من أمّهم التوقف عن العمل، والبقاء في المنزل حيث كان زوجها السابق، الذي أخذ له زوجة جديدة ورزق بالأولاد، يأتيها طلباً للمشورة في هذه وتلك من الأمور. وعلى الرغم من العَلْقم الذي تجرَّعَتْه في بيته إلا أنها لم تحقِد عليه يوماً، بل لا زالت تحضّر له الأطباق التي يحبّها وتطلب من أولادها حملها إليه، لا محبةً به بل محبّةً بهم، فهي لا تريد لهم أن يضمِروا الكراهية لأبيهم. كبر الأولاد وتزوجوا وأنجبوا، ومريم اليوم سعيدة بهم وبأحفادها، وخصوصاً ببناتها اللواتي يعِشن بهناء مع أزواجهن، ولا يسعين إلى الطلاق؛ بل إن واحدة منهن أضحت جدّةً هي الأخرى.

أما اليوم وبعد مسيرة شاقة، أصبح بإمكان مريم توسيع آفاق مطامحها والانهماك بالنشاط السياسي المدني الهادف إلى الارتقاء بشأن

المرأة وذلك من خلال مساهمتها البنّاءة في تنمية وعي النِّساء بحقوقهن وبأهمية دورهن في المجتمع. وإن كان لمريم من هدف سام تصبو إليه فهو العودة إلى فلسطين المحرّرة من الاحتلال، حيث لا بدّ للنِّساء من المشاركة في صنع القرار وبناء المجتمع السّوي الضامن لأهله، ذكوراً وإناثاً، العدالة والسلام والازدهار. وبانتظار تحقيق هذا الحلم، تقبل مريم على واجباتها العبادية، وتعِدّ العدّة لأداء فريضة الحجّ إلى مكّة وتختزن في ذاكرتها ماضي فلسطين وتراث عكا قبل النكبة التي لفظتها وأهلها إلى المنافي حيث ألزمتهم بمقارعة الأقدار في المخيمات.

قصة فِتْنَة

تبلغ فِتْنَة عبد الله اليوم الثانية والأربعين من عمرها وتعيش في مخيّم برج البراجنة. كانت في الثانية عشرة من عمرها عندما أُصيب والدها بالمرض واضطرت والدتها إلى العمل في أحد المستشفيات. ونتيجة لهذا المصاب، لم تستطع فِتنة ارتياد المدرسة. لها ثلاثة إخوة وخمس أخوات، تزوجوا على التلاحق في سنّ السابعة عشر تقريباً، كفتنة التي اقترنت برجل يقيم هو الآخر في المخيّم عينه. قبل الحرب الأهلية التي عصفت بلبنان والحروب التي اصْطَلت بها المخيمات الفلسطينية فيه، كانت الحياة أكثر استقراراً ويُسْراً. أما اليوم، فإن زوجها يشقى طيلة النهار في العمل في مجال التكييف، فيما تعنى بأولادها الخمسة التي زوّجت منهم بنتين.

قبل الحرب، كان العمل متوفراً وسبل الرزق مفتوحة وإيراد الزوج

كافياً للنهوض بأعباء العائلة. أما اليوم فالزوج مصاب باضطرابات نفسية دفعت بزوجته إلى فتح حانوت صغير لتحضير الفلافل وبيعها في المنزل الواقع في بيئة فقيرة لا تزال تعاني من تبِعات الحرب، حيث لا إنماء ولا ماء ولا شبكة للصرف الصحي، ما يجعل الحياة قاسية للغاية، خاصة في فصل الشتاء.

وثَمّة مشكلة أخرى تنعكس عسْراً على الحياة اليومية وتكمن في التمييز العنصري الذي يعاني منه الفلسطينيون في لبنان، حيث اضطر ابنها العامل في محطة تلفزيونية إلى التخلّي عن عمله المربح، بسبب هويته، وهو ما أدخل المرارة إلى قلبه. لكنه وفِّق مؤخراً إلى الوقوع على فرصة عمل كمصوّر فوتوغرافي في إحدى الشركات اللبنانية التي، وإن أجزلَت له العطاء، لا تؤمّن له أي ضمان صحيّ.

يبتهج قلب فِتنة بأي خبر جيّد يأتيها من الأراضي المحتلة وتأمل أن يتمكن أحفادها على الأقل من العودة إليها والإقامة فيها بكرامة. أما أولادها فمعظمهم خارج لبنان، فيما يقيم اثنان منهما في جوارها. لفتنة ابنة تعيش في ألمانيا وهي لم ترها منذ سنوات ثلاث، وأخرى تقيم في جنوبي لبنان حيث تلتقي بها مرة في الشهر.

تعشق فِتنة عملها في تحضير الفلافل وبيعها، لأنه يشعرها بامتلاكها شيئاً يخصّها ويضمن لها استقلالية مالية تجعلها قادرة على النهوض بأعباء العائلة، فلا تضطر إلى طلب أي شيء من زوجها. لكنها تعلم أن أهل المخيّم، بما لهم من حِسّ تكافلي، مستعدّون لمساعدتها إن اقتضت

الحاجة ذلك. كما أن فِتنة تحبّ الحِرَف اليدوية وتُتقِن واحدة منها هي الحياكة التي علّمتها لابنتها قبل رحيلها إلى ألمانيا، حيث باتت اليوم تستعين بها لكَسْب الرزق في صناعة التّذْكارات. أما آمال فِتنة فتنحصر برغبتها في رؤية أولادها وأحفادها يعيشون حياة أقل عُسْراً من تلك التي قسمتها لها الأقدار.

الاكتفاء الذاتي

يتوقف نهوض المرأة بأعبائها على العائلة. فإن ساعدتها نجحت وإن نكّدت عليها عيشها أخفقت. ثَمّة نساء يبادرن إلى تحمل نفقات بيوتهن بمزاولة العمل داخل البيت، فيما تعمل الأخريات خارجه. أما فِتنة فلقد أفادت من تشجيع إخوتها ومساعدتهم المالية كما أنها اقترضت بعض المال من أحدهم، ففتحت حانوت الفلافل وأنتجت وأعادت المبلغ لصاحبه. كذا فعلت أختها التي تمتلك اليوم حانوتاً صغيراً تبيع فيه المواد الغذائية.

يصعب على الفلسطينيين الحصول على رخصة عمل في لبنان، كما يستحيل عليهم الإفادة من الضمان الصحيّ. وفي حال وجدوا لهم عملاً في المجتمع، نالوا عليه أجراً أقل من ذاك الذي يتقاضاه اللبنانيون إن هم قاموا بالعمل نفسه. وللتمثيل على الأمر، تحكي لي فِتنة عن ابنها الذي يعمل من السابعة صباحاً حتى السادسة مساء ولا يفيد من أي ضمان صحيّ. وبالنظر إلى انسداد أفق التغيير في الوضع الاجتماعي والاقتصادي للفلسطينيين في لبنان، يختار شبابهم الهجرة أملاً بحياة

أفضل. أما النِّساء الفلسطينيات فهن يستثرن إعجاب فِتنة، لقوة شكيمتهن وقدرتهن على الصبر على ظروف الحياة القاسية، ومثابرتهن على الأمل بتحسّن الأحوال، وهذه صورة ملؤها الأمل وإن تعارضت مع تلك التي يبثّها الإعلام وينشرها القادة السياسيون عنهن في بلادنا وفي الغرب عموماً.

تُظهر قصة فِتنة بوضوح النتائج السلبية للتمييز العنصري البنيوي في المجتمع اللبناني حَيال الفلسطينيين، وبخاصة في سوق العمل وسلسلة الرواتب والأجور. كما أن غياب الأمن الاجتماعي عن المخيمات يضاعف من هشاشتها الاقتصادية. لكن حياة فِتنة أنموذج يؤشّر إلى إمكانية تحسّن الفرص بحياة كريمة إن تعاضد أفراد العائلة الواحدة وتكافلوا. فهي لم تتخلى عن زوجها، الذي اقترنت به بملء إرادتها، عندما أصابه المرض؛ ولم يقف إخوتها في وجهها، عندما عقدت العزم على العمل واقترضت المال لتفتح لها ما يضمن لها استقراراً اقتصادياً وعيشاً كريماً.

قصة نوال

ولدت نوال العلي لعائلة وافرة عدّت تسعة أولاد كانت أصغرهم سِنّاً ونشأت وإياهم في مخيّم شاتيلا، مسقط رأسها، حيث استقر بهم المقام حتى اندلاع الحرب الأهلية اللبنانية وتعرّض المخيّم للقصف المدفعي. كان والدها يملك بعض المال، فاقتنى بيتاً في بلدة صغيرة قريبة من بيروت، عاشوا فيها خلال الحرب. تذكر نوال أنه كان للعائلة الكثير

من الأقارب في مخيّم تل الزعتر، حيث استقرت المقاومة الفلسطينية وتحصّنت بحيث استطاعت الصمود أشهراً طويلة قبل الاستسلام. وعندما عادت عائلة نوال إلى بيروت للقاء الأهل والأقارب، علمت بأن معظم الرجال في تلّ الزرع لَقَوْا مصرعهم في القتال على أيدي المسيحيين المتشدّدين، وأن الناجين خرجوا منه وقد جرِّدوا من كل شيء تقريباً. كانت يومها نوال في التاسعة من عمرها عندما سمعت الكبار يحكون عن عمّها الذي عذِّب حتى الموت، إذ ربطه المسلحون من رجلَيْه بخلفية سيارة طافوا بها في أرجاء المنطقة. وعندما تنبهوا إلى أنه نجا من السَّحْل، قاموا بربط كل ساق من ساقَيْه بسيارة مختلفة، قبل أن تنطلق السيارتان في اللحظة عينها، كل في اتجاه. تلك هي الذكريات التي تحملها نوال، مع أنها لم تشهد على الأحداث التي بقيت ماثلة في خاطرها لكثرة ما استحضرها الأهل والأقارب على مَسْمَعِها.

خلال الحرب الأهلية اللبنانية، وجب على الفلسطينيين إذاً حماية أنفسهم فامتنعوا عن التجوال في أرجاء بيروت خشية الخطف أو خوفاً من الاعتقال. وعندما تقدّمت بها السِّن قليلاً، ظنّت نوال أن تديّنهم بالإسلام كان السبب في المصائب التي حلّت بهم على أيدي خصومهم المسيحيين. لكن أهلها سارعوا إلى تصويب فهمها للأمور، مشدّدين على أن واجب الفلسطينيين يقتضي منهم قتال إسرائيل لا غير.

وعندما انتهت الحرب، أراد الأولاد - أي نوال وجميع إخوتها - العودة إلى مخيّم شاتيلا حيث ولدوا وترعرعوا، وراحوا يضايقون والدهم بطلبهم المتكرر ذاك، علّه يلبّيه، فيعودون إلى حيث لهم طفولة

وذكريات. لبّى الوالد رغبتهم أخيراً فانتقلوا للاستقرار في مخيّم شاتيلا، تاركين خلفهم بيتاً أواهم لكنه لم يعني لهم شيئاً ولم يُبْقي فيهم أثراً يذكر. وكلما أراد الوالد والوالدة، في نهاية كل أسبوع، زيارة منزلهم المؤقت خارج المخيّم وبيروت، كان الأولاد يرفضون مرافقتهم. في تلك الأيام، كانا يجيزان لنوال بالبقاء في مخيّم شاتيلا ما دام إخوتها باقون.

عُني الوالد، الذي كان ناشطاً سياسياً، بتعليم جميع أبناءه بفضل منح دراسية أجازت لهم متابعة تحصيلهم الجامعي مجاناً في الدول الشيوعية مثل هنغاريا وبلغاريا وتشيكوسلوفاكيا وروسيا السوفياتِيّة، حيث قدِّر لنوال التخصّص في التربية والتعليم لتعود وتعمل كحادقة أطفال.

لا تزال نوال تذكر الهجوم التي شنّته إسرائيل على سهل البقاع. في ذلك اليوم أصرّت وشقيقتها على الأهل الإجازة لهما باستعارة السيارة للذهاب في زيارة إلى تلك المنطقة. وعند الغروب، لاحظتا تقدّم الدبابات الإسرائيلية وحاولتا العودة إلى بيروت فوراً خشية أن يبدأ القتال بين الإسرائيليين والفلسطينيين فيجدان نفسيهما في مرمى نيران هؤلاء وأولئك. وبما أنهما كانتا فلسطينيتين ممنوعتين مثل جميع أبناء جلْدتهن من التجوال على الطرقات الدولية، عمدتا إلى المواربة وسلوك طريق الجبل - بيروت، المارة في منطقة خاضعة لنفوذ وليد جنبلاط وحزبه التقدمي الاشتراكي، التي لم تسقط فيها قذيفة واحدة خلال القتال الناشب في البقاع.

نزاعات مسلّحة دائمة

عندما توقفت المعارك عادت العائلة إلى مخيّم شاتيلا، في وقت كانت وكالات الأخبار تنقل خبراً مفاده وجوب مغادرة الفلسطينيين للبنان، فبكت نوال بحَرْقة للخبر. ثم وقعت المجزرة في شاتيلا... كان بشير الجميل قد انتُخب توّاً رئيساً للجمهورية، غير أنه تعرّض إثر ذلك لعملية اغتيال أودت بحياته وبحياة مَنْ كان معه. فقررت إسرائيل احتلال مخيّم شاتيلا الذي دخله شبان مسلحون ببنادق الكلاشينكوف، فاستقبلهم المسِنّون من الرجال قائلين لهم إن فلسطينيّي المخيّم لا يريدون القتال، وهم لا يقتنون السلاح. بقيت نوال وإخوتها في المخيّم ولم يغادروه إلى قبل يوم واحد من المجزرة بطلب من والدهم الذي جاء يتفقّدهم. وفي اليوم التالي، وقعت المجزرة. سمعت نوال أن شباناً مدجَّجين بالسلاح دخلوا المنازل وقطعوا رؤوس ساكنيها متّبعين أساليب فظيعة، ثم شرعوا بتدمير المنازل بطريقة منتظمة. وبعد بضعة أيام، قصد الناجون من المجزرة – وقد كانوا مجموعة من المسنّين من بينهم والد صديقة نوال – مِرْبضاً للإسرائيليين وأخبروهم بما حدث، لكنهم سرعان ما اختفوا؛ لم يعرف أبداً إلى أين اقتيدوا ولا المصير الذي أفْرِدَ لهم. ولا تزال صديقة نوال تعاني اضطراباً نفسياً حادّاً نتيجة اختفاء والدها. عندما عادت نوال بمعيّة العائلة إلى منزلهم في المخيم، وجدت جدرانه مطلية بالدماء. جميع من كانوا في المخيّم قتلوا، ومنهم من مات حرقاً أو سقط مع غيره في مَقْتَلَة واحدة. لا تزال نوال على اعتقادها بأن المجزرة لم تكن صنيع المسيحيين المتشددين وحدهم بل

إن الجنود الإسرائيليين كانوا هم أيضاً ضالعين في فظائعها التي فاقت وحشيّتها كل ما يمكن للمرء تخيّله، لدرجة ساد الظّنّ معها أنهم، بناء على ما تقوله نوال، يقتلون الناس وينكّلون بهم بتأثير من المخدرات. قد يكون القتل مشروعاً في الحروب، لكن في مخيّم شاتيلا، كان القتل يردي المدنيين العُزّل بالعشرات. وعقب المجزرة، التي لم يتأذى خلالها أيّ من عائلة نوال، أصبح التمييز العنصري بين الفلسطينيين واللبنانيين أسوأ مما كان عليه حتى وقوعها.

أخبرها والداها أن الإسرائيليين حاولوا مراراً بين عاميّ 1948 و1969 تمزيق النسيج المجتمعي من خلال تفريق العائلات المقيمة في المخيمات، وبخاصة من خلال التعرض للنِّساء. إذ كان الجنود يلاحقون النِّساء والفتيات القاصدات نقاط توزيع المياه، ويتعمدون الجلوس بقربهن أو ينصرفون إلى احتساء الكحول وقد خلعوا بذّاتهم العسكرية وراحوا يختالون أمامهن بملابسهم الداخلية، فارضين على النِّساء مشاهدة عربدتهم والانتظار حتى يفرغوا منها، وهو ما كانت تقاليد الحِشمة الفلسطينية تَمُجُّه وترفضه. كما كان الجنود الإسرائيليون يحظّرون على النِّساء تنظيف فناءات البيوت بحيث تغزو الأوساخ والغبائر غرفها، ويمنعون الناس جميعهم من الاستماع إلى النشرات الإخبارية التي كانت محطة «صوت العرب» تبثّها عبر المذياع. وسَيْل المضايقات طويل مرير.

لكن، وعلى الرغم من كل ما تعرّض له الفلسطينيون داخل وخارج الأراضي المحتلة، من قتل وتنكيل وتهجير، فإن والد نوال لا يزال على

اقتناعه العنيد بأن مثابرة شعبِه على المقاومة والصبر والصمود ستقوده لا محالة إلى العودة إلى أرضه السّليبة.

تزخر قصة نوال بالشهادات المؤلمة لفظاعتها في مجزرة شاتيلا التي باتت اليوم معروفة التفاصيل، وبخاصة أن في المكان مقبرة جماعية تذكارية مهمتها الإبقاء على هذه المأساة ماثلة في ذاكرة الأجيال ووجدانها. لكن لفتني ما قالته نوال في آخر لقاءاتنا، بشأن التمييز بين الرجال والنِّساء الناتج في رأيها عن التناقض بين الأديان والتنافر بينها. غير أنها تَغْفَل عن أن الأفعال المذلّة تستهدف النِّساء بشكل خاص في غالبية مناطق النزاع، وهي لا تعي أن النظام القمعي يمارس الفصل بين الجنسَيْن على أساس النوع الاجتماعي (الجَنْدَر) المقصود (أو ربما غير المقصود)، وبخاصة في هذه المناطق حيث تجد القوى الرجعية ما يعزّزها، وحيث تتنامى سطوة الدين بالتزامن الدائم مع استشراء العنف وانتشار الموت. فالنظام القمعي أكان سياسياً أو مجتمعياً يستخدم الاضطهاد القائم على أساس النوع الاجتماعي والفكر المرتبط بالشرف، ضد النِّساء الفلسطينيات تماماً كما تفعل القوات العسكرية التركية ضدّ النِّساء الكرديّات. ولا يسعنا التقليل من شأن الاضطهاد الذي يمارسه النظام الأبوي داخل الجماعات. فخلال العمل الاستقصائي الميداني الذي اضطلعتُ به في إسرائيل والأراضي الفلسطينية المحتلة، أمكن لي تفحّص التأثير القوي للقوانين الأسرية الدينية وبخاصة في المجتمع الفلسطيني الخاضع للاحتلال مباشرة أو المقيم في شتات المخيمات في الدول المجاورة، التي تشرّع العقاب المخفّف على جرائم الشرف أو لا

تعاقب مرتكبيه البتّة. ثم إن هذه القوانين المستقوية بالسّنة الإسلامية تشرّع الزيجات المدبّرة المبكّرة، وبخاصة للفتيات. وإن نشبت النزاعات بين الزوجين، فإن لا حلّ أمامهما إلا المثول أمام الزعماء الروحيين. ومن ناحية أخرى، تُنْزِل هذه القوانين أشدّ العقوبات بمَنْ تمارس الجنس خارج إطار الزواج، أو تجرؤ على خيانة زوجها. أما الحمل خارج الإطار الزوجي، فإنه هو الآخر يعاقَب بالإجهاض الإكراهي أو بقتل الأطفال الرّضع. وفي العام 2010، أخبرتني الناشطات في مركز نُسْوِي في بيت لحم عن جريمة ذهب ضحيتها طفل رضيع. وعندما زرت مركزاً مشابهاً، في السويد هذه المرة، أخبرتني الناشطات عن جريمة وحشية ارتكبت بحق امرأة قصدتهن طلباً للمساعدة، فحاولن حلّ المشكلة من خلال تزويجها برضاها بمن يستطيع حمايتها من عائلتها التي تمكنت من العثور عليها وقطع رأسها ووضعه في كيس بلاستيكي أمام باب المركز.

الفصل الثامن

قوّة النِّساء المحجوبة

فكّرت مطولاً في الحافِز الذي شجعني على استعراض سرديّات النِّساء اللاتي قابلتهن في مناطق مختلفة من الشرق الأوسط عرفتْ نزاعات مسلّحة طويلة وشائكة، ووجدتُه في خُلُوّ التاريخ المعاصر كما التاريخ القديم من شهادات تُماثل شهاداتِهن، إذ قلّما توقّف هذا وذاك عندهن، مصْغِياً إلى معاناتهن ومتبصّراً في الأحداث من خَلَل منظورهن وفي الواقع المجتمعي من خلل تطلعاتهن. غير أن هذي النِّساء لا يختلفن عن غيرهن من نساء العالم، إذ لكل منهن دور تؤدّيه في بناء مستقبل البشرية. هذا ما أظهرته لي المقابلات وهذا ما أكّدت عليه صاحباتها.

تُظهر الأدبيّات وما اشتملت عليه من مقالات وأبحاث ومعارف أحلتُ إليها في أكثر من مكان من كتابيَ هذا وبأكثر من طريقة، الوضع الخاص لهذه النِّساء المعرّضات، إن في مواطنهن أو في مَهاجرهن، إلى مخاطر شتّى، إما بسبب النزاعات المسلّحة المستشرية في هذه وتلك، إما بسبب الاضطهاد الذكوري الطاغي في بيئاتهن. لكن الأدبيات عينها تظهر أيضاً المجالات المنطوية على احتمالية النموّ والتطور إن أُجيز لهذي النِّسْوة المشاركة في عمليات السلام، حِفظاً وصناعةً وبناءً. وإن أظهرت لنا هذه السرديات شيئاً، فهو أنهن، وعِوض النظر إلى أنفسهن

كضحايا، يَرَيْنَ فيها كوامِن تنتظر الفرصة للبروز في ميدان العمل البنّاء لمجتمعاتهن الخاصة وللمجتمع عموماً. ولذا وجدتُني مبهورة بكيفية تحويلهن حياتهن المأساوية إلى قوة لا تصدّق لاستثنائيَّتها.

منذ سِني شبابي الأولى وأنا أنشَطُ في بناء السلام وفي الحراك الهادف إلى الوصول بالمرأة إلى تحصيل حقوقها وتحصينها. وبالنظر إلى محتوى دراستي هذه، فإنني أجد نفسي، أقلّه من باب الاتّساق مع مسيرتي، ملزمة بالتوقف عند القرار 1325 الصادر عن مجلس الأمن التابع للأمم المتحدة والقاضي بمشاركة النِّساء في عمليات السلام. ففي رأيي – وهو حاسم ونهائي – أن النظام العالمي الأبوي ما كان ليبقى على قيد الحياة إلا لاستناده الراسخ على الهيمنة الذكوريّة، والرأسماليّة القاسية الظالمة، والعَسْكَرة، والأصوليات الدينية أو العقائدية.

مسارات متلازمة

عندما كنت لسنوات عديدة خَلَتْ ناشطة سياسياً، التقيت بشابات ناجيات من النزاع في يوغسلافيا سابقاً وشاهدات عليه، حكَيْن لي عن فظائعه كالاغتصاب والاتّجار بالجنس وغيرها من أصناف الاستغلال وسوء المعاملة الشائعة في المناطق الخارجة من النزاعات. ولقد اسْتَفَضْن في إخباري كيف أن الجنود الموجين، في ذلك البلد إبان تلك الحِقبة من تاريخه، بحماية الشريحة النُّسْوية من سكانه، كانوا هم أيضاً من عداد الذين مارسوا هذا الاستغلال. ولا بدّ من لفت نظر القارئ إلى أن للاستغلال الجنسي عواقب كارثِيّة على النِّساء، تنهال عليهن من الجماعات الدينية

أو من العائلات التقليدية الصارمة. إذ ليس من غير المألوف أن تتعرض المرأة المغتصَبَة للتهديد لا من العدو وحسب بل ومن عائلتها الخاصة. ففي بيئة مرتبطة بالشرف، شبه مقدَّسَةٍ له، تنتهي الأمور بإلقاء اللوم، في الاستغلال الجنسي، على المرأة نفسها التي كابدته، وباتهامها بأنها جَرَّت الخِزيَ والعار على أهلها ومجتمعها. وعندما قادتني الأيام إلى الشرق الأوسط، سمعت عن الحالة عينها من النِّساء اللواتي قابلتُهُنّ، غير أن ما لفتني في كل ما سمعته كان شيئاً واحداً قام مقام الجامع المشترك بين السرديّات اليوغسلافية وتلك الشرق أوسطيّة ومفاده أن الاغتصاب وسيلة يحقّق بها الغازي أو السّالب نوعاً من أنواع «التَّطْهير العِرقي». ذلك أن النِّساء اللاتي اغتُصِبْن أو تعرّضن لأيّ من أنواع الاستغلال الجنسي، كابَدْن الأمرَّين: منهن مَنْ أنجبت طفلاً اضطرت إلى التخلّي عنه؛ ومنهن مَنْ أقدمت على الانتحار؛ ومنهن مَنْ أضحت سلعةً تباع وتُشْرى في سوق النّخاسة الجنسيّة. وفي هذه وتلك من الحالات، بقيت الرؤية في المرأة ثابتة لا تتغير: هي المسؤولة عما حدث لها. وفي نظري أن مسؤوليتها الحقيقية ليست تلك التي حُمِّلَتْها زوراً وبهتاناً وظلماً، بل إن مسؤوليتها تكمن في وضع حدّ للعنف المسهدِف للنِّساء. وإن شئتُ قول الحقّ أقول: إنها مسؤوليتنا جميعاً أينما كنّا في هذا العالم.

عندما شرعتُ في تجهيز ملاجئ للنِّساء المعنَّفات وفي إحياء حلقات دراسية تَوْعَوِيَّة بالعنف المرتبط بالشرف والاضطهاد في أوساط المهاجرين المقيمين في السويد، تجلّت لي بوضوح تام العلاقة الوطيدة بين العنف المنفَّذ فردياً وتجارب العنف التي تكابدها النِّساء في المناطق

المستعرة بالحروب أو تلك الخارجة منها. ذلك أن الحافز في كل من العنف المرتبط بالشرف والاضطهاد هو السيطرة على الجنسانِيّة عموماً، وجنسانِيّة المرأة خصوصاً، وذلك بهدف الحفاظ على الدين - نظراً إلى الاعتقاد بأن المرء يولد في ديانة معيّنة- وعلى «روابط الدمّ»- وهذا تعصّب عنصري- كما خوفاً من الغَيْرِيَّة واتساقاً مع القناعة بأن العائلة وما تُنْجِبُه من ذُرِّيّة، هما أساس رفاهة المجتمع، حيث يُرى إلى النِّساء، وبخاصة منهن «العذراوات» و«المُخْصِبات» بوصفهن سِلَعاً أو مُلكيّات في المدبَّر من الزّيجات.

غياب النِّساء عن عمليات السلام

عندما حَلَلْتُ في العراق وبخاصة في الإقليم الكردي منه، قصدت القرى والبلدات الخارجة من النزاعات. كان غياب الوجود الأنثوي والمشاركة النسائية في عملية السلام واضحاً. فالسلام تحقّق للرجال، أما الحرب فاستمرت للنِّساء. ذلك أن العنف المستهدِف لهن تنامى والمساعي الهادفة إلى الحدّ منه تقاعست. ولا تزال معدّلات العنف ضد النِّساء، وبناء على ما تظهره الإحصاءات، مرتفعةً على نحو ملحوظ، علماً أن معظم هذا العنف مرتبط بالشرف، ما يجعل من «تطويع» النِّساء في سوق النخاسة الجنسية أكثر سهولة، لأن مَنْ هُتِك عِرْضُها تتعرّض للطرد أو تُضْطر إلى الهرب، علماً أن حظوظهن في الإفادة من ملاجئ موثوقة قليلة، وحظوظهن في النهوض بأعبائهن خارج النطاق العائلي أقلّ. وهنا، أرى تساوياً بين وضع المرأة في يوغسلافيا بعد الحرب ووضعها في بلاد الكُرْد بعد النزاع العسكري.

من البديهي أن يسارع الناس بعد الحرب إلى إعادة بناء البُنى التحتية، لكن ليس من البديهي أن يُعْمَل على التصدّي للعنف المستهدِف للمرأة الذي يتزايد عِقْبها. وإن كانت الإعانات المرسَلة إلى البلاد المنكوبة نتيجة النزاعات المسلّحة، والاستثمارات العالمية في إعادة إعمارها ضخمة للغاية، فإنها بالكاد تصلُ النِّساء. في العراق، وحدها المنظمات النسائية هي التي أخذت على عاتقها كامل المسؤولية في ضمان حماية النِّساء وهي معتمدة كلياً على المساعدة الأجنبية التي لا تأتيها إلا مشروطة في حين أن لا شروط تفرَض على الحكومات الفاسدة ولا يُطلب منها توزيع الإيرادات النفطية على كافة السكّان بالعدل والقِسْطاس.

الحرية: نِعمة أم لَعنة

في العام 2003، قامت قوات الاحتلال الأميركية آنذاك، بتشكيل أول حكومة بالوكالة من جماعات عرقية ودينية مختلفة، ممثَّلة بالرجال بشكل أساسي، وهذا إجراء ولَّد العديد من التناقضات الداخلية كانت تصلنا التقارير اليومية بشأنها. وفي هذه الحكومة، تمثيل النِّساء دون المستوى، والنِّساء من ذوات التأثير نادراً ما تكون على ارتباط برجال من ذوي السلطة. إذ تتعرض النِّساء داخل وخارج البرلمان إلى المضايقة والتهديد، بل أسوأ من ذلك، إلى القتل. والأمثلة على ذلك كثيرة، كتلك الناشطة المنتمية إلى الشيوعية والتي قُطِعَت رأسها في منزلها، وتلك اللاتي هوجِمْن في الشارع لعدم التزامِهن بقواعد السلوك واللّباس. زِدْ على ذلك أن في نشر الشائعات المغرضة، وإن كان شائعاً، يعرّض حياتهن للخطر. ونستنتج من هذا أنَّ مشكلة الشرف تطغى على

أقاليم عراقية عدة (أُسوَةً بأماكن أخرى في العالم) وأنَّ نشر الإشاعات فيها عامل مهم يُسْتَخْدَم لإخضاع المرأة وإلزامها بالتكيّف مع النظم والقواعد. ونتيجة للشائعات، ثَمّة من اضطرت إلى نفي نفسها أو ثَمّة مَنْ تعرّضت للقتل، وبخاصة إن كانت هذه أو تلك ضالعة في نشاط يتهدّد المجتمع بالتعطيل أو التعديل أو يتحدّى السلطة القائمة.

في السّويد، كانت لي لقاءات مع نساء عديدات تعرّضن للعنف سواء مهنياً أم منزلياً. وفي إطار عملي مع اللاجئات، كنت في غالب الأحيان أُسْتَدعى كشاهدة خبيرة بالحالات المتعلقة بالعنف من قريب أو بعيد، كاللجوء والجريمة وحضانة الأطفال. فقدِّر لي ملاحظة أن الأسباب التي تدعو النِّساء إلى طلب اللجوء تبقى محجوبة نتيجة النَّقْص في المعرفة وعدم رغبة الأجهزة القضائية في رؤية الوضع النُّسوي على حقيقته في المناطق الخارجة من النزاع وكيف أن الدكتاتوريّة والتشريعات ليست في صالح النِّساء بل على العكس من ذلك تماماً.

فما الذي باستطاعتنا فعله، والحالة هي هذه، للدفع بمشاركة النِّساء في عمليات السلام بناء على ما نَصَّ عليه القرار 1325 في شأنها؟

في كتابيَ هذا، لم أستعرض إلا القليل من الأمثلة الدالة على النقص في المشاركة النسائية في صنع القرار، التي صادفتها خلال بحثي الميداني على امتداد السنوات. ولقد تبيّن لي بما لا يرقى إلى الشّك أن لهذا النقص تداعيات سلبيّة على صناعة السلام وبنائه.

لدينا في السّويد تمثيلاً عالياً للنِّساء في الحكومة، لكن عندما يتعلّق

الأمر بعمليات السلام، فإن غالبية المشاركين هم من الرجال. وبالنسبة إليّ، فإن الحلّ الأمثل يقضي بالكفّ عن بيع الأسلحة. وطوال السنوات التي أمضيتها كناشطة نُسْوِيّة في حقل السلام، طرحت موضوع العنف بوصفه المشكلة الأكبر في الحرب والسِّلم. لكن الإجراءات التي اتّخذها السياسيون المسؤولون عموماً ووزارة الخارجية خصوصاً بقيت دون مستوى التطلعات. إننا في السّويد نعيش السلام منذ قرنين من الزمن، لكننا لا نجد حرجاً في تصدير الجنود والأسلحة إلى كل مكان من المعمورة.

في خريف العام 2008، نظَّمْتُ في إطار المنتدى الاجتماعي وبدعم من «المبادرة الأوروبية النُّسْوية» (European Feminist Initiative, www.efi.ife.org)، شبكة دولية تولَّيت إدارة أعمالها. وفي واحدة من المداخلات، قالت ماج- بريت ثيورين (Maj-Britt Theorin)- وهي السفيرة السابقة لبرنامج نزع السلاح وقبل أن تشغّل منصب نائبة الرئيسة في المظلّة الأممية لما سُمي بـ «العملية 1325» (Operation 1325)- إنَّ «المعركة، في الحِقبة التالية للنزاع، تنتقل إلى المدن والشوارع والمنازل، حيث تنشأ حروب جديدة تتّخذ لها شكل الجريمة المنظّمة المترافقة بانتهاكات تَمَسُّ صميم حقوق الإنسان، وبتصعيد في العنف المرتكز على التمييز بين الذكور والإناث [أي التمييز على أساس النوع الاجتماعي أو التمييز الجندَريّ]، وحيث يُستخدم كل من الاغتصاب والمضايقة الجنسية الطابع والغرض كاستراتيجية حرب». وخلُصت ماج - بريت ثيورين إلى الاستنتاجات المهمة التالية:

- وجوب أن تتضمن السياسة الأمنية حماية الرجال والنِّساء على حَدّ سواء في مجتمع تتوفّر فيه شروط الاستدامة.
- وجوب إدخال التغييرات في الأدوار التقليدية المتعلقة بالنوع الاجتماعي.
- وجوب توسيع مفهوم الأمن بحيث يضمن أمن الناس و سلامتهم.
- الحاجة إلى تعليم الناس نماذج سلمية في بناء السلام تساعد على حلّ النزاعات.
- وجوب دعوة النِّساء إلى المشاركة في ابتداع هذه النماذج (بل إنني أفضّل دعوةَ أنفسنا إلى هذه المشاركة، لأنه بالكاد لنا دور فيها).
- وجوب ضلوع النِّساء في كل ميدان من ميادين عملية السلام انطلاقاً من استباق النزاع وصولاً إلى معالجة الوضع الناشئ في أعقابه، إن لم نتمكن من اجتنابه.
- وجوب تمكين النِّساء في كل نوع من أنواع المنظّمات بما يضمن احتكامهن على قدرة التغيير.

ومن الأهمية بمكان أن نضع نُصْبَ أعيننا أن إقليم كُرْدِستان العراق واقع في حرب إعصارية وفي منطقة مستعمَرَة شهدت حرباً أهلية وتطهيراً عِرقياً وتعرّضت لهجمات خارجية المنشأ وللاحتلال، ما انعكس سلباً بالطبع على التنمية في المنطقة وحال دون تطور حقوق النِّساء. ولا تزال الأصولية الدينية والتقاليد المحافِظة الرجعية على ازدهارها، والتعادي القائم على التضارب في الآراء والمواقف حاضراً

بقوة. وفي العديد من الزيارات التي قمتُ بها إلى هذا الإقليم، تأكّد لي أن العنف المستهدِف للنِّساء شائع وأن الشكل الذي يتّخذه في العادة هو العنف المرتبط بالشرف، علماً أن العديد من النِّساء اللواتي يُخْضَعْن له قاصرات ولا بدّ من النظر إليهن بوصفهن أطفالاً. كما أن الرجال هم أيضاً ضحايا هذا النوع من العنف الذي يلوذون بالفرار منه في ملاجئ صُمِّمت لهذا الغرض. وكثر هم الذين قالوا لي إن العنف المرتبط بالشرف يكاد يكون النوع الوحيد الذي لا يزال الإقليم يعاني منه ومن عواقبه الوخيمة. ومع أن الأسباب فيه كثيرة، إلا أن الإرادة بالسيطرة على جِنسانية النِّساء أهمّها، إذ يشكّل انتهاك النِّساء للقواعد والمعايير الاجتماعية أساساً يُبْنى عليه «العقاب» وهو في النهاية القتل. ويعود البروز المتكرر للرابط بين الأفكار المرتبطة بالشرف، وعشائرية المجتمع والإسلام، وهو الدين السائد في هذا الإقليم، إلى الشريعة الراهنة، علماً أن الجهل الماثل في المجتمع بكل هذه الأمور يفسِّر هو الآخر اضطراد هذا النوع من العنف الذي، وبسبب الأمّية، يتوسَّل الشفوِيَّة لنشر الشائعات المجرّدة من أي أساس ترتكز عليه، والتي تصبح، في نهاية المطاف، حقائق قتّالة.

في التهديدات والحاجة إلى الحماية

عديدة هي المنظّمات غير الحكومية التي تُفيد بأن النِّساء المهدّدات بالقتل في كردستان العراق، لا تستطيع البقاء في البلاد وهنّ بحاجة إلى حماية، علماً أن غالبية هذه المنظمات تفتقر إلى الشراكة الدولية، وهي ما تسعى إلى الحصول عليه. أما المسائل المتعلقة بالمِثليّة أو بالمِثلِيّات والمِثليّين

ومُزدوجي المَيْل الجنسي والمتحولين جنسيّاً (أل جي بي تي - LGBT)- أي ما يسمى بمجتمع الميم[58]- فإنه، وبحسب هذه المنظمات، محظور الكلام فيها، لأن المثليّة تتعارض مع القانون والدين وكثرٌ هم الذين ينظرون إلى المِثليّين والمِثليّات بوصفهم مرضى (وهذه نظرة كانت سائدة في أوروبا حتى وقت قصير). ومن ناحيتهم، يبادر هؤلاء وأولئك إلى التخفّي أو إلى مغادرة البلاد لدى تعرّضهم وتعرّضهن للخطر. وإن افتُضح أمر مِثْلِيّ أو مِثْلِيَّة، تربّص الاضطهاد بهذا وتلك وأَنْزَل القانون بهما عقوبة بالسَّجن تتراوح بين ثلاث وخمس سنوات. أما عندما تقوم العائلة باكتشاف هذه الميول لدى أحد أفرادها، رجلاً كان أم امرأة، فهي تبادر إلى قتله، ليطلَق على الجريمة، اسم «جريمة شرف».

وثَمّة العديد من المنظمات التي تلفِت إلى وجوب أن تُثْنى المرأة المقيمة خارج العراق عن العودة إليه، إن كانت منفصلة عن زوجها بموجب الطلاق، أو إن كانت لها علاقات حميمية قبل الزواج، أو إن أنجبت أولاداً من دون أن تكون متزوجة، إذ ما من أحد يقدر على ضمان سلامتها علماً أن الشائعات بشأنها تبدأ بالانتشار في الأوساط العائلية والاجتماعية حتى قبل وصولها. بل إن الملاجئ أو البيوت - الملاذات المخصّصة لإيواء هذه الشريحة من النِّساء، هي نفسها معرّضة للخطر، هذا إن لم يسبِق لها أن تعرضت للهجوم مرات عدة: ففي أحدها، أُطلق الرصاص على امرأة داخل البيت - الملاذ، وفي أخرى قامت العائلة بالهجوم عليه، متوسّلة طرقاً مختلفة وعمدت إلى تهديد الفريق

(58) إضافة من المترجمة معتمدة لدى الدوائر المعنيّة بهذه المسألة.

العامل فيه والإساءة إليه. وكنتيجة لهذا الأمر، قامت الشرطة بتزويد هذه البيوت - الملاذات بأجهزة إنذار. بل إن إحدى النِّساء تعرّضت للتهديد بالقتل إبّان وجودها في المكتب الحكومي المخصّص لاستباق استغلال النِّساء والحَؤول دونه. أمّا إن وجدت في العراق امرأة عراقية لها أولاد من خارج مؤسسة الزواج، فإنه ينبغي إخراجها من البلاد، إلا إن تمكّنت من الاقتران بوالد أبنائها، شريطة موافقة العائلة. ولا أهمية إطلاقاً إن أتى الحَمْل نتيجة اغتصاب أم لا. ومن هذي النِّساء، ثَمّة مَن لا تجرؤ على العودة إلى أهلها وتفضِّل أن يُحْكَم عليها بالفقر أو البَغاء. لكن لبعض منها عائلات متفهمة حيث للمفاوضات إمكانية النجاح بما يفضي إلى حماية الضحية، علماً أن لا ضمانات بنجاتها كلياً من العنف المرتبط بالشرف. ولعل ما يصعّب الأمر، يكمن في غياب العاملات الاجتماعيات القادرات على متابعة حالة ضحايا العنف الجنسي. فالمساعدات المقدّمة لهن لا تزال قليلة أو منعدمة، والبيوت - الملاذات لا تزال بحاجة إلى الموارد المادية وإلى موارد بشرية أكثر تدريباً. وفي كُردستان العراق، ثَمّة القليل من منظّمات غَوْث النِّساء القادرة فعليّاً على غَوْثِهن، وهي تُشارِكهن أقدارهن قَدْر المستطاع. وتجدر الإشارة إلى الصعوبة التي تواجهها الضحيّة في التواري عن الأنظار أو الاختباء إن كان الخطر الذي يتربّص بهن جِدِّياً، بما أن النظام المجتمعي مَبْنِيّ على التعاضد العشائري، ما يعني سهولة تعرّف الناس على هويتها حتى ولو انتقلت إلى العيش في مكان آخر، لغياب عناوين السّكن السّرية أو الموثوقة في العراق عامة وكردستان العراق خاصة.

بالتعاون مع الهلال الأحمر، يقوم الصليب الأحمر بإعادة هذه او تلك من النِّساء المذكورات توّاً إلى العراق، لكن فقط إن ارتضَيْن العودة بمَلء إرادتهن، علماً أن الهلال الأحمر يؤكد على وجوب أن تُنْصَح المهدَّدات منهن بالعنف المرتبط بالشرف بعدم العودة، لعدم كفاية الحماية والإعانة. في العادة، تزوّد هذي النِّساء بالمساعدة الاجتماعية من خلال الشبكة العائلية الراغبة بمساعدتهن، لكن إن باءت هذه الآليّة بالفشل، يُعْهَد بالمَهمَّة إلى المتطوعات. وثَمّة العديد من الجهود اللافتة بُذِلت في هذا المجال ويمكن البناء عليها. لكن المتطوعات ضعيفات هنّ أيضاً، بسبب النقص في شبكات الأمان الاجتماعي الواقعة خارج الإطار العائلي. فالنِّساء، وبخاصة منهن مَنْ انضوَيْن في «مجتمع الميم»، معرّضات كلياً للخطر، إن أَتَتْهُنَّ المساعدة من خارج الشبكة العائلية، لأن في ذلك افتضاح لأمرِهِنّ. وباستطاعتهن الإفادة من بعض الحماية إن وجدْن بيتاً – ملاذاً يستضيفهن، لكن عليهن البقاء فيه سنوات. أما إن كان الخطر المتربِّص بهن جِدّياً للغاية، يصبح إذ ذاك إخراجهن من البلاد ضرورة لا بدّ منها.

كثر هم الأشخاص الذين التقيتهم وأشاروا إلى أهمية كَوْن النِّساء مستقِلاّت اقتصادياً، ما يعني حاجتهن إلى التحصيل العلمي وإلى فرص عمل خارج المنزل حيث يقبَعْن تحت سيطرة العائلة المفتقرة أحياناً إلى الرحمة. من ناحية أخرى، وفي ظل الحَظر المفروض داخل الإطار العائلي، على الكلام في المسائل الجنسية، وفي ظلّ الحَظر المفروض من القانون على التربية الجنسية في المدارس الهادفة إلى الوعي بالأمراض المنقولة جنسياً

والوقاية منها، فإن مرض نقص المناعة المكتَسبة أو السيدا يشكل قنبلة موقوتة. ثم إن الإجهاض يجري في البيوت أو يُضطلع به في العيادات الخاصة على نفقة المَعْنِيّة به، لأن القانون يحظّر هذا النوع من العمليات. وإن اكتشف أمر المرأة المجهِضَة، كانت عقوبتها السجن لمدة سنة. أما تعدّد الزيجات فمُجاز وهو ينعكس بمزيد من الصعوبات على النِّساء والأطفال. وبالعودة إلى القرآن، تجيز الشريعة للرجل بتعدّد الزوجات شريطة أن يساوي بينهن في كل شيء، وهذا مستحيل في الحياة الواقعية، حيث تضطر الزوجات الأصغر سنّاً إلى خدمة الزوجات الأكبر سنّاً، وإلى التحوّل إلى مُنجِبات لا غير. لكن الزوجات الأكبر سنّاً معرضات هنّ أيضاً إلى الإقصاء على هامش المنزل الزوجي حيث لا يفِدْن من أية إعانة تذكر. ومن ناحية ثانية، إن خطف الموت الأمّ، يعيش الأولاد مع والدهم أو ينتقلون إلى العيش في الميتم إن لم ترتضِ الزوجة الجديدة بقائهم في المنزل. وهذا أمر شائع هو الآخر؛ ولقد رصدت منظمات الغَوْث النسائية ارتفاعاً في عدد النِّساء والفتيات اللاتي طُرِدن من عائلاتهن وبِتْن مُنضويات في مجموعات ضعيفة هَشَّة غير قادرة على ضمان حمايتهن إن هنّ تعرّضن لسوء المعاملة أو الاستغلال الجنسي. ومن ضمن هذه المجموعات تلك الخاصة بالمعاقين جسدياً أو عقلياً أكانوا ذكوراً أم إناثاً، والعمّال الأجانب المياومين (ومجموعاتهم باتت شائعة)، وضحايا الاتّجار بالجنس، والمِثليات والمِثليين ومزدوجي الميل الجنسي والمتحولين جنسياً، أكانوا ذكوراً أم إناثاً، قاصرين أم راشدين.

النقص في الأبحاث العلمية الراصدة لواقع النِّساء المعنّفات

لا توجد حتى اليوم إحصاءات أو دراسات تقييمية أو أبحاث عن واقع النِّساءالمعنّفات في إقليم كردستان العراق. لكن لا بدّ من الإشارة إلى الأفراد الذين يعملون في الميدان تصدّياً للعنف وللعنف المرتبط بالشرف، بدءاً من استباقه وصولاً إلى الوقاية منه، لاستحقاقهم الثناء والتقدير والتشجيع.

من ناحية أخرى، كشفت لي الزيارة التي قمت بها إلى كل من إسرائيل والأراضي الفلسطينية المحتلّة عن بلد شديد العَسْكَرة، وهو ما يفسِّر العدد المتنامي للجنود والأسلحة الجوّالة الذي يفوق ذاك المسجّل في شمالي العراق (أي إقليم كردستان). وفي هذه البلاد، نشهد التشدّد الأمني في محطات النقل البري والمطاعم والمقاصِف والمخازن الكبرى، إلخ... وخلال مروري بأحد المطاعم، أضيف إلى الفاتورة ما يسمى بـ «رَسْم الحراسة» وهو مبلغ يرصد للحارس الواقف في الباب حمايةً للزبائن من الهجمات الإرهابية. وبالإضافة إلى العَسْكرة، يُشار إلى التأثير البالغ الذي يرخيه الدين (مثلاً: اليهودية والإسلام) على مختلف الأوضاع الاجتماعية الخاصة بالنِّساء، أتعلقت بالزواج أو الطلاق أو حضانة الأطفال. ولهذه الأديان وشرائعها وأعرافها تأثير سلبي ليس على تطور حقوق النِّساء وحسب، بل وعلى سلامتهن التي تقوّضها عوض أن تعزّزها. ففي إسرائيل، محاكم شرعية ثلاث تعالج، بموجب القوانين الأسرية الدينية، المسائل الناشئة عن الولادات وحضانة الأطفال والزواج والطلاق والإرث وما إلى ذلك. وثَمّة محكمة مدنيّة

تعالج الجريمة والقضايا المتعلقة بالقانون الإداري وقانون العمل كما باستطاعتها معالجة بعض المسائل العائلية. وبما أن الأجر الذي تتقاضاه هذه المحاكم مرتفع، تُلزَم النِّساء من فقيرات الحال باللجوء إلى المحاكم الدينية، حيث إنصافهن ليس بديهياً. وفي التقرير الذي أعدَدْتُه بالتعاون مع كارين جونغارد (Karin Jonegård)، في المخاطر التي تتهدّد النِّساء في إسرائيل/ فلسطين وسبل الحماية منها، استَفَضْتُ في عرض نشاط المنظمات النُّسْوية العاملة في هذه البلاد، في مجال الغَوْث الاجتماعي والإنساني، وفي التصدّي للعنف المستهدِف للنِّساء والبغاء والاستغلال الجنسي وسوء المعاملة والاتّجار بالجنس، وهي كلها مشاكل خطيرة مطروحة في المجتمع الإسرائيلي بجدّية، ونجد بعضً منها في المجتمع الفلسطيني حيث العنف المرتبط بالشرف لا يزال على تفشّيه المعهود، لأن القوانين العربية التي تستلهم الشريعة الإسلامية تجد له ظروفاً تخفيفية، فلا تنزل بالمرتكبين العقوبات الصارمة التي يستحقونها. غير أن الأفراد الذين قابلتُهم في الأراضي الفلسطينية المحتلة لا يعتقدون أن لهذا النوع من العنف أية علاقة تذكر بالدين الإسلامي، وإنما بالتقاليد. مع ذلك، بدا لي أن القانون على ارتباط بالدين، وبالتالي ثَمّة تناقض نلاحظه في رأي هؤلاء. أما اليهود المحافظون والمتشدّدون، فإن لهم أيضاً قوانين أسريّة ترخي بثقلها الجِدّي على وضع النِّساء. فعلى سبيل المثال، تجيز هذه القوانين للرجل برفض طلاق المرأة طوال حياتها، وفي الوقت عينه بالزواج مرة ثانية؛ وفي نظري أن هذا نوع من تعدّد الزوجات هو فرضٌ أبوي للسلطة. أما عندما يتعلق الأمر بالخدمة العسكرية، فإنه يمكن

للشبان اجتنابه إن هم أقبلوا على العلوم الدينية اليهودية ودخلوا في عداد الربابنة، كما يمكن للشابة تفاديها إن هي تزوجت وأنجبت باكراً. أخيراً، يقوم المسيحيون الكاثوليك بالتحول إلى الأرثوذكسية التي تجيز لهم بالطلاق.

واختصار القول إن تنظيم المجتمع الإسرائيلي أكثر استناداً على النوع الاجتماعي أي على التمييز الجندري الطابع مما يبدو عليه للوهلة الأولى. فعلى سبيل المثال، ثَمّة مسابح في تَلّ أبيب تخصّص أياماً للرجال وأخرى للنِّساء. وعلى متن بعض باصات القدس وحافلاتها، يُتوقع من النِّساء الجلوس في المقاعد الخلفية، متخلِّيةً عن المقاعد الأمامية للرجال.

تعدّدية وجوه الاضطهاد

إن الاتِّجار بالجنس ماضٍ في تناميه وانتشاره، وليس أقلّه شبكات الاسترقاق الجنسي التي تمسك بها العصابات الإجرامية العائدة في منبِتها إلى دول أوروبا الشرقية قديماً.

لا يزال الاتِّجار بالجنس على اضطراده وانتشاره. ولعل أسوأه هو ذاك الذي تضطلع به شبكات الاسترقاق الجنسي التي تمسك بها عصابات الجريمة المنظّمة العائدة في منبِتها إلى دول أوروبا الشرقية قديماً، والتي تجد في النِّساء المنبوذات والمشرّدات أهدافاً سهلة التطويع، كنساء شمال إفريقيا، حيث رصدت المنظمات غير الحكومية، من بين ظواهر أخرى، ظاهرة العقم المتنامية في أوساط العمال الأجانب الذين يتولى أطباء مجردون من الأخلاق، إعطاءهم أدوية وحِقَناً مانعة للحمل، بهدف

التقليل من عددهم والحؤول دون تمدّدهم الديمغرافي.

ومن ناحيته، يستمر التعصّب العنصري الواسع الانتشار بحقّ الفلسطينيين في الأراضي المحتلة بالازدهار، كما لو أن الاحتلال بكل ما يجُرّه عليهم من مَشاقّ لا يكفي. إذ، وبسبب هذا التعصّب الشبيه بذاك المُمَنْهج والمُمَأْسَس الذي كانت جمهورية إفريقيا الجنوبية تمارسه بحقّ السود، يُحرَم العديد من الفلسطينيين من فُرص العمل، في وقت يتأرجح الاتصال والتواصل بين قطاع غزّة وأراضي 48 بين الوجود وعدمه، ما يعيق التعاون بين أبناء الشعب الواحد أو يصعّبه بسبب حركة حماس والنزاع السياسي بينها وبين السلطة الفلسطينية، كما بسبب البيروقراطية الشائكة وبِنى السلطة الأبوية. ولقد أدّت كل هذه العوامل إلى إعاقة العمل الذي تضطلع به المنظمات النُّسْوِية ما أدّى بها إلى تفادي وضع مسألة حقوق النِّساء في الأراضي المحتلة في سُلّم أولوياتها.

وبالإضافة إلى ذلك، فإن الحكومة الإسرائيلية تسلطيّة وتمييزيّة وهو ما يتجلّى بوضوح في تشييد الجدران وإقامة نقاط التفتيش التي تجعل من مشاركة النِّساء، وبخاصة منهن الفلسطينيات، في المجتمع وفي صنع القرار، أمراً بالغ الصعوبة إن لم يكن مستحيلاً، ناهيك عن القهر اليومي الذي تكابِدْنَه، كتلك المرأة الفلسطينية التي أنجبت ابناً عند نقطة التفتيش واضطرت إلى الانتظار أربع ساعات ليُجاز لها بالمرور، وتلك التي أدخلت والدتها العجوز والمريضة إلى القدس بطريقة غير شرعية لتؤمن لها العلاج في واحد من مستشفياتها. ومن شأن هذه الإجراءات التعسّفية المتّخذة على المعابر أن تجعل من العمل والتعلّم

صعوبتين مريرتين لا تُقْبِل النِّساء على أي منهما ببساطة، علماً أنهن يواجهن في حياتهن صعوبات يومية أخرى، تتمثّل في كثير من الأحيان بضرورة الرضوخ للقوانين الدينية المحافظة حدّ التشدّد في العديد من المناطق، أكانت إسرائيلية مَحْض أم فلسطينية خاضعة للاحتلال الإسرائيلي. ونظراً إلى انعدام المساواة في التنمية، يصبح الاختلاف الطبقي بين الإسرائيليين والفلسطينيين واضحاً. فالمناطق الإسرائيلية حديثة جيدة التنظيم، تتمتع ببنى تحتيّة ذات قدرة تشغيلية عالية، في حين أن المناطق الفلسطينية فقيرة وبناها التحتيّة مُتَهرِّئة. لكن النِّساء، وبغضّ النظر عن خلفية كل منهن الهويتية والعقائدية، يعملن يداً بيد تصدّياً للظلم وانعدام المساواة، وهو ما انعكس وعياً سواء في إسرائيل أو في الأراضي الفلسطينية المحتلّة، وشكّل مَبْعَثاً للأمل في مستقبل أفضل. غير أن النِّساء الخاضعات في الأراضي المحتلة للعنف لا يلقَيْن ما يكفي من الحماية في كل أرجاء البلاد الضيّقة جغرافياً، حيث انتشار الشائعات المغرِضَة بحقّهن أسرع، وبخاصة عندما يتعلق الأمر بالشرف وما يستجرّه من عنف، إن لم يراعى بحسب ما تنصّ عليه الأعراف والشرائع التقليدية. وبالتالي، فإن النِّساء، التي يتهددها العنف المرتبط بالشرف، ملزَمَة، إن استطاعت، بمغادرة البلاد أو بالإقامة في واحد من البيوت – الملاذات، في ظلّ تنامي عدد جرائم الشرف. أما المِثليات والمثليّون ومزدوجو الميل الجنسي والمتحوِّلون جنسياً، فإن وضعهم في إسرائيل أكثر سهولة، لكون المجتمع أكثر ليبرالية، في حين يحظّر الكلام بشأنهم في المناطق الفلسطينية المحتلّة، حيث «لا وجود للمسألة»، بناء

على ما أفادني به العديد ممن التقيتُهم، وبالتالي فلا كلام فيها، علماً أن العديد من الجرائم المليئة بالحقد ارتُكبت بحقّ بعضٍ من المنتمين إلى «مجتمع الميم»، وتَمَّ إبلاغ السلطات المعنيّة بها.

تنامي العنف المرتكز على الدين والتقاليد

كما في عدد من دول الشرق الأوسط، تنامى العداء الاثني أو العرقي وذاك الديني في كل من إسرائيل والأراضي الفلسطينية المحتلّة، حيث تمثلت العصبيّة العنصريّة في تعزيز روابط الدمّ اليهودية وتلك العربية لدى بعض الجماعات. ولقد ساهمت نقاط التفتيش التي درج الاحتلال ولم يزل، على إقامتها عند المعابر في تزايد اضطهاد النِّساء في بعض من المجتمع الفلسطيني صيانة للشرف. ولأن الإسرائيليين لا يتوانَوْن عن تفتيش الفتيات تفتيشاً جسدياً، عمدت عائلاتهن إلى إبقائهن حبيسات المنازل، بعيداً عن العمل والتعليم خوفاً على شرف العائلة من المذلّة وعلى سمعتها من لَوْك الألْسُن. وإن حصل ووقعت شابة ما في حبّ رجل متدَيِّن بغير دين عائلتها، وجدت نفسها في دائرة الخطر، لأن الأمر محظور في ميثاق الشرف. ومن ناحية أخرى، سجّلت زيجات الأطفال تزايداً بسبب فَقر العديد من العائلات التي يلجأ الآباء فيها إلى إجبار بناتهن على الزواج والطلاق مرات عدّة بغرض الإفادة من التعويض المالي الذي تناله في كل مرة. ولجعل الزيجات المتكررة ممكنة، تُخضع هذه الفتيات أو الشابات لتدخّل جراحي ترميمي لغشاء البكارة، بحيث تتجلى «عذريَّة» الواحدة منهن لعريسها «ليلةَ الدُّخْلَة». وتشكل هذه الجراحة مصدراً للكَسْب في «سوق العذرِيّة» يَفيد منه خصوصاً الأطباء

الأخصائيون في أمراض النِّساء ممن يفتقرون إلى المناقبيّة المهنيّة، علماً أن هذا الإجراء متفشٍّ في منطقة الشرق الأوسط برمّتها، نتيجة الحروب والنزاعات المسلّحة المستَعِرة فيها، كما في مناطق أخرى من العالم، بما فيها السويد حيث نسبة المهاجرين باتت مرتفعة. ومن هنا، يتّضح لنا أن النِّساء سِلَع تباع وتُشرى ليس غير.

لا وجود حتى اليوم للإحصائيات والدراسات الباحثة في العنف المرتكز على النوع الاجتماعي، أي القائم على التمييز بين الرجل والمرأة. لذا نرى أن العديد من المنظمات النُّسْوِيَّة ومنظمات حقوق الإنسان، بما فيها تلك الفلسطينية، تطالب بمزيد من الدعم والتمويل والتبادل بين دول الاتحاد الأوروبي، وهو قليل في أيامنا هذه. وفي هذا السياق، أعلمتني ممثّلة إيشا - ل - إيشا (Ischa L'Ischa) وهي منظّمة نُسْوية يهودية، باجتماعات دورية يعقدها في حيفا وتلّ أبيب أفراد في مقتبل العمر ينتمون إلى «مجتمع الميم» في إطار حفلات خاصة بهم أو في نطاق مقاهٍ يرتادونها بانتظام. وفي واحد من هذه الاجتماعات عقد في تل أبيب في العام 2009، دخل أحدهم عُنْوة وأطلق النار عشوائياً على المجتمعين فأردى عدداً منهم. وفي الهجوم، قتل مستشار وفتاة تبلغ أربعة عشر عاماً وأصيب آخرون بجروح مختلفة، ومنهم شاب أصيب بإعاقة دائمة وهو الآن يتنقّل متوسّلاً كرسياً مُدَوْلباً. شكّل الحادث صدمة لأولئك الذين لم يفصحوا يوماً عن هويتهم الجنسيّة، وأتى الحادث ليفتضحهم ويجرّ الخِزي والعار على عائلاتهم. أما المهاجم فبقي مجهول الهوية ولم تفلح السلطات الأمنية في اعتقاله، لأنها، وبحسب المنتقدين، لم تبذل

ما يكفي من الجهد لسَوْقِهِ أمام العدالة. وبما أن الحادث وقع في تلّ أبيب، قال الناس إن المدينة بمثابة منبِت بالنسبة إلى «مجتمع الميم»، ما حدا بالمنظمة النسوية اليهودية المذكورة توّاً إلى تنظيم تظاهرة داعمة له في حيفا، هدفها إعلام الرأي العام بوجود المِثليات والمِثليين ومزدوجي الميل الجنسي والمتحولين جنسياً في كل مكان من المجتمع، وبوجوب احترام أحقيّة أيٍّ كان بالحياة الكريمة كما بضرورة مكافحة كراهة الآخر أينما وجدت. وما لبثت المنظمة المذكورة أن زارت مقراً خاصاً بهذا «المجتمع»، حيث قام الناس برجم موكب التظاهرة، وهو ما أُعلمت به الشرطة التي قال المسؤولون فيها إن الأمر لا يدعو إلى الهلع بما أن أحداً لم يُصَب بأذى وبأن العناصر الأمنية لم تسجِّل أية مضايقة أو أي سوء معاملة بحقّ المتظاهرين.

يتّضح لنا من هذه الواقعة أن إسرائيل لا تبدو «بلاداً حديثة» إلا في الظاهر، لكن إن ألقينا نظرة متفحِّصة على واقعها وجدناه مختلفاً تماماً عما يُسَوّق بشأنه. فالمِثليون المقبولون فيه هم من الرجال الأغنياء من ذوي البشرة البيضاء، في حين أن المِثليّات تَخْشَيْن فيه الإفصاح عن هُويَّتِهن الجنسية وهو ما نستخلصه من تجربة كانت للمنظمة النّسوية اليهودية إيشا ل إيشا (Ischa L'Ischa) التي زارت منذ عهد قريب مدرسة أحيت فيها ورشة عمل هدفها التوعية بالجنسانية عموماً، والإضاءة على واقع «مجتمع الميم» خصوصاً. فإذا بفتاة تنبري قائلة إنها «لو كانت مِثلية - وليست تلك حالها - لامتنعت عن السير في الطريق ممسكة بيد فتاة أو امرأة أخرى، ولما أفصحت بتاتاً عن ميولها لأبيها، لأنها لو

فعلت لاضطرت إلى العيش وحيدة بعيدة عن عائلتها». ما لفتني في شهادتها هو أنها لم تفكر حتى بإمكانية العيش بسعادة مع امرأة يختارها قلبها، بل ركّزت على رأي الآخرين بها. وفي ورشة أخرى تمحورت حول الموضوع نفسها، طلبت مدرّسة مِثليّة من عضوات المنظمة عدم الإفصاح أمام تلامذتها وزميلاتها عن هويتها الجنسية الحقيقية. ومن ناحية أخرى، بإمكان المنضويين في «مجتمع الميم»، أكانوا ذكوراً أم إناثاً، المساكنة في إسرائيل حيث زواجهم ممنوع. لكن باستطاعتهم عقد القران في الخارج، وتسجيله في الدوائر الرسمية لدى عودتهم إلى البلاد. كما يحظّر على هؤلاء جميعاً الإنجاب بواسطة التلقيح الاصطناعي. وبحسب منظمة كايا النِّسوية، باستطاعة المِثليين والمِثليات ومزدوجي الميل الجنسي والمتحوّلين جنسياً الهناء بالعيش في إسرائيل، حيث التمييز بينهم وبين الآخرين الأسوياء موجود كما في أي بلد آخر، لكنه يبقى مع ذلك مقبولاً.

غير أن هذا الرأي لا يجد له ما يدعمه في تقارير المنظمات النُّسوية الأُمميَّة العاملة على الأرض، حيث أفادت إحداها، وهي عاملة في القدس على إدارة البيوت - الملاذات المخصّصة لأهل «مجتمع الميم»، برفض المجتمع لهم، إذ من غير المنطقي أن يكون في هذا المجتمع مَنْ لا يتوانى عن القتل باسم الشرف ويقبل في الوقت عينه بميول ابنته المِثلية، لكن هذا التناقض موجود. لذا يعمد الأهل إلى نكران هوية ابنتهم الجنسية، عوض قتلها لئلا يُفْتَضح أمرها، فتلوكها الألْسُن وتتعرض سمعة العائلة للعار. وفي واحد من البيوت - الملاذات الذي زرته

في بيت لحم، وجدت العديد من المِثليات اللاتي لَجَأْن إليه، إما تمسكاً بهويتهن الجنسية، إما نتيجة سوء معاملة لحق بهن، علماً أن منظمة مِهوار (Mehwar) العاملة مع الأمم المتحدة، تفيد بأنها أغاثت مثليات تعرّضْنَ للاستغلال وسوء المعاملة، لكن ليس لتهديدات بالقتل. وعلى العموم، لا تلقى المِثليّة الجنسية قَبولاً في المجتمع، وبخاصة في القسم الفلسطيني منه، حيث هذا النوع من الميول محظور تماماً، وهو ما يفسِّر وجود بعض من المسلمات في هذا البيت - الملاذ القائم في بيت لحم.

حاجة النظام القضائي السويدي إلى الإحاطة بحقوق المرأة في الشرق الأوسط

يحتاج النظام القضائي السويدي إلى مزيد من المعلومات بشأن ماهية القوانين الدينية التي تسوس الأسرة، سواء تديَّنت باليهودية أم بالمسيحية أم بالإسلام، وبآلية تنفيذها في مناطق واسعة من الشرق الأوسط وغيرها من دول العالم، بحيث يتمكن من تحديد نواقصها. وبحسب العديد من الزعامات الدينية، ترتكز هذه القوانين على النصوص الدينية وتفوق بالتالي القوانين المدنيّة أهميةً. وإن كنا في السويد نولي أهمية قصوى للمساواة في الحقوق والواجبات بين الرجال والنِّساء ونعمل دوماً على التشديد عليها في سياستنا الخارجية، إلا أننا نحتاج إلى الإحاطة بواقع حقوق الإنسان وحقوق النِّساء في الدول التي نتعامل معها، وبخاصة منها تلك التي كانت خاضعة للنظام الدكتاتوري وباتت اليوم مهدّدة بالخضوع لدكتاتورية دينيّة الطابع حيث لا شيء تستقوي به المنظمات النّسوية للارتقاء بحقوق المرأة إلى العدالة، كما لا

بد من التعاون الدولي لتحقيق الديمقراطية فيها.

في السنوات الأخيرة، قدّر لي حضور مؤتمر دولي بالغ الأهمية عقِد في بيروت وتمحور حول دور النِّساء في تشكيل الدستور في الدول التي شهدت مؤخراً احتجاجات جماهرية ضخمة. كان معظم المشاركين في هذا المؤتمر من النِّساء الناشطات في كل من مصر وتونس ولبنان وفلسطين والنيبال، من بين دول عديدة أخرى. ولقد أجمعت هذي المشاركات، أكن متديّنات أم مُلحدات، على جدّية الخطر الذي يمثّله إدخال الدين في الدستور، مشدّدة على الحاجة إلى صياغة دساتير مدنية، ولافتة إلى أن الدساتير التي وضعت حديثاً في الدول الخارجة من النظام الدكتاتوري، كانت في معظمها من صنع الزعامات السياسية والدينية الذكورية التي تجاهلت إدخال حقوق النِّساء خصوصاً وحقوق الإنسان عموماً والنظم الضامنة للمساواة بين الجنسَيْن في النصوص الدستورية. تأكّد لي في ختام المؤتمر أن العمل الذي قمت به لسنوات طويلة، أُسوة بغيري من الناشطات، للحدّ من العنف المرتكز على التمييز بين الجنسين ولإقناع المعنيين بضرورة إدخال الإصلاحات إلى القوانين والدساتير، لم يحقق إلا خطوات صغيرة في مسار الارتقاء بالمساواة عموماً وبحقوق النِّساء في المساواة مع الرجال خصوصاً وذلك في مناطق واسعة من العالم، ليس أقلها الشرق الأوسط وشمال إفريقيا حيث يُطبّق ما يسمى بقوانين الأسرة، التي تسوس شؤون المرء، أكان ذكراً أم أنثى «من المهد إلى اللّحد»، بحسب قول الناشطين والناشطات. ففي إسرائيل على سبيل المثال، ثلاث محاكم روحيّة وواحدة مدنيّة، علماً أن اللجوء إلى

المحكمة المدنية مكلِف. وفي لبنان، ثماني عشرة محكمة روحيّة ومحكمة مدنيّة واحدة. أما في الأراضي الفلسطينية المحتلة، فإن تطبيق الشريعة الإسلامية يقوم مقامَ القاعدة؛ وينسحب هذا الأمر على العراق، حيث الإسلام دين الدولة وحيث يستند قانون الأحوال الشخصية، جملة وتفصيلاً، على الشريعة عينها.

وتجدر الإشارة إلى أن القوانين الأسرية التي تستلهم الدين قد أضافت إلى نصوصها بنوداً تلطّف جرائم الشرف وتعذُر مرتكبيها. وإن كانت المادة التي تقلّص، في القانون الأسري المعمول به في كردستان العراق، العقوبة المُنْزَلة بحق هؤلاء قد ألغيت، فإن «الظروف التخفيفية» لا تزال قائمة فيه. وفي الأردن، ألغيت المادة عينها، لكن محتواها لا يزال عرفياً ساري المفعول، ما دامت القوانين الجديدة لم تدخل حيّز التطبيق بعد. وعلى العموم، فإن الدين أكان يهودياً، مسيحياً أم إسلامياً، يبقى فاعلاً في القوانين الأسرية أي قوانين الأحوال الشخصية، ويمثل تهديداً جدّياً يتربّص بحقوق النِّساء وسلامتهن في العائلة والمجتمع على السواء، لأنه يحدّ من حقّ المرأة بحياتها الخاصة وجِنسانيّتها وأمومتها وحضانتها لأطفالها وارثها وخِيارها للشريك، كما ويحدّ من حقّها بالتعليم والعمل خارج المنزل، والإجهاض والصحة الإنجابية.

استقطاب النقاش في السويد

تتضارب الآراء في السويد في شأن ما إذا كنا حقَّقْنا أية إنجازات في مجال حقوق النِّساء عموماً ومساواتهن بالرجال خصوصاً، فتزعم

الأقليات أن الفكر النُّسْوي ونضاله خيّبا آمال النِّساء وبخاصة منهن المهاجرات أو اللاجئات. وثَمّة عصبية عنصرية منتشرة تسلّط الأضواء على الأفراد والجماعات المتشبّثة بانتمائها العِرقي أو الاثني والمستَقْوِية بهويتها الدينية في تعاطيها مع الآخرين. أخيراً، ثَمّة انتشار في السويد للنسبية الثقافية التي تقلّل من أهمية العنف المرتكز على الدين، ومن تأثير الأخير على القوانين الأسرية، بل إن الثقافة الغربية عموماً تغضّ الطَّرْف عنه بحجّة أنه غريب المنشأ عنها ولا يخصّ إلا الجماعات اللاجئة أو المهاجرة، في حين تجتنب هذه الجماعات انتقاده خوفاً من القمع الذي قد يطالها به المتشدّدون في إيمانهم، أكان الأخير يهودياً، مسيحياً أم إسلامياً.

منذ سنوات قليلة خَلَت، كانت لي مشاركة في مؤتمر نُسْوي عقد في سكوپجي (Skopje) حيث بادرت إلى سؤال صديقة أردنية، وهي عضو محترم في البرلمان الأردني وناشطة متمرّسة في حقوق النِّساء، في معنى القول «إن الاتفاقات الأممِيَّة فكرة غربية»، وهو ما سمعته من العديد من المشاركين في هذا النوع من اللقاءات، وبخاصة في واحد منها، ألقيتُ خلاله محاضرة حول اتفاقيات الأمم المتحدة وعلاقتها بحقوق النِّساء. لم تتردد الصديقة بالإجابة عن السؤال قائلة: «إن هذا القول ما هو إلا حجَّة يستقوي بها مَن هم في السلطة لتجنّب إدخال حقوق النِّساء في دساتير دولهم». وثَمّة رأي آخر سمعته أفاد بأن اتفاقيات الأمم المتحدة لا تُفْرَض إلا على الدول المستَعْمَرة. غير أن هذه الحجَّة لا تقوم لأن الاتفاقيات الأممية المتعلقة بالنِّساء لم تدخل فضاء هذه الدول

إلا بعد تحرّرها من الاستعمار.

وفيما يتعلق بالإصلاحات التي عمدت السويد إلى إدخالها في القوانين بما يضمن تحسناً في شروط المساواة بين الرجال والنِّساء، فلقد وضعتُ مسرداً بالتواريخ المهمة التي شهدت عليها ووصفت كيفية معالجة المسائل المتعلقة بالأحوال الشخصية والقوانين الأسريّة، متطرقةً إلى دور الدين في دساتير الدول الشرق أوسطية التي يفِد منها اللاجئون أو المهاجرون إلى السويد. لكن لا بدّ لي من أن ألفِت هنا إلى الأهمية القصوى لدور السلام الذي تعيشه السويد منذ زمن طويل، والذي جعل منها واحدة من الدول الأكثر مساواةً بين الرجال والنِّساء والأكثر اعتماداً على القوانين المدنية، وذلك باعتراف التقرير الدولي الصادر بعنوان World Value Survey. مع ذلك، لا ينبغي علينا الافتراض أن المساواة تحققت بشكل كامل، وهو ما تدلّ عليه الإصلاحات التي عمِلَتْ عليها، طوال سنوات، الناشطات في مجال حقوق النِّساء، أُسوة ببعض السَّاسة، والتي لا بدّ لي هنا من التركيز على بعض منها لعلاقته المباشرة بحقوق النِّساء داخل الأسرة.

لكن قبل الانتقال إلى هذا المِفصل من الدراسة، لا بدّ لي من التشديد مجدداً على قلّة المعلومات المتوفّرة للنظام القضائي السويدي في شأن العنف المستهدِف للنِّساء وفي شأن الشرائع الدينية التي تبرّره أو تعذره في دول الشرق الأوسط التي يَفِد منها اللاجئون والمهاجرون، حيث الدساتير تبقى بعيدة عن إنصاف النِّساء، شأنها في ذلك شأن مناطق أخرى من العالم.

أشكال مختلفة من العنف الذكوري المستهدِف للنِّساء

يظهر العمل الذي قمتُ به خلال العقدَيْن الأخيرَيْن بوضوح أهمية العلاقة بين العنف المُمارَس فردياً والعنف المُمارس بُنْيَويّاً، وليس أقلّه العنف الدولي. فالتكتّم على الأسباب الحقيقية التي تدعو النِّساء إلى طلب اللجوء، وهو واحدة من نواقص عديدة أخرى تبرزها حالات اللاجئات، أمر مرفوض جملة وتفصيلاً. إذ عندما يكون الفرد، ذكراً كان أم أنثى، ضحية العنف الجنسي في منطقة تستعِر فيها النزاعات المسلحة، فإنه يستطيع الحصول على اللجوء، وبخاصة إن أثبت التحقيقُ صدقِيّةَ شكواه. أما إن تعرض الفرد إلى هذا النوع من العنف عقب النزاع الاحترابي أو خلال حِقبة من السلام الهشّ، فإن العنف الجنسي نادراً ما يُعَدّ سبباً يسوِّغ طلب اللجوء. ومن هنا، ينبغي أن تؤخذ الأسباب التي تدفع بالنِّساء إلى طلب اللجوء على محمل الجدّ. كما لا بد أن تؤخذ في الحسبان جدّياً حالات المتزوجات من ضحايا العنف وغيره من أنواع سوء المعاملة والاستغلال. إذ، عندما تقوم السلطات الحكومية في بلد الضحية، بتسهيل المعاملة السيئة من خلال إيجاد تبريرات أو أعذار لها باسم الدين والتقاليد، فإن طلب اللجوء يجب أن يلبَّى على الفور. حينها فقط نكون نطبّق إعلان الأمم المتحدة الداعي إلى إلغاء العنف المستهدِف للنِّساء.

تشكل المناطق الخارجة من النزاعات المسلحة تربَة خصبة ومؤاتية تماماً لنشوء سوق مربحة، وبخاصة إن اعتمدت الاتجار بالجنس والاسترقاق وسيلة للكَسْب. ولعل الحالة المتنامية لهذا النوع من الاتجار

في العراق هو أصدق دليل على وجود هذه الظاهرة التي تترافق والاتجار بالأسلحة. ولا بدّ لنا، كسويديين، من أن ندرك أن الجنود الأميركيين، يوم غادروا العراق، تركوا بين أيدي الوحدات الأمنية المحليّة العصِيّة على الضبط، أسلحة سويدية الصنع.

إننا نعيش في زمن يشهد تحوّلاً في الصِّيغ السياسية والمجتمعية، يتمثل في سعي القوى المحافظة إلى النمو وإلى إعادة إرساء حقبة سابقة من القوة النافذة المطلقة. هل ثَمّة قوى أخرى تحاول حقّاً تعزيز المجتمعات المدنية وتطويرها، وتدفع باتجاه الارتقاء بحقوق الإنسان؟ هل باستطاعة أي كان إنكار أن النظام الأبوي يضرِب جذوره وإن جزئياً في القمع التقليدي والاضطهاد الديني المتفاقمين في معظم أرجاء العالم؟ وهل من الممكن لنا التصدّي لهذه القوى التسلطِيّة من دون أن نطالها بالنقد؟

لقد وجدت الكثير من قوة الشكيمة والراحة النفسية في رحاب حركة النِّساء الدولية التي إن لم تفعل شيئاً، جرُؤت على هذا النوع من الانتقاد البنّاء. إذ عرضّت النِّساء المنضويات فيها حياتهن للخطر من خلال تحدّيها القوى المحافظة أينما لَقِيَتْها حول العالم حيث تحاول هذه القوى التقدم بمواقعها ومواقفها. ففي كانون الأول/ ديسمبر من العام 2010، وقبل شهر واحد على اندلاع الثورة في مصر، أي ما اصطلح على تسميته بالربيع العربي، حَظِيْتُ بفرصة حضور مؤتمر نُظِّم في القاهرة على شرف نوال السعداوي، وكانت لي محاضرة فيه. تمحور المؤتمر حول أهمية المجتمع المدني ودوره في عملية الدفاع عن الحقوق العالمية للنِّساء.

ولقد خلصنا في ختام أعماله إلى أن حقوق النِّساء تتعرض جدّياً للتهديد في أماكن عديدة من العالم وإلى أنها، في بعض الدول، غائبة تماماً. وما لبثت أن اندلعت الثورة في تونس، ملزمة القادة بالهروب سريعاً من وجه غضب الشعب، باستثناء العقيد معمّر القذّافي الذي أعدم بتدخل أجنبي مسلّح.

في تلك المرحلة، كانت تصلنا التقارير المثيرة للقلق بشأن سوء المعاملة والاغتصاب اللذين تتعرّض لهما الناشطات المشاركات في التظاهرات. ولأن الإعلام أبقى على صمته حَيال هذه الانتهاكات السافرة، بادرت المعنيات بها إلى إرسال تقاريرها الخاصة، رافضة التخلّي عن النضال نُصْرَةً لحقوق النِّساء. وفي هذه الأجواء، انتشر صدى هذه التظاهرات حتى وصل واستشرى في كل من البحرين واليمن، بل وفي سوريا أيضاً.

وفي مؤتمر آخر عقد هذه المرة في بيروت، في كانون الأول/ ديسمبر من العام 2011، قالت لنا الناشطات أن الحكومة السائدة في سوريا أرادت تعزيز الإسلام والشريعة في الدستور المقترح الجديد. ولقد رأت أولئك الناشطات أن الدعم من كافة دول العالم لوضع حدٍّ للنزاع من شأنه أن يرسي السلام ودستوراً مدنياً. وعلى ضوء شهادات الناشطات بدت لنا الأمور، حيثما توجهنا، وكأن حرباً صليبية كانت تُشَنّ ضدّ حقوق النِّساء.

في تونس، أصدر قانون المتعة الذي يجيز بالزيجات المؤقتة جاعلاً منها نوعاً من البغاء، في حين كان في الماضي محظوراً. وخلال التظاهرات في

مصر، مورس ما يسمى بـ «السيطرة على العذارى» بحقّ المناهضات اللواتي، لدى توقيفهن من قبل السلطات الأمنية، اعتبرن «سيئات وغير جديرات بالثقة».

لقد أثبت ليَ عملي في المنطقة أمراً أكّدته لي مراراً ناشطات عديدات، يتشاركن وجهة نظر واحدة مفادها أن العلمانية هي الشرط الوحيد للفوز بالديمقراطية في المنطقة. وفي رأيي أن جدار برلين واستمرارية الحرب قد انتقلا من أوروبا إلى الشرق الأوسط، حيث نشأ تحالف آثم بين الولايات المتحدة، وحلف دول شمالي الأطلسي (الناتو) وتركيا والأخويات الإسلامية المتشدِّدة من جهة، وإيران وسوريا وروسيا وحزب الله وحركة حماس من جهة أخرى.

التدخل السويدي ضرورة

دعونا لا نتجاهل ما اصطلح على تسميته بالربيع العربي، ودعونا نتدخّل، لا من خلال إرسال الأسلحة، بل من خلال الحوار وممارسة الضغط الدولي. ولنتّفق لمرة أولى وأخيرة على أن التدخّلات العسكرية لا تقود لا إلى سلام مستدام ولا إلى قيام الديمقراطية ولا إلى الحرية. ويقوم العراق اليوم مقام المَثَل الجيد على ما أقول، لكنه ليس الوحيد. ولنعلم أن في التركيز الجوهري على الحراك العلماني وعلى المساهمة النُّسْوية في عملية السلام عاملان قادران على إحداث الفرق المرتجى.

إن للحرب أثر تدميري جارف على كل محاولة تبتغي تحرّر النِّساء. وإن كانت حركة النِّساء وحركة العمال قد عَمِلتا في السويد، طوال

قرنين من السلام، على الإصلاحات التي نفيد منها اليوم، فإن هذا لا يعني بالتأكيد أننا كسويديين أفضل حالاً من غيرنا في مسألة حقوق النِّساء؛ لكننا مع ذلك نتمتع بشروط أفضل من تلك التي تفرضها الحرب والديكتاتورية، علماً أنه لا ينبغي للشعوب أن تكابِد هاتين الآفتين ثمناً لحريتها ولتمتعها بحقوق الإنسان. صحيح أنه لا يمكن التشديد كفاية على أهمية التعاون الدولي والاتفاقيات الدولية، لكن في ظِلّ غياب مشاركة متساوية للنِّساء مع مشاركة الرجال، وفي ظِلّ انعدام أو ضعف التأثير النِّسْوي في صنع القرار السياسي والسيرورة المجتمعية، يبقى كل هذا التعاون وتلك الاتفاقيات في عجز عن تحقيق النتائج المرجوّة. ذلك أن ما تقوله لنا سرديّات النِّساء هو أن لدينا نضالاً واحداً ومشتركاً نخوضه نصرةً لحقوق الإنسان، وطمعاً بمجتمع قائم على المساواة، وهذا الأمر الأخير غير ممكن من دون الانتصار لحقوق النِّساء وضمان العمل بموجبها، كلما وحيثما دعت الحاجة.

وفي الختام

مرّت سنوات منذ توقفي عن العمل في الشرق الأوسط. لذا أجدني ميّالة إلى الإفادة بكلمات قلال بما حدث منذ ذاك الوقت. سبقتُ إلى القول إن مؤتمراً عقد في القاهرة تحية لنوال السعداوي، وفيه تَمّ التشديد على ضرورة أن تُساس الدول العلمانية بموجب القانون. ولقد شارك في هذا المؤتمر عدد كبير من الناشطات اللواتي تشاركن والحضور بمداخلاتهن القيّمة والمثمرة. وخارج قاعة المؤتمر، بدا واضحاً لِمَنْ به نظر أن المجتمع كان منهكاً، يشكو فيه الناس من الفساد المستشري والرواتب غير المدفوعة.

وبُعَيْد هذا المؤتمر، استُهِلّ ما اصطلح على تسميته بالربيع العربي ولقد تابعناه لعدد من السنوات، ورأينا كيف أنه ألزم عدداً من قادة الدول على الاستقالة من مناصبهم، ومنهم رئيس الجمهورية في مصر ونظيره في تونس. أما القائد الليبي، فلقد أعدم كما أسلفت القول. وفي أثناء ذلك، تفجرت الحرب الأهلية في سوريا وهي لا تزال مستمرة (أعني حتى تاريخ إعداد هذه الدراسة أي العام 2018). وبالإضافة إلى ذلك، تستعر اليمن بحرب شرسة.

إن الدول التي تعاملت مع الربيع العربي بشكل جيّد هي الدول التي أخذت التظاهرات على محمِلِ الجِدّ، وتونس هي الدولة التي

سجّلت أقوى نمو للديمقراطية، أقلّه في الأمور المتعلقة بحقوق النِّساء وتلك المرتبطة بالأسلوب - أي الألفاظ - المعتمد في صياغة الدستور. وثَمّة عدد من الدول عمد إلى تغيير القوانين الأسرية الدينية التي تحدّ من تمتّع النِّساء بحقوقها أكثر من غيرها، وهي - إلى جانب تونس - الأردن ولبنان والمغرب. ومن هذه القوانين التي ألغيت أو عدِّلت لصالح النِّساء، انتفاء ضرورة التزام المرأة بالاقتران من مغتصبها، كما بات في مقدورها الزواج ممن كان غير متديّن بدينها؛ وبالإضافة إلى ذلك، كما أضحت المرأة قادرة على الحفاظ على جنسيتها، والإفادة من حقها في الإرث بالتساوي مع إخوتها. ومما لا شك فيه أن تطبيق هذه الإصلاحات يتِمّ بدرجات مختلفة في الدول التي اعتمدَتْها، ولعل هناك المزيد منها يستحق منا ذكره.

في الدستور التونسي الجديد، أدخلت المساواة بين الذكور والإناث، وهي بدأت تدخل حيّز التطبيق في عدد من الدول الأخرى كذلك، كما أصبحت المسائل التي كان في الماضي محظور التداول فيها، موضوعاً للنقاش، ومنها مسألة المثليّين والمثليّات ومزدوجي المَيْل الجنسي والمتحولين جنسيّاً (أي ما يسمى بمجتمع الميم)، كما أن أحوال الأمهات العازبات أضحت هي الأخرى تلقى مَن يطرحها على بساط البحث والنقاش حتى على المنابر الإعلامية. ولا بدّ من القول إن هذه التغييرات لم تأتِ بلا معارضة شرسة سارعت إليها الشرائح المتشددة دينياً في مجتمعات الشرق الأوسط وشمال إفريقيا، وبخاصة ضدّ النهوض بكل من حقوق النِّساء والأطفال و«مجتمع الميم». لذا،

ينبغي على الدعم الذي تقدمه دول العالم نصرةً للمجتمعات التواقة إلى العلمانية والديمقراطية أن يستمر لحيويّته، وأن يلقى ما يستحقه من تقدير. ولا بدّ من الإشارة إلى أن حرية المعتقَد جزء رئيس من الدولة العلمانية وهي تعني في الواقع وجوب فصل الحكومة والدستور والتشريعات عن المؤسّسات الدينية، تماماً كما تعني احترام الديانات جميعها ومَنْ يتدينون بها في المنطقة، بل واحترام الملحدين.

على الرغم من هذا التقدّم الذي حقّقه الربيع العربي، تبقي وسائل الإعلام على وصفها له بالفشل. لكن النِّساء، وبعد أن انجلى دخان القنابل المسيّلة للدموع وتلاشى أزيز الرصاص المطّاطي، عادت النِّساء للاضطلاع بالجزء المتعلق بها في تطلعات الربيع العربي، ببطء صحيح، ولكن بخطوات ثابتة حققت بموجبها نتائج إيجابية. ولهذا السبب، فإنه من المهم تتّبع التطور في الدول التي انخرطت شعوبها في الثورة وعدم الحكم على هذه الأخيرة بالفشل الذريع. وفي هذا الأمر تمثيل كاف وواف على الطريقة المعتمدة لحجب سيرورة النضال، وبخاصة عندما يتطلع الضالعون فيه إلى تحقيق المساواة في الحقوق وإلى إرساء الديمقراطية التي تسعى النِّساء إلى رؤيتها واقعاً على الأرض.

وعلى الرغم من ذلك، يبقى الربيع العربي منطوياً على بعض الجوانب السلبية. فالدول التي استمرت في اللجوء إلى العنف لوضع حدّ للانتفاضة الشعبية، لا تزال تعاني من مشاكل عدة. وبهذه الدول أعني خصوصاً كلاً من إسرائيل وفلسطين واليمن وسوريا وحلفائها.

في سوريا، ولدت منظمة الجهاد الإسلامي الإرهابية والمهابة وسرعان ما انتشرت بقوة في المناطق المجاورة وفي أنحاء كثيرة أخرى من العالم، ليس أقلّها القارة الأوروبية، حيث عمد القيّمون على هذا التنظيم إلى تجنيد الشباب من الأوروبيين والمهاجرين المقيمين في ضواحي المدن الكبيرة في ظِلّ ظروف اجتماعية واقتصادية صعبة، فوضعوا بذلك حياة هؤلاء «المجنّدين» على المِحَكّ. إذ ذاك راحت العمليات الإرهابية تتنقّل في أوروبا كما في دول الجوار السوري، مزهقةً أرواح العديد من المدنيين الأبرياء. ولعل أهم العمليات الهجومية التي استرعت الكثير من الانتباه الإعلامي، كانت تلك التي تمثّلت باحتلال الموصِل، وهي مدينة كبيرة تقع شمالي العراق وتحتكم على مخزون هائل من النفط، شهدت شبه إبادة جماعية راحت ضحيتها الأقلية الدينية الأزيديّة كما مورِس فيها الاسترقاق بأبشع وجوهه. ولا تزال العمليات القتالية تدور في سوريا، وإن كانت التقارير التي تصلنا بشأنها أقلّ عدداً مما كانت عليه في السابق.

في إسرائيل والأراضي الفلسطينية المحتلة، يستمر النزاع المسلّح، ممثّلاً بالهجمات الصاروخية التي تشنّها حركة حماس على دولة إسرائيل يقابلها القصف الإسرائيلي المركّز على قطاع غَزّة، ومواصلة تشييد المستوطنات المفتقرة إلى الشرعية، والانتهاكات التي يطال بها الإسرائيليون حقوق الفلسطينيين، في وقت لا نجد أيّاً من الدول العربية المجاورة تسعى إلى حَلّ سلمي للنزاع، شأنها في ذلك شأن إسرائيل وحلفائها.

أما في العراق، فالنزاعات بين الجماعات الدينية والإثنية المختلفة

موصولة أُسوةً بالهجمات الإرهابية، وهي جميعها نتيجة الدستور الذي وُضِعَ عقِب جلاء الاحتلال الأميركي عن البلاد، ونتيجة انهيار الدولة بعد أن كانت، ولعقود طويلة، دولة الحزب الواحد والتنظيم الديكتاتوري.

سبقتُ إلى الإشارة إلى المؤتمر الذي عُقد في بيروت منذ بضعة سنوات، وقد كان بعنوان النِّساء والحرب (Women and War)، حيث استمعت إلى الناشطات والباحثات العربيات وإلى غيرهن اللواتي أَتَيْنَ من أوروبا حاملات دراسات في الوضع السائد في دول البلقان قبل وبعد الحرب التي مزّقتها. ولقد أمكن للحاضرين ملاحظة التشابه الواضح بين الوضع القائم أثناء الحرب في يوغوسلافيا وما يحصل في بعض من دول الشرق الأوسط، أي في كل من فلسطين والعراق وسوريا على سبيل المثال لا الحصر. وخلال المؤتمر، كشفت الناشطات والباحثات النقاب عن وقائع مهوِّلة ومنها إطراد الاغتصاب خلال النزاعات المسلّحة، وتنامي عدد زيجات الأطفال والزيجات الإكراهِيّة والاتّجار بالنِّساء بشكل خاص. وما لبثت المؤتَمِرات أن تطرّقت إلى كيفية تفجّر النزاع في كل من الكونغو والسودان وكيفية استخدام الحرب مرة جديدة لتحقيق غايات ومكاسِب استعمارية، أهمها الاستيلاء على الموارد الطبيعية. وخلال أعمال المؤتمر عينه، عمدت المشاركات فيه من دول مختلفة إلى الإفادة بأن السلطات الحكومية في بلدانهن لا تبذل إلا القليل القليل من الجهد لتحسين أحوال النِّساء والأطفال من خلال اعتماد القوانين التي تعترف لهم بحقوقهم وتذود عنها. وتجدر الإشارة في هذا السِّياق إلى

أن المؤسسات البحثية والمنظمات التطوعِيّة العاملة على جمع المعلومات وتقديم الإعانات تعتمد بشكل خاص على الدعم الدولي وهي بحاجة مستمرة إليه لكي تتمكن من تحقيق النجاح في مسعاها الهادف إلى إحداث التغيير المطلوب والملموس في الدول ذات الأنظمة الكليانِيّة.

ومن ناحية أخرى، كان للعولمة تأثير عظيم على التطور في العالم، فهي مسحت الحدود بين القارات والدول، وأرخت بتاثيرات فيها، منها ما كان إيجابيّاً ومنها ما كان سلبيّاً. ومن المؤكد أن الأمر لن يطول بنا حتى نرى الشعوب تتصدى بمقاومة أكبر للأنظمة الكليانيّة، ما يجعل من التطور الديمقراطي الطابع والمضمون ممكناً في العالم.

ومن الضرورة بمكان عدم التقليل من شأن قدرة منظمة الأمم المتحدة على ممارسة الضغط نصرةً لحقوق الإنسان على العموم وثَمّة العديد من المساعي الدؤوبة الداعية إلى وضع حقوق النِّساء وحقوق ما يسمى بـ «مجتمع الميم» تحت عنوان حرية المعتقد أو الدين. وهذا أمر خطير للغاية ينذِر بعواقب كارثية على النِّساء والأطفال و«مجتمع الميم» حول العالم، لأن التقاليد المؤذية بحقّ هذي وأولئك ترتكز على الدين ولقد أثبتت الوقائع أن التقاليد، وعوض الاعتراف لهم جميعاً بحقوقهم، كانت السّباقة إلى الإجحاف بها فجعلت منهم ضحايا. لذا فإن المطلوب هو إلغاء العادات المؤذية التي، وبتسويغ من التقاليد والدين، تمارس بحق النِّساء والأطفال و«مجتمع الميم»، وهذا أمر يقع في صلب مسؤوليات الدول الأعضاء في المنظمة الأممِيّة، وبخاصة أن الحقوق المُشار إليها أعلاه قد ضبطت في الاتفاقيات الدولية الخاصة

بالنِّساء والأطفال على اختلاف مُسمّياتها وأنواعها. لكن، ومع أن الدول الأعضاء قد أقرّت هذه الاتفاقيات، إلا أن بعضاً منها سجّل تحفّظات يُخشى من تناميها في بعض الدول فتأتي على حقوق النِّساء والأطفال. وتداركاً للأمر، عمدت كل من لجنة النِّساء ولجنة الأطفال في الأمم المتحدة إلى ضبط صياغة الاتفاقيات الخاصة بهذي وأولئك، بحيث يزول أي التباس قد يشوبها، وإلى التشديد على أن حقوقهم ترقى على حرية المعتقَد الديني، علماً أن القوى المهيمنة في عالم الأديان، وبخاصة منها الكنيسة الكاثوليكية والحركات الإسلامية تسعى إلى إقرار شيء آخر يضمن لها استمرارية في ممارسة تسلّطها على هذه وتلك من الشريحتَيْن، وهو ما يستدعي بالضرورة تنبّه الدول الأعضاء إلى كل المحاولات التي تتهدّد حقوق النِّساء والأطفال و«مجتمع الميم» بالهَدْر والانتهاك.

على ضوء كل ما تقدّم وعلى ضوء متابعتي للتطور في الشرق الأوسط، وبخاصة في شؤون النِّساء، يسعني القول إن النضال النُّسْوي قد حقّق تقدّماً يبعث على الأمل وإن كان لا يزال غير كاف. وفي الختام، لا بدّ من الإشارة إلى أن تدفّق المهاجرين إلى أوروبا سيرخي بتأثيراته على أنظمتنا المجتمعية مشكّلاً لها تحدّياً يقتضي منها الحذر والعمل على اجتراح الحلول المناسبة. لكنني على ثقة بأن المساعي في هذا المجال تحديداً ستؤتي ثمارها المرجوّة، لأن الثقافة في العالم المعولم الذي نعيش فيه، في تقلّب مستمر يضمن لها تجديد نفسها بنفسها.

المحتويات

صدر للمؤلفة أيضاً:

موضوع كتاب «جرائم شرف وسِيَر نساء شجاعات»، هو العنف المرتبط بالشرف والقمع ضد المرأة. وقد استندت المؤلفة في بحثها إلى مقابلات أجرتها مع شابات من مختلف الخلفيات العرقية من أولئك اللواتي عشن في السويد طوال حياتهن، أو معظمها. وقد تحدثت كل واحدة منهن عن الطفولة والشباب والنشأة، وعن الصحة والجنس والحياة اليومية والأسرة والعمل. وسردن أيضاً تجاربهن الخاصة من حيث تعرضهن للعنف وسوء المعاملة والضعف، ولكن أيضاً عن كيفية تمكنهن أخيراً من التحرّر واتخاذ الخطوة الحاسمة نحو حياة مستقلة. واختتمت ماريا هاغبرغ كتابها بتحليل مستخلص من قصص أولئك النساء، تناولت فيه مختلف العوامل، وخصوصاً دور الدين.